Stefan Felber (Hg.)

Zwischen Babel und Jerusalem – Aspekte von Sprache und Übersetzung

Ost-West-Express. Kultur und Übersetzung,
herausgegeben von Jekatherina Lebedewa
und Gabriela Lehmann-Carli, Band 34

Stefan Felber (Hg.)

Zwischen Babel und Jerusalem – Aspekte von Sprache und Übersetzung

Frank & Timme
Verlag für wissenschaftliche Literatur

Umschlagabbildung: Dan Rubinstein: Die Sintflut/Die Teva © VG Bild-Kunst Bonn 2018/ Dan Rubinstein. Die Umschlagabbildung ist entnommen aus: Dan Rubinstein, *Genesis. Glasfenster im Misgav Ladach Hospital Jerusalem* [mit einem Vorwort von Teddy Kollek], Zürich: edition eden 1996, S. 112–113. Die Glasfenster wurden 1992/93 vollendet. Die Arche ist dargestellt mit den hebräischen Buchstaben für das Wort „Arche“ (*tewah*), wobei dieser Begriff im nachbiblischen Hebräisch auch im Sinne von „Wort“ verwendet wird. Rubinstein verbindet so die Schöpfung durch das Wort mit der Rettung des Menschen durch das Wort.

ISBN 978-3-7329-0501-0
ISBN E-Book 978-3-7329-9498-4
ISSN 1865-5858

Herstellung durch Frank & Timme GmbH,
Wittelsbacherstraße 27a, 10707 Berlin.
Printed in Germany.
Gedruckt auf säurefreiem, alterungsbeständigem Papier.

www.frank-timme.de

In memoriam Pascal B. Zimmermann (1983–2018)

Unseren Kindern (Psalm 78, 5–8)

Inhaltsverzeichnis

Zur Einführung

Von Stefan Felber

Dies ist nicht der erste Sammelband über Sprache[1] oder Übersetzung[2], und es wird nicht der letzte bleiben. Denn viele kümmern sich um (ihre) Sprache. Engagierte Vereine, Institute, teils innerhalb, teils außerhalb der Universitäten sorgen sich um Sprachpflege und Rechtschreibung. Es liegt in ihrer Natur, daß jeder Mensch mit ihr befaßt ist: Das Denken verdankt sich der Sprache, und sie wird selbst Gegenstand des Denkens. Sie kommt und geht durch uns wie die Atemluft für den Menschen und das Wasser für den Fisch. Um Aufmerksamkeit zu erheischen, kann mit Sprache kreativ und witzig umgegangen werden (ein Friseur: „Yes we kämm", ein Optiker: „Neusehland" usw.). Es sollte also genügend Menschen geben, denen sozusagen an einer sauberen und ansprechenden Umgebungsluft gelegen ist, und wenn man sich umsieht und -hört, ist

---

1 Nur als Beispiele: Beinert, Wolfgang (Hg.): Sprache und Erfahrung als Problem der Theologie, Schriften zur Pädagogik und Katechetik Bd. 29, Paderborn 1978; Gerber, Uwe, Güttgemanns, Erhardt (Hg.): Glauben und Grammatik. Theologisches „Verstehen" als grammatischer Textprozess, Forum theologiae linguisticae Bd. 4, Bonn 1973; Krämer, Sybille, König, Ekkehard (Hg.): Gibt es eine Sprache hinter dem Sprechen?, Suhrkamp-Taschenbuch Wissenschaft Bd. 1592, Frankfurt am Main 2002; Reichert, Klaus (Hg.): Je näher man ein Wort ansieht, desto ferner sieht es zurück. Sprachglossen deutscher Autoren, 2007; Schneemelcher, Wilhelm (Hg.): Das Problem der Sprache in Theologie und Kirche. Referate vom Deutschen Evangelischen Theologentag 27.–31. Mai 1958 in Berlin, Berlin 1959.

2 Ebenfalls beispielhaft: Arntz, Reiner u. a. (Hg.): Übersetzungswissenschaft. Ergebnisse und Perspektiven. Festschrift für Wolfram Wilss, Tübinger Beiträge zur Linguistik Bd. 354, Tübingen 1990; Baker, Mona (Hg.): Routledge Encyclopedia of Translation Studies, London 2008; Balentine, Samuel E. u. a. (Hg.): Language, Theology, and the Bible. Essays in Honour of James Barr, Oxford, New York 1994; Black, Matthew, Smalley, William Allen (Hg.): On Language, Culture, and Religion. In Honor of Eugene A. Nida, Approaches to Semiotics Bd. 56, Mouton 1974; Frank, Armin Paul, Turk, Horst (Hg.): Übersetzen, verstehen, Brücken bauen. Geisteswissenschaftliches und literarisches Übersetzen im internationalen Kulturaustausch, Göttinger Beiträge zur internationalen Übersetzungsforschung Bd. 8,2, Berlin 1993; Huntemann, Willi (Hg.): Fremdheit als Problem und Programm. Die literarische Übersetzung zwischen Tradition und Moderne, Göttinger Beiträge zur internationalen Übersetzungsforschung Bd. 14, Berlin 1997; Salevsky, Heidemarie (Hg.): Über die Sprache hinaus. Beiträge zur Translationswissenschaft, Textcontext Reihe Wissenschaft Bd. 5, Heidelberg 1998; Störig, Hans Joachim (Hg.): Das Problem des Übersetzens, Wege der Forschung Bd. 8, Darmstadt 1963; Venuti, Lawrence (Hg.): Poetry and Translation, Translation Studies Bd. 4, 2011; Wilt, Timothy (Hg.): Bible Translating. Frames of Reference, Manchester 2003; ferner die Reihe „Benjamins translation library" (Verlag Benjamins).

es nicht schwer, solcherart Gesinnte anzutreffen. Doch offenbar sind diese nicht sehr einflußreich. Wären sie es, gäbe es nicht so viel Sprachumweltverschmutzung und natürlich nicht so viele Bände zur Lage der heutigen Sprache, besonders des Deutschen, die das Unbehagen artikulieren.[3]

Neu ist das nicht. Schon 1965 schrieb Gerhard Friedrich: „Das Beunruhigende der heutigen Situation ist, daß wir in einer ausgesprochenen Krise des Wortes leben. Das Wort hat weithin seinen Wortcharakter verloren, indem es zu einer leeren Mitteilungsformel und einem Zeichensystem geworden ist. … Die Technisierung der Sprache führt zum Tod des Wortes."[4] Friedrich beklagte die Auflösung des Wortes in Abkürzungen bei gleichzeitiger Inflation der Wörter und stellte eine Entwertung des Wortes insbesondere auch in der Theologie fest. Am schlimmsten jedoch sei es in der Politik, wo die Sprache „stärker mißbraucht werde als je. „Die Wörter dienen nicht dazu, sich dem andern gegenüber zu offenbaren, sondern die Gedanken vor ihm zu verbergen und ihn zu täuschen. … Die Verkehrung der Wörter in ihr Gegenteil wird von Orwell als die eigentliche Mechanik der neuen Zeit beschrieben."[5]

Wir bekommen hier, so meine ich, die Wurzel der anthropologischen Krise unseres Zeitalters zu fassen. „Die Entwortung des Wortes hat die Entmenschung des Menschen zur Folge."[6] Wir wissen nicht mehr, was der Mensch ist, wenn wir seine Sprache verachten. Bereits Romano Guardini hatte in seinen Münchner Ethik-Vorlesungen (zwischen 1950 und 1962) die Lage der Sprache als äußerst gefährdet und die Verantwortlichkeit ihr gegenüber als „besonders dringlich" bezeichnet; er befürchtete gar ihr Zugrundegehen.[7]

---

3 Siehe z. B. Kaehlbrandt, Roland: Logbuch Deutsch. Wie wir sprechen, wie wir schreiben, Klostermann Rote Reihe Bd. 79, Frankfurt am Main 2016, oder die Bücher des IFB Verlag Deutsche Sprache GmbH (www.ifb-verlag.de/, 31.08.2017); vgl. auch die Buchempfehlungen des Berner Sprachkreises Deutsch (https://sprachkreis-deutsch.ch/buchempfehlungen/, 31.08.2017), oder: Pfaller, Robert: Erwachsenensprache. Über ihr Verschwinden aus Politik und Kultur, Frankfurt am Main 2017, 247 S. Ebenfalls aktuell: Halpern, Mark: Struggling for our Language, Nottinghamshire 2017, 190 S.

4 Friedrich, Gerhard: Auf das Wort kommt es an!, in: Friedrich, Johannes H. (Hg.): Auf das Wort kommt es an. Gesammelte Aufsätze zum 70. Geburtstag, Göttingen 1978, 551–566, hier 551.

5 A. a. O. 553.

6 A. a. O. 554.

7 Guardini, Romano: Ethik. Vorlesungen an der Universität München. Band 2, Paderborn 1993, 757–762.

Es ist der unangenehme Eindruck eines Niedergangs des Sprechens und des Schreibens, der sich heute noch mehr, noch allgemeiner als vor ein, zwei Generationen aufdrängt, wenn man Literatur und Reden aus Politik, Medien, Bildungsinstitutionen und Kirchen liest und hört. Politiker, Journalisten und Werbetexter versuchen, Empfängerreaktionen (Betroffenheit, Einverständnis, Abscheu, Distanzierung, Kauf) durch sprachliche Manipulationen zu lenken, wenn möglich zu determinieren. Manche sehen in der „psychagogischen Manipulation" geradezu eine Hauptgefahr der heutigen Gesellschaft.[8] Man vergegenwärtige sich die Reihe der Spitzenpolitiker Richard von Weizsäcker, Helmut Schmidt, Helmut Kohl bis zu Angela Merkel[9], um zu ermessen, wie die Sprachkompetenz von Amtsinhaber zu Amtsinhaber(in) gesunken ist. US-Präsident Donald Trump hat durch niedriges Sprachniveau viel Ansehen eingebüßt. – Zwei Kolumnen aus der Neuen Zürcher Zeitung aus den Jahren 2016 und 2017 werfen Schlaglichter auf die Lage: Zu Wort kommen soll Konrad Paul Liessmanns „Schöne neue Sprachwelt" (NZZ vom 20.07.2016) sowie Felix Philipp Ingolds „Sie schreiben, wie sie talken" (NZZ vom 02.02.2017). Herrn Werner Creutziger sei für den Hinweis auf diese Artikel ebenso herzlich gedankt wie der Redaktion der NZZ für die bereitwillige und unbürokratische Erteilung der Druckgenehmigung (Schriftwechsel im September 2017).

In den Parlamenten der Briten und Franzosen scheint die Lage etwas besser zu sein, unterstützt von einer stärker patriotischen Grundhaltung als im deutschsprachigen Bereich. Jedenfalls führt das Unvermögen von Regierenden zur angemessenen sprachlichen Darstellung von Politik und Lage tendenziell zur Gleichgültigkeit auch von Regierten: Gewählte (Aus)Sprache scheint nicht (mehr) wichtig zu sein. Der Eingriff einer inkompetenten deutschen Bildungsbürokratie in die Rechtschreibung – mit den bekannten irritierenden Folgen für das Lesen (fehlende Kommata, unausgegorene Getrennt- und Zusammenschreibung etc.) und das präzise Formulieren – trägt sein Teil dazu bei, Liebhaber der deutschen Sprache in achselzuckende Weghörer zu verwandeln („Politikverdrossenheit" und Sprachgleichgültigkeit hängen zusammen). Die

8 Heidland, Hans-Wolfgang: Das Ende der Predigt? Göttingen 1992, 186.

9 Vgl. Niggemeier, Stefan: Die Sprache der Kanzlerin, in: FAZ 12.06.2010 (http://www.faz.net/aktuell/feuilleton/fernsehen/hilflos-die-sprache-der-kanzlerin-1996511.html, 30.08.2017).

Weghörer dürfen dann noch in bestimmten Sekten, also in Vereinen und Verlagen für Sprachliebhaber in ihrem Sandkasten spielen.

Nur Weghören und Warten auf bessere Zeiten? Nein! Eine Reflexion der Sprachentwicklung sollte nicht resignativ versanden. Mit dem vorliegenden Band soll gefragt werden, ob sich ein neues Nachdenken nicht vielmehr auch an *denjenigen* Texten entzünden müßte, die unserer Kultur so voraus- und zugrundeliegen, daß sie ihr bisher Stabilität und Kontinuität zu geben vermochten. Ich denke vor allem an die Bibel als Grundtext der abendländischen Zivilisation[10] und hier wiederum im Kern an die Lutherbibel.

Zu viele Projekte arbeite(te)n an der Auflösung dieser Stabilität: nach der jahrzehntelangen Phase der dynamisch-äquivalenten Übersetzungen[11] folgten Ansätze wie die der Volxbibel, der Bibel in gerechter Sprache, der Bibel in SMS-Sprache und schließlich in spezieller leichter Sprache ... Haben nun Bibelsprache und sonstiges Sprechen in Politik und Gesellschaft etwas miteinander zu tun? Ich meine: ja. Denn welchen Sinn soll es haben, Sprache zu pflegen, wenn es keinen Unterschied mehr zwischen guter und schlechter Sprache gibt? Spezifischer: Ist einmal vergessen, daß es ein durch eine heilige Schrift geheiligtes (Nach)Sprechen gibt, erscheint vielen ein gepflegtes Sprechen auch ganz allgemein überflüssig.

Um dem genauer nachzuspüren, habe ich einige Autoren gebeten, Beiträge aus ihren Fächern zu dem umschriebenen Problemkreis zu schreiben. Sie teilen das Unbehagen an der allgemeinen Sprachentwicklung wie das Unbehagen speziell an der neuen Bibelsprache.

Zum einen **Werner Creutziger**. Er war Übersetzer für russische, französische und serbokroatische Literatur, darunter große Autoren wie F. Dostojewski, Ivo Andrić und Jan Potocki. Die Schule besuchte er noch zur Zeit des Nationalsozialismus; nach dem Krieg studierte er in Leipzig Germanistik, Russisch und

10 Vgl. Mangalwadi, Vishal: The Book That Made Your World. How the Bible Created the Soul of Western Civilization, Nashville, Dallas 2011; deutsch: „Das Buch der Mitte“, Basel: fontis 2014, 606 S.

11 Von den 1960er Jahren bis ins neue Jahrhundert. Zur Bedeutung des Begriffs siehe die folgenden Absätze. Beispiele: Good News Bible, Gute Nachricht, Hoffnung für alle, Neue Genfer Übersetzung u. a. Mehr dazu in meinem Beitrag über theologische Grundlagen von Sprache und Übersetzung.

Französisch.[12] Aufmerksam wurde ich auf ihn durch seinen Aufsatz „Heutiges Deutsch“[13], in dem er – obwohl er ein kirchlich ungebundener Übersetzer säkularer Literatur war – treffend darstellte, wie biblische Dinge durch die „Gute Nachricht“ (zugrunde lag für ihn die Ausgabe von Anfang der 1970er Jahre) „auf kleines Maß“ gebracht werden oder die Beziehungskraft zum Leser verlieren (dort S. 93 f.). Er prägte das Wort vom „Kommunikationsformalismus“: „Der Kommunikationsformalismus will, damit die poetische Bedeutsamkeit eines Werkes, einer Fiktion, eines Inhalts möglichst viele Leser erreiche, die Wörter klein, handhabbar machen, auf den öffnenden Charakter des Wortes verzichten“ (S. 108). Die Dimension der Heiligkeit eines zu übersetzenden Textes bedeute für den Übersetzer vor allem: Mut zur Poesie zu entwickeln. Verglichen mit der Guten Nachricht biete die Lutherbibel, so Creutziger 1983, immer noch das bessere Deutsch. Sein Band „Schöne neue Sprache“, aus dem wir einige Abschnitte abdrucken[14], wendet sich der Lage außerhalb von Kirche und Bibel zu. Obwohl er von Eugene A. Nidas Theorien (mit denen ich mich lange befaßt und geplagt hatte) kaum etwas wußte, klingt seine Haltung zur Übersetzungssprache wie ein direkter Gegensatz zu dessen „dynamischer (oder auch: funktionaler) Äquivalenz“. Mit diesem Begriff meint man eine bestimmte Zielvorgabe an den Übersetzer: Es soll nämlich die Wirkung (Dynamik) oder Funktion einer Übersetzung im zielsprachlichen dem ausgangssprachlichen Bereich gleich („äquivalent“) sein. Folgt man Creutziger, wäre es absurd zu fordern, ein Übersetzer sollte so schreiben wie der ursprüngliche Autor, wenn dieser Deutscher wäre; ebenso wäre es absurd zu fordern, eine Übersetzung solle die gleiche Funktion der Übersetzung wie die des Originals haben. Mehr noch: Es sei ein vernichtendes (!) Urteil über eine Übersetzung, wenn man sage, sie klinge wie das Original (dort S. 86). Eben das aber war Nidas Ziel gewesen! Der Theoretiker (Nida) und der Praktiker (Creutziger) stehen hier, einander nicht kennend, diametral gegeneinander.

---

12 Die ideologische „Bereinigung“ bzw. Gleichschaltung in diesen Fächern setzte mit Nachdruck erst nach seinem Studium (um 1952) ein. Von den drei für ihn wichtigen Professoren gingen zwei im Jahre 1952 nach Westdeutschland.

13 Erschienen in der Zeitschrift Neue deutsche Literatur 31, 11/1983, S. 87–109.

14 Alle Nachweise von Erstveröffentlichungen finden sich in Fußnoten je zu Beginn der entsprechenden Beiträge (Creutziger, Liessmann und Ingold).

Creutziger bot mit seiner großen Erfahrung gute Voraussetzungen für die Aufgabe des vorliegenden Bandes. Ihm sei herzlich gedankt, trotz seines hohen Alters für den vorliegenden Band noch einen eigenen Beitrag verfaßt zu haben: „Das Zauberwort treffen – warum wir Sprachkritik brauchen". Damit Sprache ordnen und orientieren kann, wendet er sich gegen ihre Deregulierung; damit ihr „überzeichenmäßiger" Charakter (Erich Heintel) gewahrt bleibt, gegen den Kult der Verdinglichung und Rationalisierung, gegen den „Imperativ des Leichtermachens, der Lässigkeit".

Zum zweiten fand ich in Professor **Harald Seubert** einen Gelehrten, dem die Weite der Philosophiegeschichte geistig so präsent ist, daß er die komplizierte Fragestellung „Heilige Texte und säkulare Kultur" komprimiert und prägnant darbieten kann. Seubert ist Professor und Fachbereichsleiter für Philosophie und Religionswissenschaft an der Staatsunabhängigen Theologischen Hochschule Basel, seit 2009 nebenamtlicher Dozent für Politische Philosophie an der Hochschule für Politik München und seit 2016 Vorsitzender der Martin-Heidegger-Gesellschaft.[15] Sein Beitrag ist wohl der anspruchsvollste des vorliegenden Bandes. Ich habe mir daher erlaubt, an einigen Stellen Definitionen von Fremdwörtern und Lebensdaten erwähnter Denker einzufügen.

In den theologischen Beiträgen dieses Bandes schließlich versuche ich[16], in der Haltung der Ehrfurcht vor dem biblischen Wort und seinen Zeugen in der Reformation, grundlegende Aspekte von Sprache und Kommunikation zu entfalten. Damit führe ich Ansätze meines Buches „Kommunikative Bibelübersetzung" (Deutsche Bibelgesellschaft, 2. Auflage 2016) ins Grundsätzlichere weiter. Wer noch mehr Literatur und wissenschaftliche Argumente über einige der behandelten Fragestellungen sucht, wird dort fündig. Im vorliegenden Band nun wollte ich dem Bedürfnis nachkommen, in einer etwas einfacheren und knapperen Gestalt Auskunft zu geben. Zum Beispiel wurde bisher, so meine ich, noch nicht hinreichend ermessen, was es bedeutet, daß die so lange Zeit herrschende funktionale Theorie der Bibelübersetzung auf einem atheistischen Sprach- und Kommunikationsverständnis basiert, und aus welchen *theologischen* (nicht nur philologischen und philosophischen) Gründen dies zu hinter-

15 Kurzvorstellung und lange (!) Publikationsliste: siehe http://dr-harald-seubert.com/ (30.08.2017).
16 Über meine Person: www.stefan-felber.ch.

fragen ist. Indem ich versuche, biblisch-theologische Quellen für das Verständnis von Wort, Sprache und Kommunikation aufzuzeigen, soll zugleich das entsprechende Defizit der Dynamischen Äquivalenz offengelegt werden. Wie groß ist doch der biblisch zu schöpfende Reichtum hinsichtlich der Themen Sprache und Kommunikation, der aber von der Dynamischen Äquivalenz an den Rand gedrängt, ja unsichtbar gemacht wird!
Es sei allen gedankt, die mich zum Weiterdenken und -schreiben ermutigt, ja ermahnt haben! Danke für die Geduld!

Der Aufbau des Bandes schreitet von außen nach innen voran: Von unserer Zeit und ihren disparaten Phänomen über die Geistesgeschichte hin zum Zentrum, dem „Buch der Mitte". Der grundlegendste Beitrag trägt den Titel „Wesen und Würde des Wortes: Theologische Grundlagen für das Verständnis von Sprache und Kommunikation". Will man nicht von außen nach innen, sondern von innen nach außen schreiten, kann man die Lektüre durchaus mit diesem Beitrag beginnen. Wem theologische Fragen zur Sprache weniger vertraut sind, empfehle ich die Lektürefolge wie im Aufbau vorgeschlagen. – Aufbauend auf „Wesen und Würde des Wortes" mögen Besinnungen zur Lutherbibel, zu meinem eigenen Denkweg in der Übersetzungs-, Sprach- und Worttheologie sowie zur Ethik der Sprache den bescheidenen Band abrunden.

Es ist schon ironisch, daß die Evangelische Kirche in Deutschland ausgerechnet im 500. Jahr der Reformation, die via Lutherbibel für die deutsche Sprache unermeßliche Bedeutung bekam, den zweifelhaften Titel „Sprachpanscher des Jahres" erhielt.[17] Kirchenvertreter hatten nicht nur (einmal mehr) kräftig neue Anglizismen bzw. deutsch-englische Mischwörter kreiert („godspots" für kostenloses WLAN; eine Installation „BlessU-2" usw.), sondern auch vermeintlich stabile alte Texte für den neuesten, gender-korrekt bewegten Geschmack verändert: Für den Berliner Kirchentag wurde in dem bekannten Lied „Der Mond ist aufgegangen" von Matthias Claudius die Schlußzeile „und unsern kranken Nachbarn auch" zu einem geschlechtsneutralen „und alle kranken Menschen

---

[17] http://vds-ev.de/pressemitteilungen/evangelische-kirche-deutschlands-ist-sprachpanscher-des-jahres/ (30.08.2017).

auch" umgedichtet, was die Frankfurter Allgemeine Zeitung zu Recht einen „Kulturfrevel" nannte.[18] Wenn statt „Lobet den Herren" nun „Lobet die Ew'ge" gesungen werden soll, so verlassen, könnte man meinen, die letzten Ratten das sinkende Kirchenschiff. Doch man darf die Biegsamkeit vieler Zeitgenossen nicht unterschätzen. Das Bedürfnis der Kirchensteuerzahler, trotz derlei Unterschieden (Abgründen!) zusammenzubleiben, ist in der Summe immer noch groß genug und hilft, die Gegensätze auszuhalten („versöhnte Verschiedenheit"!).

Und die neue Lutherbibel? Die Herausgeber bringen das Kunststück fertig, in den Rahmenteilen kritische Theologie zu popularisieren, daß es nur so kracht, hingegen im Text wieder stärker auf Luther selbst zurückzugreifen, von einigen wiederum gender-bewegten Änderungen abgesehen. *Das* wäre den Titel „Sprachpanscher" gleich zweimal wert gewesen!

„*Wer auf das Wort merkt, der findet Glück; und wohl dem, der sich auf den* HERRN *verläßt!*" (Sprüche 16,20) Wer sich auf diese Einladung einläßt, bleibt nicht in seiner von Babel bestimmten Lage stehen, sondern gelangt nach Jerusalem …

18 Schmoll, Heike: Ändergender gegen Gott, in: FAZ.NET, 29.05.2017.

1 Zur Lage der Sprache

1.1 Nur keine Komplexität. Schöne neue Sprachwelt[1]

Von Konrad Paul Liessmann

Das Konzept der „Leichten Sprache" will Anspruchsvolles vereinfachen. Bei der Begeisterung darüber geht jedoch vergessen: Leichte Sprache ist seichte Sprache.

Heute muss alles leicht gehen. Sich anzustrengen ist verpönt, noch verpönter ist es, jemandem eine Anstrengung abzuverlangen. Bis zu 40 Prozent der Erwachsenen, so lesen wir, sind des Lesens und Schreibens so entwöhnt, daß sie normalen schriftlichen Kommunikationen nicht mehr folgen können. Zwar sollten diese Menschen in der Schule einmal die grundlegenden Kulturtechniken erworben haben, aber wer diese nicht ständig nützt, verliert offenbar diese Fähigkeiten wieder.

Kühne Thesen der Befürworter

Nun könnte man versuchen, davon Betroffene wieder an die Sprache, an anspruchsvollere Texte, an Bücher heranzuführen – aber das wäre für alle Beteiligten viel zu anstrengend. Einfacher ist es, alles zu vereinfachen. Da kommt das für geistig Behinderte und sprachunkundige Migranten entwickelte Konzept der „Leichten Sprache" gerade recht.
Was aber soll man unter „Leichter Sprache" verstehen? Die Duden-Redaktion legte soeben ein Handbuch „Leichte Sprache" vor, das die theoretischen Grundlagen und die Orientierung für die Praxis liefern soll. Unter Aufbietung aller Raffinements, die der Jargon der Soziolinguistik bietet – also in ziemlich schwerer Sprache –, wird die These propagiert, daß Leichte Sprache eine Varietät der deutschen Sprache unter vielen sei, irgendwo angesiedelt zwischen Dialekten, Fachsprachen, Jugendsprachen und Xenolekten. Diese These mutet einigermassen kühn an, handelt es sich bei Leichter Sprache doch um ein reines Kunstprodukt, das vom Netzwerk Leichte Sprache entwickelt wurde. Leichte Sprache

---

1 Erstveröffentlichung: Neue Zürcher Zeitung vom 20.07.2016, heruntergeladen von https://www.nzz.ch/meinung/kolumnen/kolumne-rundum-leichte-sprache-schoene-neue-sprachwelt-ld.106533 am 25.07.2017.

ist dann auch im Wesentlichen durch einen Katalog von Verboten charakterisiert. Nicht erlaubt sind unter anderem Nebensätze, zusammengesetzte Hauptwörter, Passivkonstruktionen, Zeitenfolgen, Jahreszahlen, Metaphern, der Konjunktiv und der Genitiv.
Wenn man alles Unnötige wie Goethes „Faust“ oder die Bibel in Leichte Sprache „übersetze“, sei niemand mehr von den Segnungen der Politik ausgeschlossen.
Schöne neue Sprachwelt. Zahlreiche Behörden sind mittlerweile verpflichtet, ihre Verlautbarungen auch in Leichter Sprache zu veröffentlichen, einige gehen dazu über, alle Bürger nur noch in Leichter Sprache zu informieren, um die Stigmatisierung von Menschen, die auf Leichte Sprache angewiesen sind, zu verhindern. Übersetzungsbüros schiessen aus dem Boden, die Nachfrage ist gross, das Geschäft mit der Vereinfachung läuft bestens. Und bevor noch die erste zögerliche Kritik an dem Unterfangen geäussert werden kann, hat sich dieses dagegen auch schon immunisiert: Wer Vorbehalte anmelde, hänge wohl einem reaktionären Bildungsideal an, vertrete kulturpessimistische Positionen und wolle Menschen, die Schwierigkeiten mit einer komplexen Sprache hätten, diskriminieren.
Sprache, so suggerieren es diese Konzepte, diene nur der Übermittlung simpler Informationen. Wenn man alles Notwendige wie Formulare, Parteiprogramme und Wahlaufrufe gleich in Leichter Sprache verfasse und alles Unnötige wie Goethes „Faust“, die Bibel und Thomas Manns „Zauberberg“ in Leichte Sprache „übersetze“, sei niemand mehr von den Segnungen der Politik und Kultur ausgeschlossen. „Übersetzen“ ist hier aber ein gefährlicher Euphemismus. Denn es handelt sich nicht darum, einen Text mit all seinen Nuancen und Bedeutungsebenen von einer in eine andere Sprache zu übertragen, sondern um den Versuch einer radikalen Reduktion, Verflachung und Vereinfachung. Leichte Sprache ist seichte Sprache.

Verzichtbares Privileg von Bildungseliten

Daß in und mit Sprache gedacht und argumentiert, abgewogen und nuanciert, differenziert und artikuliert wird, daß es so etwas wie Rhythmus, Stil, Schönheit und Komplexität als Sinn- und Bedeutungsträger in einer Sprache gibt, wird schlicht unterschlagen oder als verzichtbares Privileg von Bildungseliten denunziert. Dieselben besorgten Menschen, die sich darüber beklagen, daß die Populisten alles vereinfachten, in den sozialen Medien nur noch primitive Zustimmungs- oder Ablehnungsvokabeln verwendet würden und dem Volk deshalb nicht mehr zu trauen sei, fördern durch die Propagierung der Leichten Sprache ebendiese Entwicklung. Ein Schelm, wer Böses dabei denkt.

Konrad Paul Liessmann (1953) ist ein Schweizer Philosophieprofessor; er lehrt Methoden der Vermittlung von Philosophie und Ethik an der Universität Wien.*

1.2 Sprachstil – sie schreiben, wie sie talken[1]
Von Felix Philipp Ingold

Die Literatursprache verflacht. Was blüht, ist die Stillosigkeit.

Das Schreiben generell, die Schreibgeste im Besondern verändert sich seit dem Aufkommen digitaler Informationsübertragung fundamental – und ständig. Es klingt wie die Erinnerung an eine längst vergangene Zeit, wenn ich eingangs festhalte: Schreibwerkzeug, Schreibbewegung, Schriftträger und Textsorten sind in ihrer Wechselbeziehung während Jahrhunderten stabil geblieben. Weder durch die Einführung der Druckerpresse noch durch die Erfindung der Schreibmaschine haben sie einen so tiefgreifenden Wandel erfahren wie in den vergangenen zwanzig Jahren durch den Rechner und die digitalen Medien.
Wir kommunizieren schneller und direkter. Während die einen von „Fortschritt" reden, sprechen die anderen von einer Krise des Schreibens, selbst vom Ende der althergebrachten Schriftkultur. Als Kennzeichen dieser Krise gilt unter Sprachpädagogen und Kulturkritikern die angebliche Verluderung des schriftlichen Sprachgebrauchs sowie allgemein das Schwinden sprachlicher Kompetenzen. Bei sämtlichen Textsorten (von Leserbriefen, Tweets und andern Postings bis hin zu Gebrauchsanweisungen, Expertenberichten oder Werbetexten) sowie in sämtlichen Domänen der geltenden Sprachnorm und Schriftform (von der Interpunktion über die Orthographie bis zur Syntax) lassen sich jedenfalls aus sprachpuristischer Perspektive bemerkenswerte Defizite beobachten. Die Ironie an der Sache ist: Sie werden freilich kaum mehr als solche wahrgenommen.

Mangelndes Interesse an Sprachkritik

Grobe grammatikalische Schnitzer gehen gemeinhin als bloße Nachlässigkeiten durch, falls sie denn überhaupt noch wahrgenommen werden. Die Verwendung

---

1 Erstveröffentlichung: Neue Zürcher Zeitung vom 02.02.2017, heruntergeladen von https://www.nzz.ch/feuilleton/stil-schreiben-wie-man-spricht-ld.142549 am 25.07.2017.

des Nominativs für den Akkusativ („das interessiert doch kein Mensch!") oder den Dativ („das Wort gehört dem Herr Präsident") wie auch die – selbst in Deutschland – häufige Ersetzung des Relativpronomens durch „wo" („das Wetter, wo uns erwartet") sind Sprachfehler, die keineswegs bloß auf Flüchtigkeit zurückzuführen sind. Vielmehr lassen sie auf ein fehlerhaftes Denken schließen, für das selbst die Unterscheidung von Subjekt und Objekt zum Problem wird. Daß falsche sprachliche Formbildungen (Vergangenheitsformen wie „gewunken", „aufgesitzt") und der Verzicht auf gewisse sprachliche Register (Konjunktiv, Konditional) die Kommunikation kaum beeinträchtigen, ist sicherlich ein Grund für ihre weitgehende Akzeptanz.

Die linguistische Debatte konzentriert sich im Wesentlichen auf den alltäglichen Sprach- und Schriftgebrauch, auf private, geschäftliche, behördliche Textsorten und deren vielfach defizitären Einsatz, nicht jedoch auf die Sprache als Medium künstlerischer Gestaltung. Zwar moniert vorab die Theaterkritik neuerdings vermehrt den fahrlässigen, ja mißbräuchlichen, wenn nicht destruktiven Umgang gewisser Regisseure mit der normativen Sprachetikette, doch im Hinblick auf die zeitgenössische Belletristik – Prosa wie Poesie – hat sich noch immer kein adäquates sprachkritisches Interesse etabliert.

Die mehrheitsfähige Gegenwartsbelletristik ist bekanntlich dominiert von realistisch dargebotenen Lebens-, Liebes-, Familien-, Kindheits-, Krankheits-, Reise-, Großstadt- und Provinzgeschichten, die zumeist, mehr oder minder verfremdet, als Selbstzeugnisse ausgewiesen sind. Der Vorrang solcher Selbsterlebensberichte – jüngste, weithin belobigte Erzählwerke von Juli Zeh, Bodo Kirchhoff, Alex Capus oder Hanns-Josef Ortheil sind beispielhaft dafür – trägt naturgemäß dazu bei, daß die Literatursprache zunehmend der Alltagssprache angenähert wird oder daß, umgekehrt, die Alltagssprache als Literatursprache praktiziert wird. Das gilt nun nicht mehr bloß für Rollenprosa (wie sie in direkter und historisierender Rede seit je eingesetzt wird), sondern auch – oftmals kaum noch davon zu unterscheiden – für den Stil heutigen Erzählens insgesamt.

Plappernde Plauderlyrik

Wie machtvoll sich dieser Stil, der die Stillosigkeit zum Prinzip erhebt, bereits durchgesetzt hat, zeigt eindrücklich der globale Erfolg von Autoren wie Knausgard oder Houellebecq. Ein Gleiches bestätigt sich, auf ungleich tieferem Niveau, bei den Tagen der deutschsprachigen Literatur in Klagenfurt (Ingeborg-Bachmann-Preis), wo neuerdings Autoren ausgezeichnet werden, die bewußt und programmatisch so unbedarft schreiben, wie sie in der Alltagswelt radebrechen.

Der Trend zu unreflektiertem literarischem Tun ist, wohlgemerkt, nicht bloß in Erzähltexten zu beobachten, er bestimmt auch die zeitgenössische deutschsprachige Poesie. Sie hat sich mehrheitlich – vorab in den privilegierten Genres des Liebes- und des Naturgedichts – zu einer Art Plauderlyrik gewandelt, bei der einzig der Zeilenfall oder ein parodistisch gesetzter Endreim noch kundtut, daß der Text als Gedicht zu lesen ist.

Wenn sich Literatur jedoch als Kunst behaupten will, muß sie sich von der automatisierten Alltagsrede emanzipieren

Bei so weitgehender Angleichung von Gebrauchs- und Literatursprache schwindet notwendigerweise der Kunstcharakter erzählerischer oder poetischer Texte. Wenn sich Literatur jedoch als Kunst behaupten will, muß sie sich von der automatisierten Alltagsrede emanzipieren, sich merklich von ihr abheben, um im Gegensatz dazu einen eigenen Wirkungsraum zu erschließen, eine besondere Wirkungsweise zu entfalten, um als Garant für eine Sprache eigener Ordnung gelten zu können, eine Sprache, die nicht allein im Dienst des Gesagten steht, die vielmehr auf das Sagen selbst achtet und dessen Ausdrucksmöglichkeiten in uneingeschränkter Bandbreite zur Geltung bringt.

Eventkultur

Nur als dichterische Rede läßt sich das Sprechen von der bloßen Informationsübermittlung, mithin von vorgegebener Bedeutung und vorgespurtem Verstehen abkoppeln. Nur so kann es zu einem Akt subjektiver sinnlicher Erfahrung werden, statt lediglich eine Mitteilungsfunktion zu erfüllen. Dieser Imperativ ist keineswegs neu. Die Literatursprache als verfaßte Hochsprache zu rehabilitieren, sie jedoch nicht über, sondern gleichberechtigt neben die Normalsprache

zu stellen, das war nach der epochalen Konjunktur des europäischen Realismus auch das Ansinnen der klassischen Moderne, von Valéry über Pound bis hin zu Marina Zwetajewa. Doch deren negative Poetik ist bekanntlich ein halbes Jahrhundert danach durch die postmoderne Absage an individuelle künstlerische Originalität („Tod des Autors") außer Kraft gesetzt worden.
Seither steht die literarische Kultur, die nun richtigerweise als „Literaturbetrieb" firmiert, im Zeichen von Beliebigkeit und Gleichmacherei. Beherrscht ist dieser Betrieb von lauter saisonalen „Events", die sich in Form von Buchpremieren, Wettbewerben, Preisverleihungen, Festivals und Talkshows aneinanderreihen. Zahlreiche Schreibwerkstätten und Literaturinstitute machen nachrückende Schriftsteller fit für den Betrieb. Gefördert wird hier längst nicht mehr die Herausbildung literarischer Individualität oder gar eines „hohen" Stils, vielmehr die Anpassung an Prioritäten und Erwartungen auf Seiten der Verlage, der Kritik sowie des breiten Publikums, dessen Vorlieben und Kaufverhalten via Amazon und andere Verteiler permanent aufdatiert werden.
Inzwischen hat sich in diesem Betrieb ein platter literarischer Kollektivstil herausgebildet. Ausgeprägte Personalstile, die sich identifizieren lassen, sind rar geworden. Bei der nachrückenden Schriftstellergeneration scheint es dafür kein Interesse mehr zu geben. Doch gerade die sperrigen, sprachlich unangepaßten Autoren – Jelinek, Jirgl, Streeruwitz, Kronauer, auch Botho Strauss – sind es, die den Abstand zur Gebrauchssprache am deutlichsten markieren und damit auch deren Verarmung und Verformung kritisch bewußt machen.
Angesichts der arg in die Krise geratenen Sprach- und Sprechkultur darf man Lektüreerfahrungen mit solchen Autoren durchaus tröstlich finden, denn „schwierige" Literatur ist stets auch starke Literatur. Sie allein vermag plausibel zu machen, daß es tatsächlich der „Stil" ist, der den „Menschen" in seiner individuellen Eigenart für andere erkennbar werden läßt.

Felix Philipp Ingold (1942) ist ein Schweizer Schriftsteller und Übersetzer; er lehrte russische Sozial- und Kulturgeschichte in St. Gallen.*

1.3 Schöne neue Sprache[1]
Von Werner Creutziger

Natürliche Sprachen einerseits und moderne Informationstechnik sowie die aus ihr folgende Welt-Anschauung andererseits vertragen sich nicht miteinander – welche Seite soll zurücktreten?

Die Sprache kauft man nicht, sie hat keinen Preis, an ihr läßt sich nichts verdienen, sie spielt fürs Bruttoinlandsprodukt keine Rolle, sie ist da, sie dient so, wie es in früheren gutbürgerlichen Verhältnissen die treue Hausmagd tat – sie konnte es den Herrschaften nie ganz recht machen, doch sie hinterließ eine Lücke, wenn sie starb. Die Sprache freilich lebt noch, das gewaltige Informationsgetriebe, das angeblich unsere Epoche kennzeichnet, braucht sie. Aber sie kann es ihm nicht recht machen. Ihre Herkunft aus elementarer Verständigungsnotwendigkeit gereicht ihr keineswegs zum Vorteil; was sie da geerbt hat, erweist sich als sperrig und störrisch in dem idealen Ja-Nein-Weltbild, wie es von der Informations-Maschinerie entworfen und gebraucht wird.

Sprache kann Herrschaftsmittel sein; dagegen hilft Verständigungskultur.

Was gesellschaftliche Verständigung sein sollte, verläuft zu oft als Anrede einer Gruppe an eine andere oder an den Rest der Gesellschaft. Wo die Sache Dialog verlangt, bleibt es bei „Botschaften", die nach dem Selbstverständnis der „Sender" von „oben" nach „unten" geschickt werden. Es gibt viele Anlässe, zu denen die, die „oben" sind, etwas von denen wollen, die weiter „unten" sind, und das Anreden von oben nach unten wird fleißig praktiziert; es scheint zu funktionieren. Das Anreden von unten nach oben funktioniert überhaupt nicht, obwohl die „Unteren" von den „Oberen" manches wollen sollten. Von oben kommt das, was unter „public understanding of science" läuft – eine große Aktion des Wissenschaftsbetriebs, der sich fortwährend in Alimentierungs-

[1] Erstveröffentlichung: ders., Schöne neue Sprache, Berlin 2011, S. 65–74.

nöten sieht und fiebrig um Akzeptanz wirbt. Von oben appelliert die politische Klasse an die viel größere unpolitische, wobei sie eben nicht nur um Zustimmung im einzelnen wirbt, sondern auch darum, daß die unpolitische Klasse endlich innehalte auf dem Marsch in die schuldhafte Verweigerung. Schließlich: Von oben trommelt die Werbung. Kein Wissenschaftler bildet sich ein, er erreiche die Umworbenen mit der Redeweise seines Fachs, kein Politiker geht mit der Darlegung von heiklem Für und Wider in den Wahlkampf, kein Werbemanager setzt auf Grammatik. Alle tun so, als hielten sie sich an die Regel, „die Leute dort abzuholen, wo sie sind". Gerade das aber geschieht nicht. Wer etwas erreichen will, geht zwar hin und lädt das Seine ab, doch er läßt die Leute an ihrem sprachlichen Ort. Mehr noch, einfallsreich bestärkt er die, die sprachlich arm sind, dabei zu bleiben. Das ist der moderne Zug.

Fachleute mögen grundsätzlich das Optimieren von „Botschaften" im Hinblick auf das Erreichen der „Zielgruppen" bedenken und lehren. Werber für den Wissenschaftsbetrieb, für politische Ziele, für den Absatz von Waren können Gewinn daraus ziehen. Das Florieren diesbezüglicher Einsichten, Empfehlungen, Theorien verdeckt das Problem der Verständigungskultur. Vielleicht sagt der „Sender" etwas Richtiges, und dann liegt es im allgemeinen Interesse, daß er es mit den besten gleichsam sprachtechnischen Mitteln zum Ziel bringt. Was aber, wenn dieselben Mittel die falsche Botschaft befördern? Verständigungskultur liegt darin, daß die Glieder der Gesellschaft sich wechselseitig in der Kritikfähigkeit bestärken. Das setzt sprachliche Bildung voraus. Die Elite versagt, wenn sie die Sprachfähigkeits-Ebene der „Empfänger" als gegeben nimmt und ihre Botschaften auf diese Ebene hin „optimiert". Sie leistet nur dann einen Beitrag zur Verständigungskultur, wenn ihre Botschaft dem Empfänger mit dem Inhalt immer auch den Anreiz vermittelt, seine Fähigkeit der kritischen Rezeption zu steigern.

Die Elite sorgt nicht für sprachliche Mündigkeit der Masse.

Den wissenschaftlich-technischen Fortschritt bewirkt im wesentlichen eine Elite. Von seinen Folgen profitieren viele, weit über die Elite hinaus, heute und vielleicht in Zukunft, und im Störfall leiden an seinen Folgen alle, jetzt und immer. Der Mensch, der spätestens seit Immanuel Kant den Stachel der globalen Verantwortung spüren sollte, existiert als Teil einer riesigen Menge. Wieviel Manipulationsbegierde sich gerade der Unüberschaubarkeit wegen auf diese Menge auch richten und wie fragwürdig ihr Urteil deshalb auch sein mag – sie ist und bleibt der Souverän, wo es um das Machen des Machbaren geht. Die Elite hütet sich, schon um der Rückversicherung willen, diese Souveränität offen zu bestreiten. Aber während ihr die Menge als Ziel ihrer Botschaft hoher Sorgfalt wert scheint, kümmert sie sich offenbar wenig darum, daß in ebendieser Menge die Fähigkeit gefördert, gebildet werde, Antwort zu geben, so daß es zum Dialog in einer dem Gegenstand gerecht werdender Qualität käme.

Zwei oder drei Kulturen – aber die Elite macht es unter sich aus.

Die Kultur des Wissens, der Bildung, des Wissenschaftsbetriebs unter den Bedingungen, die wir etwa seit der Mitte des 20. Jahrhunderts haben, ist Gegenstand von Disputen, die ungefähr seit 1960 mit unfeiner Schärfe geführt werden. Anfangs definierten sich die Gegner als Verfechter einer „literarischen" und einer „szientistischen" Kultur, heute benennen sie ihre Sache ein bißchen anders. Geblieben ist das Bild von „zwei Kulturen", und wer guten Willen bekunden will, äußert die Hoffnung auf eine Synthese, eine „dritte Kultur". Der Disput hat eine wenig beachtete, doch höchst beachtenswerte Seite, die das Standesbewußtsein der Beteiligten verrät: Das Problem der Kultur des Wissens, Forschens und Anwendens wird abgehandelt als Gegenstand des Streits zwischen zwei Sorten von Wissenschaft. Vernünftigerweise wird man nichts dagegen einwenden, daß auch und sogar vordringlich der Wissenschaftsbetrieb sich um die Wissenskultur kümmert. Fragwürdig aber ist die Unbekümmertheit, mit der die Streitenden einträchtig und ausschließlich dabei die Gesellschaft im ganzen zu vertreten beanspruchen. Ein amerikanischer Literaturagent ließ 1995 in einem dicken Buch eine Reihe bedeutender Naturwissenschaftler auftreten und, sicherlich seriös, in fingierten oder echten Gesprächen unter Wissenden (doch den Laien einigermaßen verständlich) ihre Theorien vortragen. Der Literaturagent schickte einen eigenen Beitrag voraus, in dem er alles wegwischte, was nicht zur szientistischen Kultur gehört, und uns wissen ließ, daß wir sie damit hätten, die dritte Kultur – eine andere brauchten wir nicht zu suchen. Das Volk darf die Szene bewundern; es erlebt hinter einer Schaufensterscheibe mit Tonübertragung eine Art Promi-Kaffeeklatsch mit obrigkeitlichem Anspruch. Nichts gegen die öffentliche Plauderei der Koryphäen. Mit Kultur aber hat das so lange nicht viel zu tun, wie der Mehrheit mitzureden versagt ist. Der Ausschluß läßt sich ohne institutionellen Zwang erreichen. Denn wenn, erstens, die Mehrheit lange genug von denen, die das Wort führen, als Zuhörer oder Zuschauer behandelt wird, glaubt sie, daß dies die ihr gemäße Teilnehmerrolle sei. Die „Informationen" liegen in gewaltiger Fülle vor ihr; sie sind der Wechselbalg, den die Gesellschaft für ihre Bildung hält – ein Produkt, von anderen gemacht. Die Mehrheit wird, zweitens, dadurch schmerzlos ausgeschlossen, daß die Elite es unterläßt, die Bildung zur Diskursfähigkeit in gesellschaftlicher Breite ernsthaft zu betreiben. Ich glaube nicht, daß die Elite es bloß in der Eile vergessen hat.

Ich glaube nicht an die Makellosigkeit der Rationalität im Wissenschaftsbetrieb, und ich bin sicher, daß die Künste sich durch bloße Mutlosigkeit den Rang der Universalität verscherzt haben. Wir sehen es schon daran, daß beide vor der großen Aufgabe unserer Zeit versagen: etwas von der natürlichen Umwelt zu erhalten.

„Wissen ist Macht" – das war ein Mobilisierungsruf an die Arbeiter vor über einhundert Jahren; jetzt könnte der Satz Licht werfen auf ein gefährliches Merkmal unserer Zeit, und er könnte heißen: Die Wissenden haben Macht. Man redet (auch ich tue es) von den Arten des Wissenschaftsbetriebs, von Abstrakta; aber es sind ja Menschen, auch wenn sie außenbestimmt sind. Es gibt eine neue Klasse, deren Glieder es schwer haben, sich von den ungeschriebenen Gesetzen ihrer Klasse zu lösen. Das ist so ähnlich wie mit der politischen Klasse. Nüchtern betrachtet, hat die Demokratie keine Chance, und alles andere als die Demokratie bedeutet Selbstaufgabe der Menschheit. In beiden Bereichen ist die Mehrheit der Souverän. Gibt er seine Souveränität auf (er tut es ja), geht alles schief. Aktiviert er sie, was am überzeugendsten in der Form des Plebiszits geschieht, so wird er, darauf deutet alles hin, in allen wesentlichen Fragen falsch entscheiden, das heißt gegen die Zukunft. Der Laie oder Durchschnittsmensch muß befähigt werden, mitzureden – das eben ist die andere und einzig gute Möglichkeit, besser als das Plebiszit. Diese Befähigung ist ein utopisches Bemühen. Sie nicht zu versuchen wäre sträflich.

Die pädagogische Utopie der Schulmeister von einst war – gewollt oder ungewollt – demokratisch.

Die alte Schulmeisterei hatte etwas Unmögliches betrieben: Alle Angehörigen der Sprachgemeinschaft sollten eine Art Gesetzbuch für den Sprachgebrauch blind anerkennen. Sie sollten lernen, sich nach ihm zu richten. Man scheute sich überhaupt nicht, den Sprachgebrauch nach bestimmten Regeln als richtig, die Abweichung von den Regeln als falsch zu erklären – das gab Sicherheit. Die vielgescholtene Schulmeisterei zog Stützen und Streben in den Sprachgebrauch ein. Allein schon die Selbstverständlichkeit, mit der man eine Sprachlehre als gültig annahm, stellte ein Ideal vor Augen, und man setzte sich der Spannung zwischen dem Erreichbaren und dem Ideal aus. Die Spannung war fruchtbar. Ich weiß es, weil ich Menschen gut kannte, die noch zur Kaiserzeit deutsche Dorfschulen besuchten. Ihnen hatte man gerade nicht das gesagt, was heute die Medienspatzen von den Dächern pfeifen: daß die soziale Unterschicht zufrieden und glücklich sein könne mit sprachlicher Pfennigwirtschaft. Mag sein, daß damals, vor über einem Jahrhundert, die Herrschenden hofften, auch mit autoritär geformtem Sprachunterricht die Geister aufs Wilhelminische dressieren zu können; eher das Gegenteil kam heraus. Aufgeweckte Schüler konnten eine Ahnung davon gewinnen, wie die Sprache zu einem empfindlichen und ebendeshalb auch mächtigen Instrument der Bildung geworden ist. Bildung – das war für die Kinder der sogenannten kleinen Leute ein Gegenstand nicht ganz hoffnungsloser Sehnsucht, und wenn sie heranwuchsen, drängte ihnen die erlebte Wirklichkeit die Einsicht auf, sie und ihresgleichen könnten dank Bildung ihre Existenz verbessern. Im modernen liberalen Weltbild fungiert Bildung vor allem als die zum eigenen Nutzen und letztlich zum Nachteil der Mitbewerber willentlich empfangene intellektuelle Dressur. Aber noch hält sich ein älterer, kultivierterer Bildungsbegriff mit wesentlichem sozialem Bezug, abstechend von der tiefen Asozialität jenes neoliberalen Begriffs mitsamt der ihm folgenden Praxis. Der alte Begriff wurzelt – auch geschichtlich – tiefer und taugt besser für die Zukunft. Bildung in seinem Sinne setzt Kritikfähigkeit einer großen Mehrheit voraus. Kritikfähigkeit setzt Diskursfähigkeit voraus. Zur Entwicklung von Diskursfähigkeit in gesellschaftlicher Breite – und das heißt schon: zu einer demokratischen Wissenskultur – hat mancher altmodische, vielleicht kaisertreue Lehrer mit seinem autoritären Deutsch-Unterricht zwar keineswegs das Bestmögliche beigetragen, aber gewiß mehr als moderne, womöglich sprachwissenschaftlich gestützte Lässigkeitsdoktrinen es tun. Meine Bezugspersonen haben mindestens eine Ahnung davon erhalten, wie argumentative gesellschaftliche Verständigung dank dem zuverlässig gefügten, fein differenzierenden, vielfältig verknüpfenden Instrumentarium der Muttersprache gelingen kann.

Sprachgebrauchsliberalität bedeutet Rückkehr zur Unmündigkeit.

Über Elemente der Willkür in der traditionellen Sprachlehre kann man lange streiten. Es gibt da weniger Willkür, als die Lernfaulen behaupten. Gebe ich auch um des lieben Friedens willen zu, daß dem Sprachgebrauch manche Regeln willkürlich gesetzt worden sind, so lasse ich mir doch von ihrem Nutzen nichts abhandeln. Sie erleichtern den Verkehr. Die moderne Gesellschaft, die im Straßenverkehr vernünftigerweise das willkürlich gesetzte Rechtsfahrgebot hinnimmt, gefällt sich in der Empörung über die vermeintlich starren Regeln der Grammatik – mit der Folge, daß selbst Menschen mit guter Bildung einen zuverlässig deutbaren Konditionalsatz nicht mehr sicher zustandebringen. Die Gesellschaft feiert sich auf dem Felde der Sprache (wie auf vielen anderen) als Kanonbrecher. Kanonbrüche gelten – so will es kanonisch der Zeitgeist – ohne weiteres als Befreiungstaten. Wozu haben wir uns im Sprachgebrauch befreit?

In der gegenwärtigen deutschsprachigen Gesellschaft (anderswo wahrscheinlich auch) breitet sich die große Unlust aus, die Sprache als ein geschichtlich erarbeitetes Kulturgut zu respektieren, ihr eine Ganzheit zuzuerkennen, die unserer Verständigung methodische Vorschriften geben dürfte. Von Inkonsequenz ist die Rede, von unlogischen Regeln, von überflüssigen Schwierigkeiten. Es wird Zeit, den Zynismus zu erkennen, der in der modischen Sprachgebrauchs-Liberalität steckt. Wie illusionär sowohl in der Auffassung von ihrem Gegenstand als auch im didaktischen Streben die alte Schulmeisterei auch gewesen sein mag, so war sie doch um vieles anständiger als die neue Lässigkeitsdoktrin, die besagt, daß sich jeder das Seine nehmen möge und daß schließlich die Alphas sich die Alpha-Sprache leisten können, den Gammas eine schlichtere

Spielart angemessen sei und daß die Epsilons ruhig dabei bleiben sollten, sich mit Interjektionen zu verständigen.

Eine Art Durchschnittsmeinung über die Sprache besagt heute, daß wir gerade das lernen sollten, womit wir auskommen, und uns die Mühe ersparen könnten, Reserven an Möglichkeiten genauen Ausdrucks und sicheren Verstehens zu erwerben. So leistet die Gesellschaft Verzicht auf gewonnene und zu gewinnende Kultur und zieht mit dem großen Gestus der Menschenfreundlichkeit innere Grenzen. Eine Art Toleranz wird gepflegt, die, wenn sie um sich greift, den sprachlichen Verkehr vor allem zwischen den sozialen Gruppen, die sich im Bildungsstand unterscheiden, erschwert oder unmöglich macht.

Muttersprachenunterricht in der Schule erscheint als Überbleibsel aus alter Zeit, und werfe ich das Wort „Sprachlehre" in eine Diskussion, so kann ich sicher sein, die Frage zu hören, wer denn die Regeln bestimme, aus denen sie wohl bestehe. Liberalität klingt gut, klingt nach Aufklärung. Doch auf dem Felde des Sprachgebrauchs zeigt sich, wie auch sonst, daß hinter dem, was liberal zu sein scheint, oft die neue Unmündigkeit hervortritt: die schleichende Kanonisierung intellektueller Schlampigkeit, die den Empfänger der „Botschaft" potentiell hilflos macht.

Schon der Zehnjährige meint sicher zu wissen, daß Fehler in der Grammatik oder der Zeichensetzung eine böswillige Erfindung disziplinwütiger Lehrer sind. Die erzürnten Schüler könnten, wenn sie (was sie nicht tun) auf den Grundton gegenwärtiger Sprachwissenschaft horchten, sich von dieser Seite bestätigt finden. Mir ist die Sanftheit, die Nachsicht noch gegenwärtig, mit der ein namhafter Linguist mich darüber aufklärte, daß *descriptio*, nicht *praescriptio* die Sache der Sprachwissenschaft sei. Das schloß natürlich den Vorwurf ein, daß ich auf den Spuren irgendwelcher Sprachbürokraten wandelte, wie sie als Popanze durch die Geschichte des allgemein gesellschaftlichen wie auch des spezialistischen Verhaltens zur Sprache geistern. Vorzugsweise sieht man die Schreckgestalten in sogenannten Puristen verkörpert. Mit überlegenem Lächeln, das mir auch die Gewißheit der Zustimmung im Kollegenkreis wiederzugeben schien, versicherte mir ein anderer Hochschul-Linguist, daß die Sprache unberührt von allem sprachpflegerischen Eifer ihren Weg der Brauchbarkeit gehe und immer gegangen sei. Ich frage: Woher will der Mann das wissen? Es gab in den letzten vier Jahrhunderten keinen längeren Zeitabschnitt ohne sprachpflegerischen Eifer. Da die Geschichte keine Kontrollversuche kennt, wissen wir nicht, was aus der deutschen Sprache ohne die Puristen und die Schulmeister und die Eiferer und die Kritiker geworden wäre. Und wo soll ich das Erfahrungsmaterial finden, das mir zu schließen erlaubt, die Sprache werde das Marktgetöse unserer Zeit (wo wäre da das geschichtliche Beispiel?) ohne Schaden überstehen? Wenn die Sprachwissenschaft, so wie sie hier und heute in Erscheinung tritt, sich tatsächlich aufs Beschreiben beschränken will und jedes Vorschreiben scheut wie der Teufel das Weihwasser, dann sollte sie auch deutlich erklären, daß sie – gegen den Brauch im Wissenschaftsbetrieb – nicht beansprucht, auf ihrem Felde, dem der Sprache, das Wissen und das Bemühen um das Wissen allein zu vertreten. Die „Vorschreiber", also die Sprachlehrer, haben nie das verschmäht, was die „Beschreiber" ans Licht brachten. Vielleicht entgehen den „Beschreibern" heuristische Chancen, wenn sie sich ganz und gar aus dem sprachpflegerischen Engagement heraushalten. Das Ineinander von descriptio und praescriptio scheint mir ein besseres, menschlicheres Verhältnis zur Sprache anzuregen als der faule Rückzug auf die Gewißheit, daß sich die Sache im Selbstlauf schon regeln werde.

Wer sich von der Macht irgendwie privilegierter Menschen befreit hat und sich darum mündig wähnt, begibt sich leicht in die Macht des Selbstlaufs der dinglichen Systeme. Der „Sachzwang" wird zur ideologischen Keule gemacht; das bringt manchen Menschen Gewinn, anderen entsprechenden Verlust. Wer modern sein möchte, befreit sich von vermeintlicher Grammatikmacher-Willkür und überläßt die Sprachentwicklung dem Selbstlauf. Es wird der Selbstlauf eines sich verdinglichenden Systems sein, wenn von der Sprache immer ungeduldiger und (im strengen Wortsinn) rücksichtsloser die schnelle, vordergründige Dienstbarkeit verlangt wird.

Auf allen Gebieten können die Fach-Eliten den laienhaften Vorwurf, sie machten die Dinge viel zu kompliziert, mit gutem Grund zurückweisen: Die Dinge, die Probleme sind nun mal so, und es liegt im allgemeinen Interesse, sie nicht auf Kosten der Richtigkeit, der Wahrheit, der Nutzbarkeit zu vereinfachen. Zweifellos wäre es Wahnsinn, die Physik, die Germanistik, die Biologie, die „Schlüsseltechnologien" so zu reformieren, daß die Schüler und die Studenten weniger Kummer mit dem Lernen hätten. Was aber den Sprachgebrauch angeht, einen Schlüssel zu allem Wissen, so bekunden die gescheitesten Leute Mitleid mit den Schülern, die mit der Grammatik ihrer Muttersprache gequält werden. Aber wer quält eigentlich noch?

Ich weiß nicht, warum sich die Vorstellung hält, grammatische oder orthographische Fehler brächten dem, der sie macht, gesellschaftliche Nachteile. Nachteile bringen sie dem, der sagt, das seien Fehler; dieser nämlich setzt sich der Gefahr aus, Haarspalter, Tugendwächter, Studienrat, Klugscheißer genannt zu werden. In der sozialen Oberschicht wirkt es aufgeklärt und volksfreundlich, wenn man zum Schutze der Schwächeren alle möglichen Vereinfachungen im Sprachgebrauch verlangt. So verkündet man eine moralische Amnestie und nimmt sie für die eigenen sprachlichen Fehlleistungen gleich mit in Anspruch.

Der Mensch von heute steckt in so vielen Zwängen, daß er es genießt, das Krumme gerade sein zu lassen, wo immer er es ohne wesentlichen Nachteil für sich tun zu können glaubt. Der Sprachgebrauch ist ein ideales Feld – hier, so meint er, komme es auf nichts genau an.

Ist die „richtige Sprache“ die genormte Sprache? – Das Englische wird mißbraucht.

Die Sprache bleibt, als wäre da noch immer ein gemeinsamer Kreislauf, verbunden mit all den Unsicherheiten, Ungewißheiten der menschlichen Existenz, mit diesem Ineinander von Bedingtheit und Freiheit, von Leiden und Handeln. Damit paßt sie schlecht ins informationstechnische Bild. Ihre Genauigkeit ist etwas anderes als die Exaktheit der Technik. Und was das Maß des Mißmuts voll macht: Die Sprache, so wie sie praktisch gebraucht wird, existiert nur in der Mehrzahl; die konkreten Sprachen bewältigen jenes Ineinander und Miteinander auf unterschiedliche Weise. Übermächtig also ist der Drang, die richtige Sprache im Sinne eines genormten Mediums zu finden, was praktisch heißt: dort, wo die konkreten Sprachen, die Wörtersprachen, in der allgemeinen – vor allem der überfachlichen – Verständigung nicht durch exaktere Zeichensysteme ersetzt werden können, mindestens eine der konkreten Sprachen darauf zu trimmen, daß sie den Dingen und den Verhältnissen, die sie wiedergeben soll, auf die bestmögliche Weise gerecht wird. Diese zweifelhafte Sache ist in lebhaftestem Gange: Der globale Austausch von Gedanken vollzieht sich zunehmend in den Wörtern und der Grammatik des Englischen – und wenn nicht in seinen

Wörtern und seiner Grammatik, so doch in seinem begrifflichen Raster. Wer aus dem Funktionieren schließt, daß man es mit dem Englischen richtig getroffen habe, handelt ähnlich einem Kind, das jauchzend die Ostereier findet, die es selber versteckt hat.

Wir werden nicht mehr feststellen können, ob das Englische von Haus aus für die Bedürfnisse modernen Wissensaustauschs vergleichsweise gut geeignet, zumindest nicht so sperrig ist wie andere Sprachen. Es kann ja sein, daß die Wissensgesellschaft, so wie wir sie erleben, ihre Prägung, ihre rationalen Muster, also auch ihre Verständigungsbedürfnisse in gewissem Grade (wenn auch natürlich nicht ausschließlich) eben nach den Maßen und Mustern, also den Verständigungsmöglichkeiten des Englischen erhalten hat, das heißt gleichsam ins Englische hineingewachsen ist. Wahrscheinlich ist die Zeit abgelaufen, da man noch hätte fragen können, ob eine andere der vorhandenen Sprachen die Aufgabe besser erfüllen könnte. Die Anwartschaft und die Probezeit einer anderen Sprache hätten sicherlich zu anderen Aufgaben, will sagen: zu anderen Arten des Gewinnens und Vermittelns sogenannter Informationen, sogar wirklicher Bildung geführt, und die heutigen Menschen halten es wohl für überflüssig, sich solche möglichen anderen Aufgaben auch nur versuchshalber vorzustellen, da sie doch in der einen Ordnung der Dinge heimisch sind und sie für zweckdienlich halten. Das Ausmustern des einen, die Ausrufung des Übriggebliebenen zum einzigen, was des Bedenkens würdig wäre, feiert sich als Realismus.

Wegen der Bedingtheit, die wechselseitig zwischen einer bestimmten Denkweise und einer konkreten Sprache herrscht, dürfte das Englische unter dem Funktionszuwachs eher leiden. Es wäre sinnlos und ungerecht, die „realistische“ Denkmuster-„Bereinigung“ dem Englischen als einer gewachsenen Sprache vorzuwerfen. Nicht ums Englische geht es, sondern um Ansätze und Merkmale einer im Sprachgebrauch sich bestätigenden und den Sprachgebrauch prägenden globalen Kultur – oder (wenn wir das Wort schonen wollen) um das, was der Zeitgeist an die Stelle einer globalen Kultur zu setzen sich anschickt.

Hinter dem Gebrauch des Englischen als lingua franca steht die Einengung der Weltsichten auf eine einzige.

Der Widerstand gegen den „Humboldtianismus“ ist ideologisch. Natürlich kann man die Sprache neurophysiologisch erklären – und von daher auch den Primat der „Universalien“ und die Unsinnigkeit des relativistischen Humboldtianismus behaupten. Die Neurophysiologie ist – mögen ihre Ergebnisse auch völlig unbezweifelbar sein – ein Argument auf ihrem Feld. Sie ist in ihrer Art kein Argument gegen die Bergpredigt und eben in ihrer Art auch keines gegen den Relativismus in der Sprachphilosophie. Die moderne reale neoliberale Gesellschaft hat einen – eben nicht nur ethischen, sondern auch auf Erkenntnis bezogenen – Materialismus hervorgebracht, der dem des untergegangenen Staatskommunismus gleicht. Da hieß es nach dem Sputnikflug Gagarins, er habe nachgesehen – da oben seien keine Engel.

1.4 Das Zauberwort treffen – warum wir Sprachkritik brauchen
Von Werner Creutziger

Über den heute üblichen Gebrauch unserer Sprache möge man sich doch nicht aufregen, sagen Sprachwissenschaftler – nicht alle, aber offenbar die Meinungsführer. Sie selber regen sich auf – über die, die sich über den Sprachgebrauch aufregen. Kritik des Sprachgebrauchs kommt heute überwiegend von außerhalb des Betriebs der Sprachwissenschaft. Natürlich dürfen die Experten (die Sprachwissenschaftler) widersprechen, wenn wir Laien uns über das beklagen, was wir als Verlust an Sprachkultur empfinden. Aber die Schärfe, ja Feindseligkeit, mit der die Experten sich äußern, ist sachlich nicht zu erklären.
Wir Laien wissen, daß die Experten keine Sprach-Gesetzgeber sind; dennoch können wir nicht von dem Gedanken lassen, daß sie die Pflicht hätten, sich gegen schlechte Sprachsitten zu wenden und (unmittelbar und über die Schulen) gute Sprachsitten zu lehren. Die Laien-Kritik richtet sich zwar nicht gegen die Experten, sondern zuerst und vor allem gegen die Verfasser der Textmassen, mit denen wir überschüttet werden; doch den Experten ist vorzuwerfen, daß sie gleichsam achselzuckend nichts weiter als ganz natürlichen Sprachwandel registrieren, wo wir Anzeichen des Verfalls der Sprachkultur zu finden meinen. Sie lehren zwar keinen nachlässigen Sprachgebrauch; aber sie verweigern die Mitwirkung, wenn wir nach mehr Ordnung und nach dem Erhalt alter Qualität, alter Kultur im Sprachgebrauch streben. Zudem ist es deutlicher Kritik wert, daß aus den Kreisen der Sprachwissenschaftler so wenig Bereitschaft zu vernehmen ist, vom Dogma der Unlenkbarkeit des Sprachgebrauchs, vom Glauben an eine sinnvolle Selbstregulierung im Wandel des Sprachgebrauchs abzulassen.[1]

Gefangen in ihrem Denkstil, ordnen Experten denen, die nicht zu ihnen gehören – den Laien –, gern das Fehlen von Sachverstand zu. Im Fall der Sprache ist

---

[1] Während Experten den Sprachkritikern gewohnheitsmäßig Lust am Vorschreiben oder gar am Zensieren unterstellen, verhalten sie sich leider eher duldsam gegenüber der Radikalität, mit der manche Verfechter der „politischen Korrektheit" und der „Gender-Gerechtigkeit" den Sprachgebrauch mit oft bizarren Folgen zu regeln versuchen.

das besonders ungerecht; denn die Sprache ist ein Grund-Lebensmittel der Gesellschaft. Die Menschen konstituieren sich nicht zuletzt dank sprachlicher Kommunikation als soziale Wesen; sie müssen die Sorgen äußern dürfen, die ihnen der aktuelle Sprachgebrauch bereitet. Daß sie es tun (wenn sie es tun), spricht mindestens für ein ernsthaftes Bemühen, das Mittel ihrer Verständigung in einem guten Zustand zu erhalten. Sie können sich irren, aber es geht um ihre eigenen Angelegenheiten. Und es wächst nun mal – ein Beispiel, das sich aufdrängt – unter ihnen der Ärger darüber, daß sie immer neue Wörter lernen sollen, die englisch klingen und für die wir längst verständliche deutsche Wörter haben oder nach vertrauten Mustern bilden können. Experten scheinen sich abgesprochen zu haben, Widerstand gegen Anglizismen im Keim zu ersticken. Einer von ihnen, ein hoch renommierter, hat in einem Interview verkündet, daß eine Sprache eine um so größere Wettbewerbsfähigkeit (sic!) habe, je mehr Wortbestand sie mit anderen gemeinsam hat (am 9. Februar 2001 Peter von Polenz in einem Interview mit der Frankfurter Allgemeinen Zeitung). Im Jahr 2013 stellte eine Akademie einen umfangreichen Bericht über die Lage der deutschen Sprache vor, und als Fazit rief sie in die Öffentlichkeit, wir dürften uns beruhigen, es würden heute im Deutschen etliche hunderttausend Wörter mehr gebraucht als noch vor soundsoviel Jahrzehnten.
Wenn das kein Grund zur Freude ist![2]

In den Kreisen renommierter Sprach-Experten steht die Sprachkritik unter dem schwerwiegenden Verdacht, sich nicht auf ausreichenden Sachverstand, nicht auf Wissenschaft zu gründen. Der Experten-Vortrupp schließt daraus aber nicht, daß an einer wissenschaftlichen Basis für Sprachkritik, Sprachlenkung, Sprachpflege, Sprachkultur gearbeitet werden müsse; vielmehr wird der Expertenwille fast ganz aufgesogen von dem Glauben, daß im Sprachgebrauch sich grundsätzlich nichts mit Aussicht auf Dauer lenken lasse. Die Geschichte habe

2 Als Beispiel für die Selbstdarstellung der Akademie und die Reaktion der Presse kann ein Beitrag von Sarah Schaschek in der Zeitung „Der Tagesspiegel" vom 19.11.2013 stehen: „Willkommen im Wortreich". Ferner: Wolfgang Klein im Gespräch mit Joachim Scholl: „Nicht die Sprache wird schlechter, sondern ihre Sprecher" (Deutschlandfunk Kultur, 18.11.2013). Peter Eisenberg, „Die deutsche Sprache war noch nie so gut in Form wie heute" (Goethe-Institut, Online Redaktion, Juni 2007, in der Reihe „Sprachwandel und -politik").

es bewiesen. Da frage ich: Woher wollen die Experten das wissen, da wir doch Langzeit-Erfahrung nur mit einer Sprache haben, zu deren rechtem Gebrauch jahrhundertelang gute Geister, von Dorfschulmeistern bis zu Philosophen, ihre Mitmenschen aufgefordert und angeleitet haben?

In der Regel wollen die Sprachwissenschaftler nichts lehren, was nach Vorschrift oder gar nach Zensur aussähe; sie machen es sich zur Tugend, die Sprache und die Sprachen in ihrer Geschichte, ihrem gegenwärtigen Zustand und, ja, vielleicht auch in den sich abzeichnenden Entwicklungsrichtungen zu beschreiben. *Descriptio, non praescriptio!* ist ihre Losung. Und da die Wissenschaftler als die Berufenen nicht sinnvoll lenkend eingreifen zu können glauben, legen sie erst recht uns Laien nahe, die Finger davon zu lassen.

Warum sollten wir uns daran halten?

Die Angriffe der Experten zielen dorthin, wo die als Laien markierten Sprachkritiker sich kaum aufhalten. Peter von Polenz kämpfte in dem erwähnten Interview gegen ein Phantom. Dem schrieb er Purismus und Dogmatismus und die Wiederbelebung einer traditionellen nationalistischen Sprachideologe zu, wie es sie im 19. Jahrhundert gegeben habe. Er nannte dies, ein wenig einschränkend, „nur eine Vermutung“, er habe „wenig Kontakt zu diesen Leuten“. Dennoch meinte er „politisch rechtsgerichtete Gruppen“ zu erkennen, „denen der moderne Internationalismus und Europäismus der Nachkriegsepoche nicht behagt“ und „die lieber zum Nationalismus des 19. Jahrhunderts zurückkehren möchten, der uns und unsere Nachbarvölker im 20. Jahrhundert zwei Mal ins Unglück gestürzt hat“. Daneben gebe es nach seiner Kenntnis „die Gruppe der sogenannten Sprachfreunde, die ein kulturelles Pflegebedürfnis zu ihrem Hobby gemacht haben, Sprachpuristen als Sprachkritikaster“.[3]

P. von Polenz (1928–2011) genoß unter Sprachwissenschaftlern hohes Ansehen; seine Verdienste auf dem Feld der beschreibenden Wissenschaft seien hier nicht bezweifelt. Es war sein gutes Recht, als Linguist politisch-geschichtlich zu

---

3 In den deutschsprachigen Ländern hat im zwanzigsten Jahrhundert unter den namhaften Sprachkritikern nur Eduard Engel (1851–1938) nationalistisch argumentiert. Als Jude wurde er 1933 von den Nationalsozialisten zum Schweigen verurteilt. Gegenwärtig ist unter den ernstzunehmenden Sprachkritikern kein Nationalismus zu erkennen – eher ein Hang zum Kabarettistischen.

dilettieren. Das Ergebnis zu beurteilen ist dann freilich Sache nicht nur der Linguisten.

Es sieht ganz so aus, als habe ein Mensch, der sich – im wörtlichen Sinn: notgedrungen – kritisch mit dem heutigen Sprachgebrauch befaßt, von Expertenseite keine Hilfe zu erwarten. Das macht uns, die „sogenannten Sprachfreunde", frei, uns nicht beeindrucken zu lassen von dem Anspruch mancher Experten, auf dem Feld der Sprache auch für diejenigen Flächen allein zuständig zu sein, die sie selbst nicht beackern wollen.

Ob Laien oder nicht – angesichts erkennbarer Nöte muß es uns freistehen, ja ein Gebot sein, mit unserem Denkvermögen, unserer Erfahrung und (nicht zu unterschätzen) unserem Gemeinsinn im massenhaften öffentlichen Gebrauch der Sprache nach Orientierung und Ordnung zu streben, nicht zuletzt damit sie uns mit ihren bewährten Mitteln helfe, hier und da sogar leite, wenn wir Wesentliches zu fassen trachten.

Gegen das Bemühen, die überkommene Ordnung der Sprache zu verteidigen, wird ins Feld geführt, daß die Sprache sich entwickle, daß Veränderungen in der Lebens-Wirklichkeit Veränderungen der Sprache nach sich zögen, indem die Angehörigen der Sprachgemeinschaft die Sprache für die geschichtlich sich verändernden Zwecke jeweils besser handhabbar machen wollten – ein Wunsch, der sich naturgemäß am stärksten bei Menschen regt, die beruflich mit der Sprache arbeiten: Journalisten, Schriftsteller, Politiker, Texter im Unterhaltungsbetrieb und in der Werbung. Ich füge die Übersetzer hinzu, die beachtliche Mengen gedruckten Textes zu verantworten haben – schließlich stellen sich Übersetzungen den Lesern als deutsche Texte dar.

Wer wollte bezweifeln, daß der Sprachgebrauch sich ändert! Aber es sind Menschen, die ihn ändern; man muß an ihre Mündigkeit appellieren dürfen, an ihre Freiheit, den Charakter des Veränderns zu bestimmen.

Die Praktiker der öffentlichen Rede müssen den allgemeinen Sprachgebrauch gut kennen, weil sie darauf angewiesen sind, bei einem großen, in der Regel anonymen Publikum „anzukommen"; sie müssen auf dessen Sprachvermögen – mindestens das passive – eingehen; zugleich, vielleicht unabsichtlich, verändern sie es. In der gesellschaftlichen Kommunikation bilden Leser und Hörer – als „Empfänger" – die komplementäre Größe zu den „Sendern". Die Empfänger sind es, von deren Verstehenskompetenz die Textschöpfer abhängen, und sie

sind es andererseits auch, die dem Angebot der Professionellen ausgeliefert sind. Was an öffentlicher Rede auf sie trifft, kann ihre Kompetenz vergrößern, verringern, gleichsam verschieben.
Sender und Empfänger können sich darauf einspielen, es sich leicht zu machen, indem sie aus dem überlieferten Sprachmittelbestand vergleichsweise wenig aktivieren.
Den Wunsch nach leichterer Verständigung hat es gewiß immer gegeben; heute hat der Kult der Rationalisierung dazu geführt, daß man Denk-Mühe einzusparen hofft, indem man – wahrscheinlich auch im Zuge der großen „Digitalisierung" – die Grammatik auf einfache Wenn-dann-Regeln zu reduzieren trachtet. Der „Sender" kann, indem er manche Forderungen der gegebenen, in der geschichtlichen Praxis erprobten Grammatik außer acht läßt und im Wortschatz den Sprach-Moden folgt, den „Empfänger" ködern. Es bleibt die Frage, ob es ihm immer gelingt, auf solche Weise den Text wirklich besser lesbar und hörbar zu machen, ohne daß der Sinn darunter litte.
Vor allem aber bleibt es zweifelhaft, wieweit die leichter, „flotter" gemachte Sprache noch Raum für das bietet, was als Gegenstand des Fragens, als Unerforschtes, vielleicht Unerforschliches für uns wesentlich sein kann. Gibt es in der leichter gemachten Sprache noch die Zauberwörter, die das in allen Dingen schlafende Lied (so sagte es Eichendorff in dem Gedicht „Wünschelrute") zum Singen wecken?

> Schläft ein Lied in allen Dingen,
> Die da träumen fort und fort,
> Und die Welt hebt an zu singen,
> Triffst du nur das Zauberwort.

Wir brauchen die Mittel, zu sagen, was weiter reicht als das einfach Sagbare, was hinausgeht über das dinglich Greifbare, was hinausgeht über das Simple, Triviale. Je sparsamer, je träger der Sprachmittelvorrat genutzt wird, desto leichter geschieht es, daß aus der Kommunikation (und aus unserer inneren Welt) das Nichttriviale ausgeschlossen bleibt oder – mit Verlust – in die Trivialität gezwängt wird. Mit der vermeintlichen Erleichterung des Sprachgebrauchs lassen wir unsere innere Welt verarmen. Indem wir dem Zeitgeist gehorchen, wenn er uns zur Beschränkung auf das Nächstliegende, Greifbare drängt, stumpfen wir für manches ab, was uns wenigstens als Ahnung existentiell berühren könnte. Die Shakespeareschen „mehr Ding' im Himmel und auf Erden, als eure Schulweisheit sich träumt"[4] – sie entgehen unserem Verstand und unseren Sinnen sogar als – beglückende oder erschreckende – Ahnung, wenn wir es uns mit der Sprache zu leicht machen.

„Das Gesetz nur kann uns Freiheit geben", heißt es bei Goethe.[5] Da hatte er wieder einmal recht. Freiheit ist typischerweise auch Abweichung von einer Norm. Die Norm ist mindestens so nötig wie, wenn es darauf ankommt, ihre Verletzung. Daß es im konkreten Fall auf die Verletzung ankommt, kann nur durch ihr Ergebnis bewiesen werden, in dem sich dann eben auch der Sinn der Ordnung bestätigt. Jahrhundertelang wurde im deutschen Sprachgebiet der Deutsch-Unterricht vor allem in den Kategorien „richtig" und „falsch" erteilt. Im Zeichen moderner Liberalität mag man einwenden, daß da eine gesetzgebende Instanz unterstellt werde, die es nicht geben könne. Es zeigt sich heute, daß eine Richtig-oder-falsch-Ordnung, sei sie auch nur eine Hilfskonstruktion, immer noch besser ist, das heißt auch besser der Kommunikation neuer Gedanken dienen kann, als ein großes, fortschrittlich sich gebendes Gehenlassen, dessen unausweichlich chaotische Folgen keinen rechten Bezugsraster mehr bieten. Mit der Streichelpädagogik im Deutsch-Unterricht erweist man den heutigen Schülern und der Gesellschaft keinen guten Dienst.

Diejenigen Experten, denen zu den Sprachkritikern als erstes einfällt, daß sie Puristen, Dogmatiker, Kritikaster seien, haben ein bißchen recht, wenn sie meinen, in der lebendigen Sprache dürfe nicht ein Regelwerk für alle Zeit festlegen, welchen Kasus etwa die Präpositionen „wegen", „trotz" oder „dank" verlangen. Doch auch in solchen Fällen fragt sich, warum man nicht beim Gewohnten bleiben soll. Die Verständigung leidet jedenfalls, wenn sie der Vorstellung unterliegt, daß es auf nichts genau ankomme. Die Erfahrung zeigt, daß Kommunikation am besten gelingt, wenn die Kommunizierenden sich auf eine überkommene Ordnung einstellen – auf die Ordnung schon als solche, wie sie konkret auch beschaffen sein mag. Der Ordnungscharakter der Grammatik

4 „Hamlet" in der Übersetzung von August Wilhelm Schlegel, 1. Aufzug, 5. Szene.

5 In dem um 1800 geschriebenen Sonett „Natur und Kunst".

schränkt unsere sprachlichen Möglichkeiten nicht ein. Wenn es die Grammatik uns schwer macht, kommt es wahrscheinlich der Klarheit, der Genauigkeit zugute.

Experten und Kritiker sind sich offenbar wenigstens darin einig, daß Wandel im Sprachgebrauch nicht einem quasi innersprachlichen Prinzip zuzuschreiben ist, sondern von den beteiligten Menschen bewirkt wird. Experten und Kritiker unterscheiden sich dann freilich darin, daß moderne meinungsführende Experten die Sprachgebrauchs-Entscheidungen der Sprecher und das Sozialverhalten, von dem die Sprach-Entscheidungen vielleicht abhängen, als gegeben und als zwar beschreibbar, doch eben nicht als lenkbar erachten, während bei den Kritikern die Vorstellung von der Lenkbarkeit des Sprachgebrauchs sich logischerweise mit der Vorstellung von der Veränderbarkeit des Sozialverhaltens, womöglich gar der gesellschaftlichen Ordnung verbinden sollte – ein Gedankenschritt freilich, den ausdrücklich zu tun die heutigen Sprachkritiker sich selten entschließen; Karl Kraus war vielleicht der letzte, der ihn tat. Die Haltung der Experten entspricht eher dem Zeitgeist, der alles, was auch nur entfernt nach großer Veränderung der gesellschaftlichen Verhältnisse, gar nach Revolution aussieht, für historisch erledigt hält. Vor zweihundertfünfzig Jahren hat Adam Smith ein Bild gemalt, das zeigt, wie eine wundersame Regellosigkeit schließlich alles zum Vorteil der Menschen regelt. Man könnte denken, daß auch moderne Sprach-Experten einer unsichtbaren Hand vertrauen, die uns die Mühe kultureller Arbeit, das heißt gesellschaftlicher Verständigung etwa über das Schöne, Gute, Wahre, abnehme, vor allem uns die Mühe erspare, das Instrument solcher Verständigung zu pflegen. In der heutigen Wirklichkeit sehen wir, wie Adam Smiths „unsichtbare Hand" folgenreich daneben greift. Wieviel Danebengreifen gibt es in der öffentlichen Rede? Sollte sich die Gesellschaft nicht verabreden, all die Fehlgriffe in der Kommunikation (Fehlgriffe, die auch dem tolerantesten Experten auffallen müssen) wenigstens zu tadeln? Denn nichts ist historisch erledigt; alle jeweils Gegenwärtigen haben noch Geschichte zu machen. Sinnvolle Regelung durch Regellosigkeit (die nun Deregulierung heißt) ist nicht zu erwarten.

Warum (wenn sie schon um keinen Preis vorschreiben wollen) richten die Sprachkritik-Kritiker ihre intellektuelle Kraft nicht wenigstens ein bißchen mehr auf den Zusammenhang des Sprachgebrauchs mit den Sozialverhaltensweisen, die die Menschen sich vom Zeitgeist aufdrängen lassen? Statt unermüdlich zu wiederholen, daß die „Denglisch"-Mode kulturell unerheblich sei und hingenommen werden müsse wie das Wetter, ja sogar ihre Vorteile habe, könnten sie dem Verdacht nachgehen, daß die Denglisch-Süchtigen vor allem sich selbst als weltläufig und modern darstellen wollen, weil sie glauben, sich auf diese Weise in der Wettbewerbsgesellschaft besser behaupten zu können. (Übrigens steht es uns frei, sie ins Leere laufen zu lassen; Puristen wären wir deshalb nicht.)

Sprachkritik wird sich nicht abgrenzen lassen von einer Kritik des für einen Zeitabschnitt charakteristischen Sozialverhaltens. Den Soziologen und Psychologen können Indizien entgehen, wenn wir Laien uns einschüchtern lassen von Experten, die die Sprachkritik als Hobby pflegesüchtiger Sprachfreunde schmähen.

Sprachkritik als Gesellschaftskritik – warum nicht? Der Österreicher Karl Kraus hat es so gehalten. Wenn er fand, daß in einem Text ein Komma fehle, brachte er es fertig, dies auf die Geschicke der Menschheit zu beziehen. Das war jedenfalls besser als das Achselzucken moderner Experten, die womöglich noch das schludrige Weglassen des Kommas als ein Zeichen neuer Wirklichkeit im sich wandelnden Sprachgebrauch deuten – und rechtfertigen, wenn sie ausnahmsweise sich zum Bewerten entschließen.

Versteht sich, Kraus war ein Eiferer, er hat übertrieben. Aber nicht übertrieben ist die Feststellung, daß die Hilflosigkeit im Setzen des Kommas sich gegenwärtig wie eine Seuche ausbreitet, begünstigt nicht zuletzt dadurch, daß auch die Zeichensetzung im Zuge der Rechtschreibreform von 1996 für die Schreibenden vereinfacht worden ist. Sie halten nun die Lizenz zur Beliebigkeit für erteilt. Wenn der Satz geschrieben ist, weiß zwar sein Verfasser noch, was er gemeint hat, doch der Leser erfährt es nicht so sicher, und solche Unsicherheit kann am Komma liegen. Im einzelnen Fall mag das Fehlen eines Kommas unerheblich sein; nicht unerheblich ist es, daß nach der jetzt gültigen Ordnung die Zeichensetzung von der Grammatik insofern abgekoppelt ist, als der Schreibende sich nicht mehr so gründlich wie früher die Grammatik vergegenwärtigen muß, ehe er Komma, Semikolon oder Punkt setzt.

Über den Sprachgebrauch kritisch urteilen, das sollte – ganz gleich, ob Experten sich beteiligen oder nicht – mehr sein als das Ankreiden von Fehlern; es sollte

dazu dienen, ein allgemeines Bild vom heutigen Sprachgebrauch zu gewinnen und die Kräfte, die ihn beeinflussen, zu erkennen. Die moderne Gesellschaft ist dahin gelangt, noch die nebensächlichsten Erscheinungen von einem Heer von Wissenschaftlern erforschen zu lassen; da sollte sie es auch für selbstverständlich halten, daß die Qualität des herrschenden Sprachgebrauchs in großem Zusammenhang beurteilt werde. Die Mittel der für unsere Kultur unendlich wichtigen gesellschaftlichen Kommunikation – eben die Mittel der Sprache – sind darauf angewiesen, kritisch beobachtet und gepflegt zu werden.
Es hat schon etwas Anbiederndes, wenn Sprach-Experten das „Ich hab was gesagt, und der andere hat verstanden, was ich will!" als Beleg für das Funktionieren von Selbstregulation beschreiben. Nehmen wir an, daß vor Jahrtausenden die Absprache zur Mammutjagd im Erfolgsfall nicht nur die Ernährung einer Gruppe von Steinzeitmenschen für eine Weile sicherte, sondern auch einen kräftigen Anstoß zur Systematisierung (Grammatikalisierung?) der Kommunikation gab, so ist daraus noch lange nicht zu schließen, wir seien heute quasi angelangt und könnten den Sprachgebrauch ohne Einmischung, ohne Kritik dem Selbstlauf überlassen.
In einer seriösen Zeitung war zu lesen, daß Lehrer (auch in Gymnasien) nicht mehr alles anstreichen, was – Modernität hin, Modernität her – denn doch als Fehler angestrichen werden müßte, und daß sie es so halten, weil sie die Schule oder womöglich das ganze Bildungssystem nicht durch zuviel Rotstift in Verruf bringen wollen. Kommen die jungen Leute dann an die Hochschulen, so wissen dort die Lehrer nicht, ob sie resignieren oder sich zum Aufschrei entschließen sollen. (Vielleicht entspannt sich die Lage, wenn die heute von der Schonung profitierenden Schüler selbst Hochschullehrer werden.) Eine vergleichsweise junge, aber schon namhafte deutsche Autorin hat in einer Zeitschrift schwungvoll eine „digitale Datenschutzgesetzgebung" verlangt – ein Wortgefüge, das man erst versteht, wenn man ein altmodisches Grammatikgefühl beschwichtigt hat. In einer sonst sehr schätzenswerten Tageszeitung findet sich der Satz: „Erst die EU erlaubt es Deutschland erfolgreich zu führen". Offenbar fehlt ein Komma, aber wo? Nach „es" oder nach „Deutschland"? Es ging wieder einmal um die oft behauptete Führungsstärke der Kanzlerin, und der Leser erfährt nicht, ob sie dank EU Deutschland führen oder ob dank EU Deutschland allen Ländern voran schreiten kann. Die Verfasser eines inhaltlich beachtenswerten

Aufsatzes schreiben im Zusammenhang mit der Diesel-Manipulation bei Volkswagen: „Die Hersteller sparen sich teure Technik, um das gefährliche Reizgas Stickoxid (NO2) zu filtern.“ Offenbar werden richtig gebildete Finalsätze rar. Im März 2011 war in einer großen Tageszeitung zu lesen: „Als scharfer Denker, umsichtiger Lenker und unabhängiger Kopf lobt“ … der Ministerpräsident … „den neuen Minister.“ Da hatte jemand Angst vorm Akkusativ.

Nein, es steht nicht gut um den Sprachgebrauch. Das Rezept der Sprachgemeinschaft ist das der resignierenden Lehrer: Ansprüche reduzieren, sich auf einer niedrigeren Ebene einrichten. Was einst ein Fehler war, wird nun als Ergebnis der Sprachentwicklung hingenommen. Der Standard wird angepaßt – nach unten.

Texte, die heute geschrieben werden, sind in Stil, Wortschatz und Grammatik geprägt vom heutigen allgemeinen Sprachgebrauch. Man könnte sich vorstellen, daß es sich beim Übersetzen von Literatur anders verhält, nämlich daß der Übersetzer (dessen Muttersprache gewöhnlich die ist, in die er übersetzt) von dem andersartigen sprachlichen Charakter der originalen Texte stimuliert wird, die gewohnten, also auch bequemen Muster seiner Sprache (der „Zielsprache“) zu verlassen. Ohnehin ist er ja, wenn er etwa einen Roman übersetzt, gebunden an den Inhalt des Originals, an die Vorlage, an die „Botschaft“, die der Autor, der in einer anderen Sprache, auch in einer anderen Kultur zu Hause ist, an Menschen seiner Umgebung gerichtet hat – an Menschen, die mit dem Autor weitgehend die Sprachmuster teilen. Nicht nur der Wortschatz, sondern die ganze Redeweise, die sprachliche Struktur des Originals – alles weicht mehr oder weniger ab von der Redeweise, der Sprachstruktur, die wir heute bei uns gewohnt sind. Der Übersetzer, der seinen Lesern schon inhaltlich Ungewohntes zumuten muß, hat also zu entscheiden, ob er seine Leser auch auf unvertraute Sprachwege führen soll, weil sich die Eigentümlichkeit der literarischen Botschaft sonst nicht vermitteln läßt. Es ist eine der Hauptfragen der Übersetzungskunst, und sie stellt sich noch schärfer, wenn das Original vor hundert, zweihundert oder gar vor zweitausend Jahren entstanden ist.

Der Kulturmarkt gibt seit einigen Jahrzehnten eine Antwort, der kaum jemand widerspricht: Unvertraute Sprachwege (sagt der Markt) sind den heutigen Lesern nicht zuzumuten; Fremdes, Altes muß beim Übersetzen so geformt werden, daß es in heutige Sprachmuster paßt; wenn es dabei zu Verlusten an Substanz kommt, kann das (sagt der Markt) als das kleinere Übel hingenommen werden. Und wirklich: Von bedeutenden Werken früherer Generationen und anderer Kulturkreise erhält das heutige Publikum oft unter dem Vorwand der Erschließung, des Nahebringens nur eine vereinfachte, oft vergröbernde Version. Der freie, sogar als schöpferisch sich gebende Umgang hat sich als Dogma etabliert, und das hat sich verbreitet wie eine Krankheit. Ihr grellstes Symptom ist seit einigen Jahrzehnten das sogenannte Regietheater. Nicht nur im Sonderfall der Bühnenkunst, sondern in den Künsten allgemein, auch in der literarischen, können sich Praktiker des Reproduzierens damit wichtig machen, daß sie das Überlieferte oder aus anderen Kulturen Übernommene dem heutigen Publikum zu leichterem, vielleicht würzigerem, jedenfalls schmackhaftem Konsum zubereiten, was aber heißt: einem kostbaren Gut die Echtheit, die Besonderheit, die Originalität über das unvermeidliche Maß hinaus nehmen. Es ist ein Mißstand auch deshalb, weil die Leser selten etwas davon ahnen.

Probleme beim Vermitteln überlieferter, auch fremder kultureller Leistungen hat es wahrscheinlich immer gegeben – man denke an die Adaptionen antiker Vorgaben durch die klassischen französischen Dramatiker. Es ist eine Besonderheit unserer Zeit, daß es vor allem am „modernen" Sprachgebrauch liegt, wenn das, was sich als Aktualisierung, als Modernisierung ausgibt, ein Kulturgut mehr oder weniger der Trivialisierung aussetzt.

Theologen suchen nach Möglichkeiten, die Texte des Neuen Testaments den Menschen von heute besser zugänglich zu machen. Es entstehen neue Übersetzungen; dem Bibelübersetzen ist eine ganze Theorie gewidmet, die die Wirkungstreue, die „funktionale Aquivalenz", als Ziel setzt. Man will – und im Grunde wollen das alle neuen Übersetzungen der biblischen Texte – die Leser in ihren heutigen Sprachsitten, ihrer sprachlichen Heimat erreichen. Da diese Sprachsitten als absolut gegeben betrachtet werden, geht das Konzept nicht auf; die realen Sprachsitten sind zu platt, zu trivial für die (im Falle der Evangelien, aber auch in den Fällen großer fiktionaler Literatur) ganz und gar nicht trivialen Inhalte der Originale. Wollte man beispielsweise Dostojewskis „Brüder Karamasow" auf dem Wege einer Neuübersetzung den heutigen Menschen in deren Sprachsitten „erschließen", so käme ein gewöhnlicher, dabei viel zu langer Kriminalroman heraus, und im Fall der Evangelien erhielten wir ausgerechnet um der funktionalen Äquivalenz willen womöglich statt der Heilsbotschaft einen Kranz interessanter Geschichten („Narrative").

Öffentliches Reden und Schreiben in den deutschsprachigen Ländern ist einer stillen Zensur nicht der Inhalte, sondern des Sprachgebrauchs unterworfen. Ihr Merkmal ist ein Imperativ des Leichtermachens, der Lässigkeit („auf nichts kommt es genau an"). Starke Signale aus dem Wortschatz zählen mehr als Grammatik. Um der Kürze des Satzes willen darf (das besagt jener Imperativ) die Komplexität des zu vermittelnden Sinnes vernachlässigt werden; als bester Satz gilt der kurze Satz. Daß Sprache ein Stück Wirklichkeit in das Eigentum unseres Geistes umschaffen könne, wie Wilhelm von Humboldt meinte, ist vergessen. Soweit hinter dem neuen Imperativ überhaupt etwas wie eine Philosophie erkennbar wird, lehrt diese am ehesten, daß etwas, was außersprachlich schon gleichsam fertig ist, mit Hilfe der Sprache transportiert werden soll. Das gelte es zu optimieren, zu rationalisieren. Es ist eine Vorstellung, die uns, die Menschen, klein macht, indem sie die Gegenstände der sprachlichen Verständigung nur in ihrer Dinglichkeit, gleichsam technizistisch, sieht und die Möglichkeiten verkennt, gerade mit den Mitteln der Sprache über das dinglich Gegebene hinauszugehen.

Das Deutsche, das wir heute sprechen und schreiben, ist nicht nur ein Erzeugnis unserer Zeit. Wir wohnen in demselben „alten Haus der Sprache" (wie Karl Kraus es nannte), in dem schon Thomas Mann, Theodor Storm, Gottfried Keller, Heine, Schiller, Goethe, Kant, Luther wirkten. Wir können von ihnen Sprache erwerben, um sie zu besitzen – und zu gebrauchen, auch wenn es Mühe bereitet. Wer schreibt, sollte weniger daran denken, sich und seine Leser zu schonen.

2 Arbeit an den Grundlagen des Sprachverständnisses

2.1 Wesen und Würde des Wortes. Biblisch-theologische Grundlagen für das Verständnis von Sprache und Kommunikation

Von Stefan Felber

Übersicht

Vorbesinnung I: Worte über Worte aus 2000 Jahren[1]

Am Anfang war das Wort, und das Wort war bei Gott,
und Gott war das Wort.
Dasselbe war im Anfang bei Gott.
Alle Dinge sind durch dasselbe gemacht,
und ohne dasselbe ist nichts gemacht, was gemacht ist.
In ihm war das Leben, und das Leben war das Licht der Menschen.
— Johannes 1,1–4

Wir haben die wahren Worte für die Dinge verloren.[2]
— Sallust (86–35/34 v. Chr.)

Die Sprache ist dem Menschen gegeben,
um seine Gedanken zu verbergen.
— Dante Alighieri (1265–1321)

Das ganze Leben und das Wesen der Kirche besteht im Wort Gottes.[3]
— Martin Luther (1483–1546)

---

[1] Es ist für die vorliegenden Zwecke nicht nötig, in jedem Fall die genaue Quelle anzugeben. Zur Reihenfolge: Der Johannesprolog ist vorangestellt, die übrigen folgen chronologisch nach Sterbejahr (am Ende: nach dem Geburtsjahr) des Autors.

[2] Nos vera rerum vocabula amisimus.

[3] Tota vita et substantia ecclesiae est in verbo Dei.

Wir werden das Evangelium nicht gut ohne die Sprache erhalten.
Die Sprachen sind die Scheide, darin dieses Messer des Geistes steckt.
Sie sind der Schrein, darin man dieses Kleinod trägt.
Sie sind das Gefäß, darin man diesen Trank faßt.
Sie sind die Kammer, darin diese Speise liegt.
— Martin Luther

In Uebersetzung menschlicher Schriften kann ein Mensch des andern Sinn viel leichter erreichen und ausdrücken, und wann er auch dessen verfehlet, so ist gemeiniglich nicht viel daran gelegen. Aber bei der Uebersetzung der Worte Gottes, himmlische und ewige Dinge betreffend, soll man mit tiefem Respect, mit Furcht und Zittern handeln, daß man nichts daran schmützen [herabsetzen], *nichts unterschlagen, nichts verwechseln möge …, sie muß seyn wie ein vollkommenes Contrefait … Man muß nichts dazu setzen, nichts zurücksetzen, nichts anderes setzen, sondern übersetzen.*
— Johann Albrecht Bengel (1687–1752), Vorrede zu seiner Übersetzung des Neuen Testaments, 1753

Die Sprache ist gleichsam die äußere Erscheinung
des Geistes der Völker.
Man kann sich beide nicht identisch genug denken.
— Wilhelm von Humboldt (1767–1835)

Der Mensch ist nur Mensch durch Sprache;
um aber die Sprache zu erfinden,
müßte er schon Mensch sein.
— Wilhelm von Humboldt

Die Menschen scheinen die Sprache empfangen zu haben,
nicht um die Gedanken zu verbergen,
sondern um zu verbergen, daß sie keine Gedanken haben.
— Sören Kierkegaard (1813–1855)

Der Geist einer Sprache offenbart sich am deutlichsten
in ihren unübersetzbaren Worten.
— Marie von Ebner-Eschenbach (1830–1916)

Ich fürchte mich so vor der Menschen Wort.
Sie sprechen alles so deutlich aus:
Und dieses heißt Hund und jenes heißt Haus,
und hier ist Beginn und das Ende ist dort.
— Rainer Maria Rilke (1875–1926)

Es ist ein Stück jenes Buchschicksals der Bibel, daß ihre aus Dialog entstandenen Teile sich den menschlichen Partner des Dialogs immer wieder berufen.
Immer wieder erwecken sich
die Psalmen Beter,
die Gesetze Befolger,
die Profetien Gläubige.
— Franz Rosenzweig (1886–1929)

Der Sprachverderber ist der eigentliche Hochverräter.
— Josef Weinheber (1892–1945)

Wovon man nicht sprechen kann, darüber muß man schweigen.
— Ludwig Wittgenstein (1889–1951)

Mehr sagen von der Zeit die Wörter aus,
die man nicht gebraucht,
als die, die man mißbraucht.
— Stanislaw Jerzy Lec (1909–1966)

Gott ist nicht stumm; sein Leben trägt vom Wesen her das Wort in sich. Gott lebt sprechend; und zwar so, daß bei ihm das Wort die Person nicht voraussetzt, sondern begründet. Gott ist Person mit Bezug auf das Wort.
— Romano Guardini (1885–1968)[4]

Nur was man mit Worten ausspricht, ist wirklich wahr.
— Marie-Luise Kaschnitz (1901–1974)

4 Guardini: Welt und Person, 141.

Die Verführer kommen in der Dämmerung.
Sie werden die Sprache verwirren,
die Bilder verwischen, Zahlen singen.
— Hans Kasper (1916–1990)

Geraten die Begriffe ins Schwimmen,
verlieren die Tatsachen
den Boden unter den Füßen.
— Hans Kasper

Die Frage ist nicht, ob ‚Gott' tot ist,
sondern ob wir noch die Sprache sprechen, in der Gott lebt.
Ob wir noch eine Sprache brauchen, durch die religiös fundierte Beziehungen zwischen Menschen entstehen.
Zum Beispiel müssen Sie fragen, ob Gott in der BZ lebt.
— Peter Sloterdijk (*1947)[5]

Wir reden nicht mehr, wie uns der Schnabel gewachsen ist,
sondern wie man uns den Schnabel verbogen hat.
— Eckhard Hagedorn (*1954)[6]

Es ist unsere Mission, die Worte am Leben zu erhalten, Worte wie ‚grundlegende Menschenrechte', ‚Rede- und Gedankenfreiheit', ‚Gerechtigkeit', ‚Menschenleben'. Konzepte, die einst in Europa erschaffen wurden, geformt durch Jahrhunderte der intellektuellen und kulturellen Akkumulation, durch Tränen und Mühsal und Mut.
Doch vor allen Dingen verdanken wir, Schriftsteller und Verleger, den Worten unsere Existenz. Und es ist unsere Mission, ihnen ihre verlorene Bedeutung zurückzugeben. Etwa ‚Mensch' oder ‚Menschenleben'. Und die richtigen Worte zu finden, um dieser absurd traurigen, menschlichen Geschichte eine Bedeutung zu geben.
— Asli Erdogan (*1967)[7]

---

5 Interview in der Berliner Zeitung am 14.01.1998.

6 Fette Beute, 89.

7 http://www.faz.net/aktuell/feuilleton/debatten/schriftstellerin-asli-erdogan-erhaelt-remarque-preis-15211659.html?printPagedArticle=true#pageIndex_0 (23.09.2017)

Vorbesinnung II:
Was ist und wozu gibt es Sprache? Eine biblische Annäherung

Was ist und wozu gibt es Sprache? Summiert man die vorangestellten Zitate der älteren, teils gegensätzlichen Autoren, lautet die umfassende Antwort: Sprache ist Medium des Denkens und Verstehens, ja Grundlage des Menschseins, und sie dient als Mittel weitgespannter Zwecke. Mit Johann Georg Hamann könnte man sagen: Vernunft *ist* Sprache.[8] Das Spektrum reicht vom Mittel zum Betrügen und Verbergen (Dante) bis zur Quelle des Predigens der ewigen Wahrheit (Luther), ja bis dahin, daß das Wesen des Menschen wie das Wesen Gottes und seiner Kirche vom Wortgeschehen her zu verstehen ist (siehe die Zitate von Johannes, Luther und W. v. Humboldt). Nun aber, im Zeitalter der säkularisierten Massenmedien und der überall gegenwärtigen Werbung, schrumpft die Antwort: Sprache ist schlicht und einfach – Kommunikationsmittel für schlichte und einfache Gegenstände. Gerade dann wird Sprache furchterregend exakt und scharf (Rilke; das obige Gedicht von ihm stammt aus dem Jahre 1897). Was nicht einfach und gegenständlich ist, darüber müsse man schweigen, sagt Wittgenstein. Schriftsteller sind auf Sprache angewiesen, um ihre Brötchen damit zu verdienen, und meinen (so Sloterdijk und Erdogan) den Worten und so unserer Existenz auch noch selbst Bedeutung und Würde einhauchen zu müssen. Verführer und Sprachverderber verwirren die Sprache, verwischen die Bilder, singen Zahlen: Das Wort nimmt ab, das Bild nimmt zu, Quantität siegt über Qualität (Weinheber, Kasper), die Schnäbel werden verbogen (Hagedorn). Ein trüber Zustand.
Könnten da die Computer behilflich sein, deren Intelligenz doch in mancher Hinsicht das Menschenhirn überflügelt hat? Sie helfen, immer größere Informationsmengen zu sortieren, zu überblicken, zu übertragen. Andererseits ist zu beobachten, daß elektronisch kanalisierte (oder davon geprägte) Dialoge oft dürrer werden, ja noch trennschärfer auf bestimmte Zwecke zugeschnitten werden (WhatsApp u. ä., zuletzt: Vong-Sprache). Wir erleben einen Gewinn an Geschwindigkeit bei gleichzeitigem Verlust an Bedeutung.
Können Computer die zwischensprachliche Verständigung erleichtern? An vielen Schnittstellen werden uns bereits derlei Hilfen angeboten („diese Website

[8] Hierzu: Bayer, Vernunft ist Sprache.

auf Deutsch anzeigen“). Dennoch wird die Sprachenvielfalt die Verständigung auf absehbare Zeit, jedenfalls statistisch gesehen, nach wie vor mehr erschweren als ermöglichen.[9] Man denke nicht nur an die unzähligen Dialekte, sondern auch an die Gesamtzahl von rund 7000 Sprachen auf der Welt. Wir sind alle Ausländer – fast überall. Nur in der Heimat, bei den Menschen mit dem gleichen Dialekt, verstehen wir einander. Aber was heißt schon „verstehen“? Oft geht es nicht einmal in der eigenen Familie ohne klärendes Nachfragen. Computer können die Wurzel des Problems nicht beseitigen, nämlich, wie hier gezeigt werden soll, die Trennung von der Quelle der Sprache(n), von Gott. Computer helfen, immer mehr *Mengen* zu bewältigen. Doch Quantitäten machen einander den Raum streitig; Qualitäten ergänzen einander, sagt Bonhoeffer.[10]
Fremdsprache verhindert Verständigung, Muttersprache ermöglicht sie, aber garantieren kann sie sie ebenfalls nicht. Sprache ermöglicht das menschliche Denken, Vergleichen und Sprechen, aber begrenzt sie auch.[11] Bleibt es also bei der Skepsis gegenüber den Möglichkeiten der Sprache, wie bei Wittgenstein, Stephane Mallarmé[12] und anderen artikuliert wurde? Woher ist Hilfe für Sprachverständnis und -gebrauch zu erwarten?

Daß wir uns mit den meisten Menschen nicht ohne weiteres verständigen können, ist *aus Sicht der monotheistischen Religionen* kein Grund für eine grundsätzliche Skepsis gegenüber der Zuverlässigkeit und Brauchbarkeit der Sprache. Nach der *hebräischen Bibel* erfolgt das Sprechen Gottes zunächst völlig bruch- und problemlos: Gott erschafft die Welt durch sein mächtiges Wort, er spricht Schöpfung und Menschen ins Dasein (1.Mose 1–2; Ps 33,6.9; 148,5), redet sie

9 Könnten Computer einmal Telefonate zwischen Sprechern verschiedener Sprachen in Echtzeit übersetzen, würde die tiefgreifende Problematik der Sprachenvielfalt immer weniger Anstoß und Gegenstand zum Nachdenken sein.

10 Widerstand und Ergebung, 25 f.

11 Siehe den Beitrag von Harald Seubert in diesem Band. – Ich verkenne nicht, daß menschliches Denken (bes. in Träumen) auch in Bildern geschieht („Imaginieren“ = Bilder machen). Wo es aber um Verständigung geht, kommt man z. B. mit dem bloßen Vorzeigen von Bildern ohne Worte über das einfache Gegenständliche nicht hinaus – das aber ist ein nur tierisches Sprachniveau. Die Dimensionen von „Sinn“, von übertragenen Bedeutungen, Metaphern, ja von Transzendenz können dann nicht sprachlich präsent werden.

12 Vgl. Steiner: Von realer Gegenwart.

einfach an, benennt und segnet sie je spezifisch und schließt so die einzelnen Schöpfungswerke ab.[13]

Die Schrift leitet aus der Transzendenz Gottes nirgends ab, seine worthafte Offenbarung sei inadäquat oder fehlerhaft (diese Ableitung könnte nur unter Voraussetzung eines vorgefaßten Gottesbildes gemacht werden!), ganz im Gegenteil! Der sprechende Gott bzw. sein den Propheten gegebenes Wort fordert fraglose Aufnahme, kindliches Vertrauen. Gott, der seiner Welt gegenübersteht, ohne selbst Welt, Geschöpf zu sein, redet mit der Sprache, die wir von Menschen her kennen, und erwartet für sein Wort Glauben und Gehorsam ohne Vorbehalte. Daß Gott jenseitig ist, beeinträchtigt oder relativiert nirgends die Autorität seiner hier im Irdischen vernehmbaren Worte.[14] Ganz im Gegenteil: „Unser Gott kommt und schweigt nicht!" (Ps 50,3a) Während der Gott der Bibel die Zukunft voraussagen, ja diese bestimmen kann (Jes 42,5+9; 46,10; 48,6), können die Götzen nur schweigen.[15]

Auf den ersten Seiten der Bibel gilt analog vom menschlichen Sprechen: Die Menschlichkeit des Menschen ist kein Grund dafür, daß seine Worte irgendwie schwächer oder bedeutungsloser wären. Im Gegenteil: Seine Sprache verbindet ihn mit Gott. Die Menschwerdung Gottes bekräftigt dies, ja stellt diese Sicht auf festen Grund.[16] Statt einfach von „menschlicher" Sprache zu sprechen, sollten

---

[13] Zimmerli: Weisung, 278–280.

[14] Packer: Adequacy, 39.

[15] Jes 41,22f.26; 43,9; 44,7; 45,21; Hab 2,18f. Sonst sind im Alten Orient Nachrichten über ein direktes Reden eines Gottes mit Menschen spärlich, so Lutzmann, Art. dabar, 100. Er schließt seinen Abschnitt zu „Wort Gottes" in Mesopotamien so: „Wesentlich ist aber die Feststellung, daß im Unterschied zur prophetischen Rede in Israel ein geschichtliches Handeln des Gottes, entweder als Deutung der Vergangenheit oder als Plan für die Zukunft, nie Inhalt der Rede ist. Auch moralische Ansprüche der Gottheit, die den Babyloniern sonst sehr wohl bewußt waren ... sind darin nie erwähnt (Sp. 101).– Vgl. Wischmeyer: „Wort Gottes" im NT, 30 f. 37 f.

[16] Wer es für einen Anthropomorphismus abtut, daß Gott mit den gleichen Worten spricht wie die Menschen, höre Luther zu 1.Tim 3,16: „O das ist ein lächerlich Ding, daß der einige Gott, die hohe Majestät, sollte ein Mensch sein; und kommt hier zusammen beide, Kreatur und Schöpfer, in einer Person. Da sperret sich die Vernunft mit allen Kräften. Hier sind uns genommen und gewehret die klugen Gedanken, damit die Vernunft gen Himmel flattert und Gott in der Majestät suchet und forschet, wie er im Himmel regiere usw., und das Ziel hierher gesteckt, daß ich aus der ganzen Welt laufe gen Bethlehem, in den Stall und die Krippen, da das Kindlein liegt, oder Maria in dem Schoß; das heißt die Vernunft doch gar gedämpft. Was dir zu hoch ist, das lasse ungeforschet. Aber hier kommt es herunter mir vor die Augen, daß ich das Kindlein sehe in der Mutter Schoß. Da liegt ein Mensch, der da geboren wird wie ein ander Kind und lebet wie ein ander Kind und führet kein ander Wesen, Werk, Gebärde denn ein an-

wir zunächst feststellen: Gott läßt den Menschen seine (d. h. Gottes) Sprache sprechen und nicht umgekehrt! Von hier aus wird verständlich, warum Gott das Reden Adams so ernst nimmt, daß er die Gültigkeit von dessen Benennungen ein für allemal festlegt:

> *Und Gott der HERR machte aus Erde alle die Tiere auf dem Felde und alle die Vögel unter dem Himmel und brachte sie zu dem Menschen, daß er sähe, wie er sie nennte; denn wie der Mensch jedes Tier nennen würde, so sollte es heißen.* (1.Mose 2,19)

Das anfängliche Sprechen Adams[17] wurde also normsetzend für alle Tiere und Menschen. Gerade deshalb mußte der Sündenfall durch ein Gespräch eingeleitet werden, in dem der Versucher die Menschen sprachlich auf gedankliche Abwege bringt. Der Fall wird dann durch Essen (oral) vollzogen und schließlich in fünf symmetrisch angeordneten Gesprächsgängen sprachlich dargestellt, bewertet und bewältigt, und zwar je von Gott im einzelnen Gegenüber zu:

a. Adam b. Eva c. Schlange b'. Eva a'. Adam.[18]

Bis zum Turm- und Stadtbau zu Babel hatte alle Welt „einerlei Zunge und Sprache" (1.Mose 11,1 in der Lutherbibel), was wohl heißt: Sie verstanden einander in Satzbau und Wortschatz so weitgehend, daß trotz regionaler und sozialer Eigentümlichkeiten hinreichend gemeinsame Kommunikationsweisen, Wörter und Werte selbst für Großprojekte bestanden. Aber Hochmut kommt vor dem Fall: *Durch die Lösung des Menschen von Gott wird ihm genommen, was ihn mit seinesgleichen und mit Gott verbunden hatte: Die Einheit der Spra-*

der Mensch, daß keinem Menschen nimmermehr ins Herz fallen könnte, daß die Kreatur soll der Schöpfer selbst sein. Wo sind da die Weisen, die das je hätten erdenken oder in den Sinn nehmen können? Da muß ja alle Vernunft niederliegen und ihre Blindheit bekennen, daß sie will gen Himmel klettern und göttliche Dinge unterstehet zu ermessen, und kann doch, das vor Augen liegt, nicht gewahr werden" (WA 37, 42f., zit. nach Witte, Karl: Nun freut euch lieben Christen gmein, Neuendettelsau ^{6}1983, S. 35).

17 Genauer: seine lexikalische und semantische Kreativität. Man kann daher auch von einem „kulturellen Sprachentwicklungsauftrag" an den dazu begabten Menschen sprechen (Liebi: Herkunft, 110).

18 1.Mose 3,9–19.

che. Die Sprachenvielfalt und die daraus folgende Trennung der Völker ist nach 1.Mose 11,1–9 Gottes Strafe für den Hochmut des menschlichen Kollektivs beim Turm- und Stadtbau zu Babel: Da die Menschen Sicherheit und Gemeinschaft ohne Gott, nur bei ihresgleichen suchten, sollte ihnen auch diese Gemeinschaft genommen werden.

Steiger, Bibel, 23 (zu 1.Mose 11,7–9).

Was vorher selbstverständlich war, wird nun zum Wunder: gelingende Kommunikation, verstehende Begegnung.[19] Zugleich entsteht mit der Sprachenvielfalt aus göttlicher Gnade ein ungeheurer Reichtum an Ausdrucks- und Erfahrungsmöglichkeiten, an Weltansichten und -deutungen, von denen ein einzelner Mensch immer nur geringe Ausschnitte geistig aufnehmen kann.[20]

Die Strafe wird dort zeichenhaft aufgehoben, wo die Großtaten Gottes verkündigt werden, d. h. an Pfingsten: Unter dem Wort Gottes finden Menschen der unterschiedlichsten Herkünfte und Prägungen zusammen, überwinden Sprachgrenzen und falsche Scham (Apg 2–5), und sie stimmen schließlich alle mit

19 Vgl. Hempelmann: Gottes Wort, 47 f.

20 Vgl. Steiner: Nach Babel.– In der Bibel selbst allerdings scheint mir diese positive Wertung der Sprachenvielfalt zunächst ganz untergeordnet gegenüber demjenigen als Strafhandeln. Die Gliederung der Völker nach Sprachen in 1.Mose 10 nimmt Kap. 11 vorweg und ist in 10 kein Gegenakzent. Positiv zur Sprachenvielfalt verhält sich allerdings die Verheißung, daß die Menschen *in allen Sprachen* Gottes Wort hören sollen, vgl. Apg 2 und Offb 7; ferner Zeph 3,9; Jes 19,18–25.

ihren Sprachen ein in den ewigen Lobpreis Gottes (Offb 7,9ff.; vgl. 13,7; 14,6). Ein Auszug aus Apostelgeschichte 2:

> *[7] Sie entsetzten sich aber, verwunderten sich und sprachen: Siehe, sind nicht diese alle, die da reden, aus Galiläa? [8] Wie hören wir denn jeder seine eigene Muttersprache? [9] Parther und Meder und Elamiter und die wir wohnen in Mesopotamien und Judäa, Kappadozien, Pontus und der Provinz Asien, [10] Phrygien und Pamphylien, Ägypten und der Gegend von Kyrene in Libyen und Einwanderer aus Rom, [11] Juden und Judengenossen, Kreter und Araber: wir hören sie in unsern Sprachen von den großen Taten Gottes reden …*

Als die „Großtaten Gottes"[21] geistgeleitet verkündet wurden, fanden Menschen wieder die gemeinsame Sprache, ohne ihre Sprachenvielfalt zu verlieren. Beachten wir das Erste, was Petrus zur Erklärung dieses Wortwunders darlegt! Es ist die Tatsache, daß mit diesem Wunder die Erfüllung eines lange vorher passierten, prophetischen Wortgeschehens eintritt:

> *… [15] Denn diese sind nicht betrunken, wie ihr meint, ist es doch erst die dritte Stunde am Tage; [16] sondern das ist's, was durch den Propheten Joel gesagt worden ist (Joel 3,1–5): [17] „Und es soll geschehen in den letzten Tagen, spricht Gott, da will ich ausgießen von meinem Geist auf alles Fleisch …"*

21 So die wörtliche Übersetzung im „Münchner Neuen Testament".

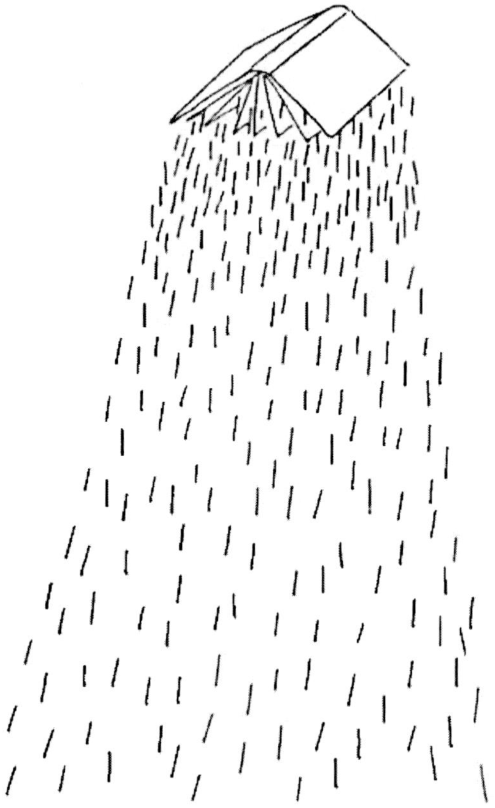

Steiger, Bibel, 166 (zu Joel 3,1–2).

Grundlegend für ein biblisches Verstehen von Sprache und Kommunikation wird die Kette von *Schöpfung* (Spracheinheit und Sprachkraft) – *Sündenfall und Babel (Sprachverwirrung)* – *Ablehnung der Predigt Jesu trotz ihrer Vollmacht, Kreuz und Auferstehung Jesu Christi* (die Wende: das Ende des alten und der Beginn des neuen Zeitalters) – *Jerusalem an Pfingsten* (neue Verständlichkeit durch Predigt der Großtaten Gottes) – *die Völker vor dem Thron Gottes mit allen ihren Sprachen* (Offb 7): Diese fünf zumindest sind, so meine ich, wesentliche Ur-Daten, biblische Vor-Gegebenheiten für eine theologisch fundierte Sicht von Sprache und Kommunikation.

Wie gesagt: Sprache umschließt, lädt in eine Gemeinschaft ein, umfriedet bzw. schließt sie auch nach außen ab[22] – und dies tut sie am stärksten, wo sie die Großtaten Gottes vergegenwärtigt. So entsteht seit Pfingsten unter Gottes Wort Gemeinde. Gottes Wort lädt Menschen in die Gemeinde ein und umfriedet diese zugleich nach außen gegenüber denen, die dem Wort nicht Glauben schenken (obwohl die Einladung aufrechterhalten wird). Wo der Sprache aber ein positiver Bezug auf Gottes Tat und Wort fehlt (z. B. wegen des Fehlens einer Bibel[teil]übersetzung), wird sie immer nur ein schwacher Abglanz der Kraft sein, die sie im Paradies hatte und an Pfingsten neu entfalten durfte.

Bevor ich dies biblisch-theologisch zu vertiefen und zu erweitern versuche, will ich einen Schritt zurückgehen, nach der Vorgehensweise und nach den Quellen fragen, aus denen zum Thema meines Erachtens mehr zu schöpfen ist, als dies in bisherigen Debatten zu Sprache und Kommunikation geschehen ist.[23]

---

22 George Steiner hat dies in dem schon genannten, großen und tiefsinnigen Buch „Nach Babel" vielschichtig dargelegt.

23 Anmerkung für Theologen: Und auch mehr als das, was bisher in *theologischen* Studien zum Thema erarbeitet worden ist. Ich habe dazu eine Reihe von Werken aus den Gattungen „Theologie des Alten Testaments" und „Theologie des Neuen Testaments" durchgesehen – leider oft mit Fehlanzeige. Ich erspare dem Leser die Liste dieser Fehlanzeigen. Am ergiebigsten fand ich die Arbeiten von Ulrich Wilckens, Ferdinand Hahn und, ausgerechnet, Rudolf Bultmann. Bei ihm scheint mir die Hochschätzung des Wortes als eigenes Thema in seiner „Theologie des Neuen Testaments" [§§ 34. 48. 49] aber eine Kompensation dafür zu sein, daß er vorgängig die Tatsächlichkeit der Heilsereignisse entleert hat. Nach Bultmann verschlingt *das Wort das Werk Jesu* mehr, als daß es dieses gegenwärtig setzt, jedenfalls in der Darstellung der Theologie des Johannesevangeliums, s. dort § 48, aber auch grundsätzlich. Hat Bultmann nicht bemerkt, daß er damit das Wort seiner vornehmsten Aufgabe beraubt, nämlich nicht nur auf sich selbst zu weisen, sondern etwas bzw. einen anderen zu vergegenwärtigen? Vgl. dort S. 416: „Nicht in ihrem zeitlosen Gehalt, sondern in ihrem Gesprochenwerden liegt ihr Besonderes und Entscheidendes – und deshalb sind sie ebenso ‚Werke' wie ‚Worte'; Jesu Tun ist ein Reden, sein Reden ein Tun." Oder S. 419: „Johannes stellt also in seinem Evangelium nur das Daß der Offenbarung dar, ohne ihr Was zu veranschaulichen" (vgl. auch 420 f.)!

Woher nehmen wir unsere Sicht von Sprache und Kommunikation?

Von der Mühe, die Bibel ins Spiel zu bringen

Alltagserfahrungen mit der eigenen Sprache, Schul- und Auslandserfahrungen mit fremden Sprachen sind für die meisten Menschen die Grundlage für ihre Sicht von Sprache und Kommunikation. Vertiefen könnte man diese Sicht durch das Erlernen von (weiteren) Fremdsprachen, durch die Lektüre sprachphilosophischer und linguistischer Literatur, durch Dialog und Reflexion. Nur: Das reicht nicht. Leider gibt es hierzu unter Philosophen und Theologen und, noch gravierender: sogar unter Bibelübersetzern, ein erschreckendes Maß an Naivität.

Ein allzu harter Vorwurf? Es gibt gute Gründe, ihn zu erheben. Nehmen wir wenige Beispiele aus der Philosophie: Der Heidelberger Kulturphilosoph *Rolf Elberfeld* will mit seinem Buch „Sprache und Sprachen" eine „philosophische Grundorientierung" (2012, ²2013) geben. Nur eine Fußnote erwähnt, daß die alttestamentlichen Erzählungen für die europäische Tradition „zentral" und „wirkungsreich" waren.[24] Immerhin das! Doch einen eigenen Abschnitt, geschweige eine eigene Reflexion über diese Grundlagen vermißt man. Oder: Der kanadische Philosophieprofessor *Charles Taylor* schrieb 2016 (deutsch 2017) über Sprache und Mensch das Buch „Das sprachbegabte Tier". Er entwickelt ein an Hamann, Herder und Humboldt („HHH") angelehntes und von Hobbes, Locke und Condillac („HLC") abgrenzendes Sprachverständnis. Als Philosoph bleibt er so im Set der Fragestellungen, die aus der Geschichte der (Sprach)Philosophie lange bekannt sind – und die Bibel spielt weder als Quelle noch als Norm eine Rolle, nicht einmal als Anschauungsmittel der eigenen Aussagen.

Sodann ein Beispiel aus dem Bereich der Bibelübersetzung, wo man doch mehr Reflexion anhand der Bibel erwarten sollte. Der Vater der modernen Bibelüber-

---

24 Elberfeld: Sprache und Sprachen, 19.

setzungen[25], *Eugene A. Nida* (1914–2011), verfolgte seine jahrzehntelang (ja bis heute) populäre Theorie der Bibelübersetzung auf der Grundlage eines Sprach- und Kommunikationsverständnisses, das er sich von der in seiner Zeit als Wissenschaften etablierenden Linguistik und Informationstheorie geben ließ. Insbesondere ließ er sich dabei von *Noam A. Chomsky* (*1928) prägen, der noch heute einer politisch interessierten Öffentlichkeit bekannt ist. Chomsky – ich vereinfache hier[26] – sah die Differenzen zwischen den Sprachen nur in ihren Oberflächenstrukturen. Im Kern aber seien sie alle gleich. Nida, der Wycliff-Bibelübersetzer in rund 100 Ländern der Erde anleitete, schloß daraus: Wenn wir die Oberflächenstrukturen beiseite lassen und auf den zugrundeliegenden Kern gehen, können wir leichter und verständlicher übersetzen. Außerdem solle man in die heute übliche *„consumer language"*, also die Verbrauchersprache übersetzen, die möglichst vielen Zielgruppen eigen ist. Die vorab definierte[27] Textwirkung soll möglichst rasch und überprüfbar erzielt werden. Um herauszufinden, wie man dazu eine Übersetzung zielsprachlich effektiv gestalten muß, wird wiederum die Informationstheorie bemüht, die aufgrund empirischer Studien zeige, was für einen Durchschnittshörer oder -leser (noch) verständlich ist.

Im Ergebnis begannen säkulare Theorien – die methodisch atheistisch arbeiten und sich an die Naturwissenschaften anlehnen – das Feld von Übersetzungen wie Gute Nachricht, Hoffnung für alle u. a. zu beherrschen. *Hinter ihnen steht eine Sicht von Sprache, für die die Bibel selbst nicht befragt wurde.* Machen wir uns klar, was das bedeutet! Die Heilige Schrift, ihre Übersetzung und so unsere Sicht auf sie wird von einem Sprachverständnis überformt, das nicht aus der Bibel gewonnen ist, sondern durch Reflexion der Sprachen und Sprachwissenschaften dieser Welt. Vieles fällt dann weg, was für *unverständlich* gehalten wird – manchmal das, was man für *inakzeptabel* hält – je mit dem Ziel, mög-

---

25 „Moderne Bibelübersetzung" bzw. „moderne Übersetzer" verwende ich in diesem Aufsatz nicht im chronologischen Sinne, sondern in Bezug auf die Theorie der „dynamischen (= funktionalen) Äquivalenz" bzw. der „Kommunikativen Bibelübersetzung".

26 Genaueres in meinem Buch „Kommunikative Bibelübersetzung", S. 197–237, sowie in der Studie zu „Chomsky's Influence".

27 Bzw. die nach historischen Vermutungen über die ursprünglichen Empfänger(reaktionen) erschlossene Textwirkung. Wie man diese methodisch sauber und nachvollziehbar erhebt, gibt Nida allerdings nicht an.

lichst große Akzeptanz zu erzielen.[28] Die Übergänge vom *Unverständlichen zum Inakzeptablen* oder vom *Verständlichen zum Akzeptablen* sind allerdings fließend!

Die neuen Übersetzungen erlebten hohe Auflagen, erreichten Leser neu oder ermöglichten manchen erst den Einstieg ins Bibellesen. Anderen aber, die besser bei einer wortgetreuen Lutherbibel geblieben wären, um den Text immer besser memorieren zu können, wurde ein bequemes Durch-Lesen, Durch-Marschieren durch die Bibel ermöglicht. Was aber wäre geschehen, wenn die evangelischen Kirchen seit den 1950er Jahren anstelle immer neuer Übersetzungen einen neuen Strauß an Hilfen entwickelt hätten, um ihr Einheitsband, die Lutherbibel (im Englischen: die King James Version), besser (intensiver und nicht nur extensiver) zur Kenntnis zu bringen: von Studienbibeln bis Einzelausgaben biblischer Bücher mit guten Erklärungen für die Hand der lesenden und sich um die Bibel versammelnden Gemeinde!? Im englischen Sprachraum sind neben zahlreichen Neuübersetzungen immerhin viele gute Studienbibeln entstanden.[29] Im deutschsprachigen Bereich hat man vor allem auf Neuübersetzungen gesetzt, um Menschen am Rand oder außerhalb der Kirchen zu erreichen, gab aber das Einheitsband preis *und* nahm Schaden an der Kerngemeinde: Der Memoriereffekt, der bisher durch Wiederholung der immer gleichen Übersetzung erzielt wurde, fiel ersatzlos weg. (Zur Lutherbibel siehe auch meinen Beitrag „Erbe, Verheißung und Auftrag“, zum säkularisierenden Effekt siehe meinen Beitrag „Moratorium für dynamisch-äquivalentes Übersetzen?!“; beide in diesem Band.)

Wie ist das zu bewerten und wie geht es weiter? So wie die Dinge stehen, ist zu befürchten, daß der Schaden den Gewinn weit übersteigt. Die Folgerung, *daß die modernen Bibelübersetzungen eine säkularisierende Wirkung hatten und haben, liegt auch deshalb nahe, weil die summierten Verkaufszahlen der Bibelübersetzungen stiegen, gleichzeitig (!) aber die Kenntnis selbst zentraler Bibeltexte immer weiter zurückging.* Der Befund dürfte unstrittig sein. Strittig ist hingegen die Kausalität zwischen beiden Beobachtungen. Ich meine: Hätte man geduldig

28 Zahlreiche Textbeispiele habe ich in früheren Publikationen gegeben, siehe https://www.stefanfelber.ch/downloads/bibeluebersetzung, vgl. auch http://www.bibeluebersetzungen.ch.

29 Ein wunderbares Beispiel gelehrter Zusammenarbeit ist die ESV Study Bible, die erstmals 2008 erschien. Warum haben wir so etwas nicht im Deutschen?

den Luthertext verbreitet, (auswendig) lernen lassen und erklärt, wäre die desolate katechetische Großwetterlage heute deutlich besser. Doch der Zeitgeist war und ist dem Auswendiglernen nicht günstig gestimmt.[30] Für Niklaus von Flüe war Gehorsam noch „die größte Ehr' auf Erden".[31] Heute hat Gehorsamsehre schlechte Karten und damit auch das Auswendiglernen. Denn Auswendiglernen heißt stets: Sich etwas Hergebrachtem unterordnen, etwas lernen selbst dann, wenn man es (noch) nicht begriffen hat. Etwas neu zu übersetzen dagegen hat immer etwas vom Anpassen des Alten an das Neue an sich. Was leitet also? Ist es das Prinzip „Akzeptanz statt Toleranz" oder genauer: Intoleranz gegenüber dem Unverständlichen oder gegenüber dem Fremden?

Zur bisherigen theologischen Arbeit an der Fragestellung

Mit „Hebraica Veritas" hatten Klaus Haacker und Heinzpeter Hempelmann 1989 eine ähnliche Zielrichtung verfolgt wie im vorliegenden Beitrag. Insbesondere Hempelmann[32] hatte damals Voraussetzungen echt christlicher Theologie betont, die sich mit meinen Anliegen decken: Die Nichtneutralität von Sprachen hinsichtlich unserer Denkformen; die daraus folgende Kritik einer Sicht von Sprache als reiner Form beliebiger Inhalte[33]; die „theologische Dignität"[34] und damit die Relevanz der hebräisch-biblischen Sprachgestalt für das Reden von Gott, speziell für die Bibelübersetzung und die Verkündigung des Evangeliums; die Sicht von Schriftauslegung als einem umkämpften Gebiet (H. spricht mit Nietzsche vom Kampf um Bedeutung[en]), u. a. Hempelmann sah eine Begegnung mit der hebräisch-biblischen Sprachgestalt als notwendig, die uns in unserem Denken verändert, unsere Begriffe fortschreitend umprägt. Darin sah er den in Röm 12,2 angesprochenen geistlichen Prozeß der Sinneserneuerung.

Insgesamt, so Hempelmann bescheiden, handele es sich nur um die Skizze eines Forschungsprogramms, das nun nach semitistischer Arbeit und Ausfüllung

---

30 Hierzu Schnepper: Goldene Buchstaben.

31 In seinem berühmten Brief an den Rat von Bern aus dem Jahr 1482.

32 Hempelmann: Veritas Hebraica.

33 Hier geht es um die cartesianische Linguistik, von der über Chomsky vermittelt auch E. A. Nida geprägt war.

34 Hempelmann: Veritas Hebraica, 50.

verlange. Erst dadurch steige „veritas hebraica", die hebräische Wahrheit, vom Postulat zur „geschichtswissenschaftlich überprüfbaren These" auf (sic!).[35] In seinem ausführlichen Aufsatz wollte Hempelmann zeigen, daß sprachphilosophisch, -theologisch und linguistisch keine grundsätzlichen Bedenken gegen das Vorhaben stehen. Von der hebräischen Sprache selbst gab er nur wenige Konkretionen (das Fehlen von Abstraktbegriffen wie „Geschichte" und „Wirklichkeit", das Tempussystem und der Begriff „Erkennen" im Hebräischen).[36] In gewisser Hinsicht mag man meine vorliegende Studie als Fortsetzung begreifen. Allerdings schrieb Heinrich von Siebenthal aus linguistischer Sicht im Jahrbuch des Arbeitskreises für evangelikale Theologie 1991 eine vernichtende Rezension, zumindest was die Hauptthese Hempelmanns anging (Haackers Thesen waren weniger ausgreifend): Der Hauptthese, daß nämlich die hebräische *Sprachgestalt* des Alten Testaments theologisch relevant sei, fehle die empirische Basis; seine Besonderheit liege nur in der von ihm verkündeten Sache, die von der in der gleichen (!) Sprache durch die Baalsverehrer verkündeten Sache klar abhebbar sei – und dies offensichtlich „nicht wegen ihrer Ungrammatikalität, sondern wegen ihres Gehaltes".[37]

Durch von Siebenthal gewarnt, möchte ich nun, anders als damals von Haacker und Hempelmann vorgeschlagen, den Fokus weniger auf die hebräischen oder griechischen Spezifika legen und Schlüsse von grammatischen Regeln (z. B. die Frage nach der theologischen Bedeutung des hebräischen Tempussystems) oder bestimmten semantischen Beobachtungen auf theologische Wahrheiten vorlegen, sondern darauf, was wir der Heiligen Schrift selbst hinsichtlich unseres Wort- bzw. Sprach- und Kommunikationsverständnisses entnehmen können. Hier geht es durchaus um Inhalte und nicht nur um Formen![38] So wird sich u. a. zeigen, daß z. B. die hebräisch-lexikalische Übereinstimmung von „Wort" und „Sache" im *dabar*-Begriff nicht eine von vielen zufälligen Polysemien (Mehrdeutigkeiten) ist[39], sondern durchaus gewichtige theologische Relevanz hat. Allerdings möchte ich die Warnung von Siebenthals ernstnehmen und versu-

35 A. a. O. 74 f.
36 A. a. O. 58.
37 Jahrbuch für evangelikale Theologie 5, 1991, 153–158, hier 157.
38 Sehr schön dazu: Rosenzweig: Formgeheimnis.
39 So von Siebenthal: ebd.

chen, möglichst ohne den philosophischen Rahmen auszukommen, der von Hempelmann damals aufgespannt und zumindest nach 2005 – vgl. sein von mir immer noch geschätztes Büchlein „Wortgetreu oder leserfreundlich?" – nach meiner Kenntnis nicht mehr weiterverfolgt wurde.

Ich möchte auch nicht verallgemeinernd behaupten, daß jede Beobachtung, die hier am biblischen Sprachdenken beschrieben wird, nur dort zu machen wäre. Wo andere Sprachen (seien es andere antike oder moderne Sprachen) damit übereinstimmen, ist es kein Widerspruch, im Gegenteil, und es ist kein Zufall. Wir lernen an der Schrift, was für alle wahr ist und nützt, auch wenn es nicht überall in Bewußtsein und Geltung steht. So finden wir im alten Ägypten und Mesopotamien durchaus bibelanaloge Vorstellungen vom Machtcharakter des Wortes, sogar Personifizierungen, die Identifizierung von Wort und Sache oder die Vorstellung einer Schöpfung durch das Wort.[40]

Nach Schiller lächelt die Sonne Homers auch uns; der Bergprediger denkt präziser von Gott her: Gott läßt seine Sonne aufgehen über Böse und Gute und läßt regnen über Gerechte und Ungerechte (Mt 5,45). So finden derlei Vorstellungen ihre letzte Klärung, Korrektur und Vollendung im Neuen Testament, mit dessen christologisch fundiertem und gefülltem Wortverständnis die im folgenden gegebene Reihe abgeschlossen werden soll.

Biblische Quellen für das Verständnis von Sprache und Kommunikation

Zum Ganzen und zu den bleibenden Lücken

Was sind (oder zumindest: wären) nun Ansätze, *von der Bibel selbst her* zu lernen, was es *in Gottes Sicht* mit Sprache und Kommunikation auf sich hat? Ich bin immer wieder überrascht, wie wenig diese Fragestellung (zumindest im deutschsprachigen Bereich) im Raum von Kirche und Theologie im Bewußtsein ist. Darum seien hier wenige Beispiele dafür angeführt, wie biblische Quellen zu Rate gezogen werden könnten, in Ergänzung und Weiterführung des unter

40 Siehe die von Bergmann und Lutzmann geschriebenen ersten beiden Teile im großen DABAR-Artikel (in unserem Literaturverzeichnis unter Schmidt, Werner H.).

„Vorbesinnung II“ Gesagten. Es sind, wohlgemerkt, Beispiele; Vollständigkeit ist hier nicht möglich, dafür ist das Schriftzeugnis zu reich; es ist unerschöpflich. Eine Lücke etwa betrifft die Unterscheidung zwischen mündlicher und schriftlicher Sprache. Schriftlose Völker blieben nach meiner Kenntnis auf relativ gleicher Kulturstufe stehen, während den schriftbesitzenden Völkern eine kulturelle Entwicklung (geistig, literarisch, technisch) wesentlich erleichtert, wenn nicht gar erst ermöglicht ist. Daß Mose die Geschichte seines Volkes und die Worte Gottes vom Sinai verschriftlichen[41], ins Zentrum des Heiligtums legen und so ein kritisches Gegenüber zur religiösen Erfindungsfreude bzw. Anpassungsbereitschaft des Volkes bilden sollte (Dtn 31,24–30), bedeutete für Israel eine Grundgegebenheit für Glaube und soziales Leben. – Für den vorliegenden Beitrag kommt es darauf an, von Sprache und Wort im allgemeinen zu handeln; Geschrieben- oder Mündlichsein des Wortes werden daher nur am Rande unterschieden. Die Begrifflichkeiten um „Name“, „Zeugnis“, „Evangelium“, „Erinnern/Gedenken“, „Zunge/Lippe/Stimme“ und „Sinnen“ bedürften ebenfalls weiterer Arbeit, besonders dort, wo sie unser Feld berühren.[42] Außer acht bleiben auch Fragen nach dem spezifischen Charakter des Sprechens und Kommunizierens von Frauen und Männern, Reichen und Armen, Alten und Jungen, ferner die Formen musikalischer, künstlerischer und sonstiger nonverbaler Sprache. Diese Zurückhaltung hat innere Gründe: Ich denke vor allem an das sinaitische Bilder*verehrungs*verbot und die dezidierte Konzentration biblischer Frömmigkeit auf das Hören (5.Mose 6).

41 2.Mose 17,14; 24,4; 34,27; 4.Mose 33,2; 5.Mose 31,9.11.19.22.24.30.

42 Zur Zusammengehörigkeit von „Name“ und „Wort“ vgl. Ps 138,2; Joh 17,6; Offb 3,8; 19,13. Einiges an ergänzender Literatur findet sich im ausführlichen DABAR-Artikel im Theologischen Wörterbuch zum Alten Testament (s. Literaturverzeichnis unter Schmidt).

Ohrenzeugen

Steiger, Gottes Auge, 87.

Bildhafte oder musikalische Darstellungs- und Vergegenwärtigungsmittel verbinden den Menschen nicht in gleicher Weise mit Gott wie dessen geschriebenes oder gesprochenes Wort. Das Wort, und zwar – seit Israel ins verheißene Land gekommen war – insbesondere das *geschriebene* Wort (Jos 1,8f.; 8,30–35), genießt gegenüber dem Bild in der ganzen biblischen Glaubenswelt einen unvergleichlichen Vorrang, ja die höchste Wertschätzung. Wir werden gleich sehen, warum und wie.

Die Gliederungspunkte sollen mehr grob orientieren als genau abgrenzen; die Aspekte überlappen sich!

Die Urgeschichte (1.Mose 1–11): *Herkunft, Würde* und *Vermögen* der Sprache

Das Sprechen Gottes als Schöpfungsmittel, sein Sprechen zur Schöpfung bzw. zum Menschen: Das ist von Anfang an, wie schon gesagt, eine unproblematische Aufgabe der Sprache. Wenn irgendwo, so macht die Hervorbringungskraft des göttlichen Wortes am Beginn der Welt klar: Gottes Wort ist nicht nur Ankündigung oder Information. Es schafft Wirklichkeit. Unsere ganze Wirklichkeit ist wortgewirkt bzw. wortdurchwirkt. Denn Christus, der Schöpfungsmittler, ist der Logos, das Wort schlechthin. Wir kommen auf diese Logo-Logie am Ende zurück.

Sprache ist göttlich. Reine Sprache kommt aus der Ewigkeit und Gegenwart des dreieinigen Gottes und führt in diese. Im Segen, den Gott seinen Geschöpfen zuspricht (1.Mose 1,22.28) und den die Priester dem Gottesvolk zusprechen (4.Mose 6,24–26), erhalten die gesegneten Geschöpfe, durch Worte vermittelt, wirksamen Anteil an Gottes Kreativität und Heiligkeit. Durch das Segenswort wird der heilige Name auf das Gottesvolk gelegt (4.Mose 6,27): Damit stehen sie in seiner Gegenwart, gehören ihm, sind geheiligt und für ihre Aufgabe begabt. Der einmal ausgesprochene Segen kann von Menschen nicht zurückgenommen werden: „Er wird auch gesegnet bleiben“ (1.Mose 27,33c), hält Isaak Esau entgegen.

> „Wirksames Segenswort“: Hierzu gehören die Worte über einem Täufling wie die Einsetzungsworte der Abendmahlsfeier: „Der gesegnete Kelch, den wir segnen, ist der nicht die Gemeinschaft des Blutes Christi? Das Brot, das wir brechen, ist das nicht die Gemeinschaft des Leibes Christi?“ (1.Kor 10,16). Was über Brot und Wein im Abendmahl gesprochen wird, kann nicht zurückgenommen werden; die Einsetzungsworte schaffen eine neue Situation: Man kann sich an den Elementen versündigen (1.Kor 11,23ff.). Ebenso gründet die Einmaligkeit der Taufe in der Vollmacht bzw. Unwiderruflichkeit des Sprechens im Namen und auf Befehl und Verheißung des Dreieinigen Gottes (Mt 28,18–20).

Kehren wir nochmals in 1.Buch Mose zurück. Daß Gott spricht, ist nicht eine vermenschlichende Darstellung Gottes, vielmehr ist die Tatsache, daß auch der Mensch spricht, eine ungeheure Ehre gegenüber dem Tier, ja bringt eine ungeheure Verantwortung mit Ewigkeitsdimension mit sich.

Denn das ist das Wunder der Sprache, und darin sind menschliches und göttliches Sprechen verbunden: *Durch Sprache wird Abwesendes gegenwärtig.* Wir können über abwesende Dinge und Menschen sprechen, ja sogar neue erdenken, die Veränderung des Bestehenden planen. Der Unterschied: Nur Gott kann die erdachten Dinge durchs Wort sogar ihre physische Existenz gewinnen lassen, als Schöpfung aus dem Nichts. Unser sprachliches Vergegenwärtigen ist ein schwacher Abglanz davon, aber immerhin, ein Abglanz aufgrund unserer Gottebenbildlichkeit!

Daß Christen (mit Juden und Moslems) Sprache zwischen Gott und Mensch hin- und hergehen sehen, ist kein überdehntes Sprachverständnis. Brücke zwischen Jenseits und Diesseits zu sein ist von Anfang an Teil der normalen Aufgabe von Sprache. Sie ist also nicht irgendeine Variante des tierischen Bellens, Grunzens, Quiekens, Gurrens o. ä. auf nur etwas höherer Komplexitätsstufe. Der Mensch wird, und zwar in unabgeschlossener Vielfalt, zu einem unabsehbar reichen, potentiell unendlich kreativen, inhaltlich und tonal-musikalisch vielfarbigen und sogar, wie erwähnt, normsetzenden Sprechen ermächtigt. Gott begabt das menschliche Sprechen damit, festzulegen, wie die übrigen Geschöpfe heißen sollen, ein für allemal! Der Mensch soll seinen Verwalterauftrag durch Sprache ausüben, d. h. zugleich: Die in ihm waltende, worthafte Vernunft soll auf die Welt einwirken in Analogie zu Gottes Sprechen. Der Mensch soll zwar nicht wie Gott etwas aus dem Nichts ins Dasein rufen. Aber er soll durch passende Benennungen verstehen, sichten, ordnen und gestalten. Im Paradies ging das mühelos vonstatten; nach der Vertreibung aus dem Paradies, wie man an Kains erschrockener Reaktion sieht (1.Mose 4,13f.), immer gebrochener, bis zum Aufbrechen der Sprachenvielfalt ausgehend von Babel (1.Mose 11). Diese Vielfalt ist also gottgewollt und dient der (ebenso gottgewollten und nicht beliebig zu überwindenden) Differenzierung der Nationen.[43]

Widerspruch

Moderne Übersetzer, zumindest ihre Theoretiker nach der Schule von Chomsky und Nida, empfinden alle Benennungen als willkürlich und veränderbar. Konsequent gelten ihnen die biblischen Sprachen nur als Sprachen wie alle anderen auch. Die biblisch-ausgangssprachlichen Formen genießen bei ihnen nicht mehr wie bei Hieronymus oder Luther den Vorrang, daß von ihnen aus unsere Zielsprachen geprägt werden sollten. Hätten Luther und etwa die Übersetzer der King James Version eine solche Sicht gehabt, so wären ihre Übersetzungen weder zielsprachlich (im Sinne einer Veränderung und Vereinheitlichung der Zielsprache) noch geistlich (im Sinne eines „identity markers“ des

43 1.Mose 10, siehe meinen Aufsatz „Die Völker im Zwielicht. Völkertafel und Turmbaugeschichte geben Auskunft“, in: Confessio Augustana II–2001, S. 36–39.

deutsch- oder englischsprachigen Protestantismus bzw. Anglikanismus) so prägend geworden, wie sie es tatsächlich wurden. Den modernen Übersetzungen ist damit schon vom eigenen Ansatz her ein solcher Rang verwehrt!
Seit dem Ende des 19. Jahrhunderts speist sich der Widerspruch gegen die biblischen Vorstellungen von Sprache aus einer tiefsitzenden Skepsis. Losgelöst von Gottes Wort entsteht der Eindruck: Sprache verbindet nicht, sondern trennt die Welt von ihrer Erkenntnis.[44] Manche landen im Extrem, das erste und das letzte Wort der Theologie sei das – Schweigen[45], und lassen Sprache gerade dort verstummen, wo es um ihre vornehmste und höchste Aufgabe geht, von Gott klar und wahr, gewiß und ernsthaft Zeugnis zu geben! Die biblischen Verfasser dagegen ermutigen uns, Schweigen oder inhaltsleeres Gerede zu überwinden, in unserer Sprache das Allerheiligste und das Verbindendste zu finden, was irdisch möglich ist, ja darüber gewiß und froh zu werden! So wird sogar David, einem schrecklichen, aber bereuenden Sünder, in seiner Buße Mut gegeben zu sagen: „Ich will die Übertreter deine Wege lehren, daß sich die Sünder zu dir kehren" (Ps 51,15), oder einem Jesaja in Gegenwart des Heiligen Israels: „Hier bin ich, sende mich!" (Jes 6,8c). Paulus: „Ich glaube, darum rede ich ..." (2.Kor 4,13, mit Ps 116,10).

Die Gebete der Bibel: die *Vielfalt* von Kommunikation und Kommunikanten, die *Wahrheitsfähigkeit* der Sprache

In den Psalmen des Alten Testaments wird Kommunikation in jede denkbare Richtung *vollzogen oder thematisiert*, oft in mehrere Richtungen innerhalb desselben Psalms: vom Menschen hin zu Gott und umgekehrt, von Mensch zu Mensch, vom Menschen zu sich selbst, von Gott zu sich selbst.[46] Diese Sprachvollzüge gehen über ein auf Informationsvermittlung reduziertes Verständnis weit hinaus: Vielfach werden hier Status, Handlungen und Wertungen des (der) Sprecher(s) im *Sprechakt* bestimmt.

---

44 Hempelmann: Faktisch, postfaktisch, postmodern?, 8.

45 Vgl. Braaten: Gott und das Evangelium, 68.

46 Siehe die Übersicht in meinem Aufsatz „Vielstimmig – Beten mit dem Kommunikationsbuch der Bibel".

Das gilt nicht nur innerbiblisch. Denn es bleibt für Juden und Christen bestehen: Daß z. B. Psalmen oder das Vaterunser gebetet werden, ist theologisch von fundamentaler Bedeutung und wichtiger, als daß jeder einzelne Mitbeter die Einzelheiten seines Gebetes theologisch richtig entfalten kann – so wünschenswert das auch wäre. In der Schule Nidas und in der modernen Religionspädagogik aber ist ein (vermeintlich unverstandenes) Repetieren und „Herunterbeten" heiliger Texte in Verruf geraten. Auch hier liegen die heutigen Folgen auf der Hand: eine weithin anzutreffende geistliche Vergeßlichkeit und mit dem Fehlen des Bibelwortes das Fehlen biblisch-theologischer Sprach- und Urteilsfähigkeit.

Alttestamentliche Propheten und neutestamentliche Briefe: *Gegebensein* und *Gegenübersein* des Wortes zum Boten; die *Mächtigkeit* des Wortes

Das von den alttestamentlichen Propheten *gesprochene* ist das ihnen *gegebene* Wort. „Das Wort des HERRN, welches geschah zu Jesaja/Jeremia etc. …": *Das Wort Gottes tritt als eigenständige, nicht geschichtlich bedingte, aber Geschichte bedingende*[47] *bzw. geschichtsmächtige Größe auf den Plan.* Es *ergeht* oder *bleibt aus* (vgl. Amos 8,11f.; Jer 28,11f.; 42,7). Es kommt nicht leer zurück (Jes 55,11), es läuft schnell (Ps 147,15), es ist wie ein Feuer, ja wie ein Hammer, der Felsen zerschmeißt (Jer 23,29) usw. Die falschen Propheten schwätzen und haben Gottes Wort nicht, tun aber so. Darum sagt Gott durch Jeremia: *„Darum spricht der HERR, der Gott Zebaoth: Weil ihr solche Reden führt, siehe, so will ich meine Worte in deinem Munde zu Feuer machen und dies Volk zu Brennholz, daß es verzehrt werde"* (5,14).[48] Das Gotteswort, das nach 20,9 (und Kontext) nicht aus Jeremias „Seele aufsteigt, sondern wie ein zerstörender Brand *in sie hineinfährt*, zwingt zur Weitergabe in der Verkündigung. Die angezündete Fackel muß leuchten, sonst verbrennt sie ihren Träger."[49]

Hand in Hand gehen die Berufung auf das *Ergehen des Wortes* an den Propheten und die Berufung auf das *Wirken des Geistes*. Beide sind austauschbar.

47 Eine öfter anzutreffende Unterbestimmung lautet: „eminent geschichtlicher Charakter" (vgl. Schmidt: Art. *dabar*, Sp. 120).

48 Hierzu vgl. Shead: A Mouth Full of Fire.

49 Procksch: Art. *lego* u. a., 96 [Hervorh. S. F.].

Wenn von Berufung und Sendung der Propheten die Rede ist, erscheint das „Wort“ bzw. das „Wortereignis“ viel häufiger als ein „Geistereignis“. Bei den Propheten Jesaja, Jeremia, Amos und Hosea – also bis zur Exilszeit bzw. vor Hesekiel – tritt der Bezug auf den Geist zur Begründung ihres Wirkens stark zurück. Bei Jesaja wird eine angebliche Geistbegabung zunächst sogar als negativ abqualifiziert, Jes 29,10: „*Denn der HERR hat über euch einen Geist des tiefen Schlafs ausgegossen und eure Augen – die Propheten – zugetan, und eure Häupter – die Seher – hat er verhüllt*“ (vgl. Hes 13,3; 20,32). Später aber nennt sein Sprecher den Geistbesitz im Zusammenhang mit seiner Sendung:

> Jes 48,16 (Elb.): *Tretet her zu mir, hört dies! Ich habe von Anfang an nicht im Verborgenen geredet; von der Zeit an, da es geschah, bin ich da. – Und nun hat der Herr, HERR, mich gesandt und seinen Geist verliehen.*

> Jes 59,21: *Ich aber – dies ist mein Bund mit ihnen, spricht der HERR: Mein Geist, der auf dir ruht, und meine Worte, die ich in deinen Mund gelegt habe, werden nicht aus deinem Mund weichen noch aus dem Mund deiner Nachkommen noch aus dem Mund der Nachkommen deiner Nachkommen, spricht der HERR, von nun an bis in Ewigkeit.*

Für Micha war der Geistbesitz als Ermächtigung notwendig, den falschen Propheten das Gericht, Finsternis und Wortlosigkeit anzukündigen (Mi 3,6f.). Micha bekennt sich als voll von Gottes Geist. Bei den falschen Propheten gilt also: kein Wort, weil kein Geist; hier: der Geist des Herrn, damit das Wort.

> Mi 3,8 (Luther 1984): *Ich aber bin voll Kraft, voll Geist des HERRN, voll Recht und Stärke, daß ich Jakob seine Übertretung und Israel seine Sünde anzeigen kann.*

Anders gesagt: Wer den Geist des Herrn hat, hat auch das Wort des Herrn. „Geistlich“ sein heißt nicht zu schweigen, sondern zu sprechen, zu bekennen (2.Kor 4,13), die Sünde aufzudecken (Joh 16,7–13, vgl. oben zu David und Jesaja) und den Glauben zu bekennen (Röm 10,9–13).

Im nachexilischen Rückblick war es der eine Geist Gottes, der in den vorexilischen Propheten wirkte und der nun wieder spricht:

> Neh 9,30: *Und du hattest viele Jahre Geduld mit ihnen und warntest sie durch deinen Geist in deinen Propheten, aber sie nahmen's nicht zu Ohren. Darum hast du sie gegeben in die Hand der Völker in den Ländern.*

Bei den nachexilischen Propheten ist wieder mehr vom Geist in den Propheten die Rede.

> Hes 2,2: *Und als er zu mir redete, kam der Geist in mich und stellte mich auf meine Füße; und ich hörte den, der zu mir redete.*
> Hes 3,24: *Der Geist … sprach zu mir …*[50]

Auch wenn die vorexilischen Schriftpropheten wenig von dem sie begabenden Geist sprechen oder sich auf ihn berufen, wäre es verfehlt, einen Gegensatz von Wort und Geist zu konstruieren.[51] Es ist interessant, daß sie, von den Berufungsberichten abgesehen, in der Regel das sog. Wortereignis als Beleg anführen: Das *Wort* des Herrn kam („geschah") zu ihnen. **Das Wort ist damit die Konkretion des Geistes**: Der Geist, so verstehe ich die Propheten, schenkt ihnen das Wort, auch wenn sie vom Geist selbst nicht sprechen. Das Wort *und* der Geist sollen bleiben, Hag 2,5 (Elb.): *„Das Wort, das ich mit euch vereinbart habe, als ihr aus Ägypten zogt, und mein Geist bleiben in eurer Mitte bestehen: Fürchtet euch nicht!"* Ebenso Sach 7,12: *„Und machten ihre Herzen hart wie Diamant, damit sie nicht hörten das Gesetz und die Worte, die der HERR Zebaoth durch seinen Geist sandte durch die früheren Propheten. Daher ist so großer Zorn vom HERRN Zebaoth gekommen."* Aus der Überlieferung Bekanntes und Neugeschenktes müssen also zusammenwirken.

50 Ähnlich 3,12.14; 11,1.5.24; 37,1; 43,5.
51 Harrison: Introduction, 752: „None of the literary prophets would have espoused such a distinction, since for them the very presence of the word presupposed the activating divine spirit."

Wenn die Apostel im **Neuen Testament** „Wort Gottes" oder „Wort des Herrn" benutzen, schließen sie an den alttestamentlichen Gebrauch an. Der Heilige Geist gibt (oder verhindert!) das Wort.[52] Ferdinand Hahn: „Das von Jüngern und Glaubenden verkündigte heilstiftende Wort kann in gleicher Weise wie die alttestamentliche Prophetenrede als ‚Wort Gottes' oder ‚Wort des Herrn' (sc. Jesu) gekennzeichnet werden"[53], denn wer von Gott gesandt ist, der redet die Worte Gottes (Joh 3,34 Johannes der Täufer; 14,24 Jesus, siehe auch die nochmalige Wortereignisformel beim Auftreten des Täufers in Lk 3,2!). Was für Jesu eigenes Wort gilt, erbittet er in seinem sog. hohepriesterlichen Gebet auch für seine Jünger: *„Ich bitte aber nicht allein für sie, sondern auch für die, die durch ihr Wort an mich glauben werden"* (Joh 17,20). Hahn summiert nach einer Übersicht zum neutestamentlichen Begriff *logos* (Wort): „In all diesen Verwendungsarten liegt ein ganz spezifisches ‚Wort'-Verständnis vor, das von der Wortmächtigkeit ausgeht. Dabei kann das Wort der Jünger und Zeugen als wirksames ‚Wort Gottes' bzw. ‚des Herrn' verstanden werden. Weil im verkündigten und bezeugten Wort Jesus selbst zu uns spricht, ist es deshalb nicht überraschend, daß er selbst als ‚das Wort Gottes' (*ho logos tou theou*, Offb 19,13) und absolut als ‚das Wort' (*ho logos*, Joh 1,1.14) bezeichnet wird."[54]

Vor diesem Hintergrund wird klar, warum Paulus, Petrus und der Hebräerbrief die Lebendigkeit, Mächtigkeit und/oder Ewigkeit des göttlichen Wortes betonen. Die Thessalonicher haben das Wort der Apostel nicht nur als deren eigenes (menschliches) Wort aufgenommen, sondern, so Paulus: zu Recht als das, „was es in Wahrheit ist", nämlich Gottes eigenes Wort (1.Thess 2,13). Weil es dieses ist, weil es Kraft hat, selig zu machen (wiederum die Brücke: Diesseits und Jenseits zu verbinden), was kein Mensch kann, braucht sich der Verkündiger auch nicht seiner zu schämen (Röm 1,16), im Gegenteil, ein solches Wort ist sein ganzer Stolz: *Wer sich rühmt, der rühme sich des Herrn* (1.Kor 1,31[55]). Das Wort vom Kreuz mag den einen Torheit, den anderen ein Ärgernis (*skandalon*) sein, uns aber ist es die Kraft Gottes (1.Kor 1,18: *dynamis theou*; vgl. Gal 5,11).

52 Apg 16,6; 1.Kor 2,13; 12,8; ferner die Parakleten-Worte Joh 14,26; 16,7–13.
53 Hahn: Theologie II, 417 f. Ebenso Wischmeyer: Wort Gottes im NT, 29.
54 Hahn a. a. O. 418; vgl. Kittel, „Wort" und „Rede" im NT, 128–130.
55 Zugleich ein Jeremia-Zitat (Jer 9,22f.). Vgl. auch Ps 56,5.11.

Der Hebräerbrief spricht gar vom Wort Gottes so wie von Gott selbst, und zwar von Gott dem Richter! In Hebräer 4 lesen wir:

> 12 *Denn das Wort Gottes ist lebendig und kräftig und schärfer als jedes zweischneidige Schwert und dringt durch, bis es scheidet Seele und Geist, auch Mark und Bein, und ist ein Richter der Gedanken und Sinne des Herzens.*
> 13 *Und kein Geschöpf ist vor ihm verborgen, sondern es ist alles bloß und aufgedeckt vor den Augen Gottes, dem wir Rechenschaft geben müssen.*

Wie im Johannesevangelium, so wird im Hebräerbrief „das göttliche Wort mit der göttlichen Macht völlig vereint, wodurch dem göttlichen Wort die Vermittlung aller göttlichen Werke übertragen ist".[56] Es tritt hier auf als selbständige Größe, ja wie Gott selbst: Es tut und wirkt nicht nur, was Gott will und ihm befiehlt.[57] Es tut, was Gott tut. Mehr noch, und das ist die Spitzenaussage: Es ist Gott. „Und das Wort war Gott" (Joh 1,1c). Ein von der Bibel geleitetes Nachdenken über Sprache gelangt so notwendig zur Lehre von der Gottmenschheit Jesu bzw. zur Trinitätslehre. Die johanneische Christologie bietet die explizite Letztbegründung eines ontologisch fundierten Sprachverständnisses. Bei anderen Autoren des Neuen Testaments, etwa Lukas, ist solche Letztbegründung mehr implizit zu finden. Die Vorstellung von der Mächtigkeit des göttlichen Wortes und der damit gegebenen zwischentestamentlichen Kontinuität ist freilich überall zu finden.

Gerhard Friedrich kann im Anschluß an die biblische Besinnung über das Wort in der Bibel schließen: „Wie sehr Wort und Christentum (!) identisch sind, sieht man daran, daß das Christwerden im Neuen Testament beschrieben werden kann als ‚das Wort annehmen'. Wenn die Apostelgeschichte von dem Missionserfolg der Kirche spricht, so sagt sie: ‚Das Wort wächst', ‚es mehrt sich', ‚das Wort breitet sich aus', ‚es wird stark'."[58]

Vergleicht man schließlich diese Beschreibungen des Alten und Neuen Testaments über Wort und Wortgeschehen, ist mit Ulrich Wilckens große Kontinui-

---

56 Schlatter: Theologie der Apostel, 478. Vgl. Hegermann: Wort Gottes als aufdeckende Macht.

57 Jes 55,11; Jer 23,29; Ps 147,15.

58 Friedrich: Auf das Wort kommt es an!, 561.– Man vergleiche derlei Stellen mit ihrer Wiedergabe in dynamisch-äquivalenten Übersetzungen!

tät festzustellen: Die Art, wie Paulus [!] vom Evangelium spricht[59], zeige gerade „die Eigenart des alttestamentlichen [!] Verständnisses des Wortes Gottes“; die Art, wie Maria im Lukasevangelium auf die Ansage des Engels „*‚Bei Gott ist kein Wort ohne Kraft* (ohne es zu verwirklichen)‘“ reagiert, sei „geradezu ein Konzentrat alttestamentlicher [!] Wort-Gottes-Theologie“[60]: *„Mir geschehe nach deinem Wort“*, sagt sie (Lk 1,37f.). Und indem das „Evangelium“ die Erfüllung der in Jes 52,7 angekündigten und von Jesus verkündigten Heilsbotschaft ist, habe sein Wortgeschehen die gleiche schöpferische Gotteskraft wie das Heilsgeschehen, das sie verkündigt[61], ja, beide brauchen einander notwendig.

Daß Paulus als Bote oft in größter Schwachheit, ja unter Zittern wirkt, spricht nur dann gegen diese Beobachtungen, wenn man die Mächtigkeit des Wortes in Sprachmagie, d. h. aber in eine Theologie der Herrlichkeit verschlimmbessert.[62] Er spricht zwar davon, den „Gehorsam des Glaubens“ unter den Heiden aufrichten zu wollen.[63] Aber der Modus seiner Rede ist die Bitte – immerhin die Bitte an Christi Statt: Lasset euch versöhnen mit Gott, wörtlich im Imperativ Passiv (der erst durch das sola gratia verständlich wird): *Werdet mit Gott versöhnt!* (2.Kor 5,20) Eben in seiner *Schwachheit* und in der Gestalt der Einladung entspricht seine Rede dem zentralen Inhalt: Kreuz und Auferstehung des Herrn.[64] In seiner *Vollmacht* aber ist die Verkündigung des Evangeliums in der neutestamentlichen Gemeinde ein Echo des autoritativen *„Höre, Israel ...!“* des Mose (5.Mose 6,4f.).

Widerspruch

Oda Wischmeyer hat 2003 in einem später gedruckten Vortrag für die „Rudolf-Bultmann-Gesellschaft für hermeneutische Theologie“ den Gebrauch des Neuen Testaments von „Wort Gottes“ zusammengestellt. Dabei ließ sie etwas vom Reichtum und der Kraft der biblischen Vorstellung vom gottgegebenen Wort

---

59 Röm 10 im Anschluß an Jes 52; 1.Kor 15,3f. „gemäß den Schriften“.

60 Wilckens: Theologie des NT II/2, 3 (Ausrufezeichen S. F.).

61 A. a. O. 5. Gleiches gelte für Paulus: Im Wort vom Kreuz ist „die gleiche göttliche Kraft wirksam (1.Kor 1,18) wie in der Auferweckung des gekreuzigten Christus selbst (1,24f.)“ (ebd.).

62 Weil gegen das Namensmißbrauchsverbot verstoßend; zur Abgrenzung vgl. Zimmerli: Weisung, 292 f.; Hempelmann: Veritas Hebraica, 67.

63 Röm 1,5; 15,18; 16,26; vgl. 6,17; 10,16; 2.Kor 10,5; Phil 2,12; 2.Thess 3,4.

64 Wilckens a. a. O. 7 f., vgl. 2.Kor 4,7–12; 12,10.– „Gehorsam“ ist im Griechischen wie im Deutschen mit „Hören“ verwandt. „Gehorchen“ ist wörtlich das „unter-hören“ *(hyp-akoein)*, das Bleiben unter dem Gehörten im Gegensatz zu einem sich darüber Erheben. Mit *akoä* kann Paulus sowohl das Gehör (1.Kor 12,17) als auch die Rede selbst (Röm 10,16f.) bezeichnen.

aufleuchten. Auf den letzten Seiten behandelt sie dann die Logoslehren des Johannesevangeliums und des Hebräerbriefes als „Ränder“ des Neuen Testaments (S. 36 f.). Die Folge ist gravierend: Jetzt gerät auch der übrige Begriff von „Wort Gottes“ derart ins Rutschen, daß am Ende nur noch „Menschenwort“ übrig bleibt. Ihre abschließende These lautet: „**Wort Gottes ist** im Neuen Testament außer am Anfang des Johannesevangeliums keine mythisch-theologische Größe, sondern eine fast technisch verstandene **menschliche Größe**. Im Wort Gottes sagen Menschen – die Apostel – anderen Menschen, wie es unter Jesus Christus um ihr Heil bestellt ist.“[65] Die Hörer der Bultmann-Gesellschaft haben vermutlich artig Beifall geklatscht. Halten wir aber den 1.Petrusbrief neben diese Aussage! Er preist das ewige Wort Gottes mit einem Jesaja-Zitat – und setzt ausdrücklich hinzu: „Das ist aber das Wort, welches unter euch verkündigt ist“ (1,25). Hier kommen die Heilige Schrift und ihre aktuelle Auslegung in einen gemeinsamen geistlichen Zusammenhang. Es geht um weit mehr als um Menschenworte! Man lese im Zusammenhang:

> [23] *Denn ihr seid wiedergeboren nicht aus vergänglichem, sondern aus unvergänglichem Samen, nämlich aus dem lebendigen Wort Gottes, das da bleibt.* [24] *Denn „alles Fleisch ist wie Gras und alle seine Herrlichkeit wie des Grases Blume. Das Gras ist verdorrt und die Blume abgefallen;* [25] *aber des Herrn Wort bleibt in Ewigkeit“ (Jes 40,6–8). Das ist aber das Wort, welches unter euch verkündigt ist.* (vgl. Jak 1,18; 2.Petr 1,19–21)

An dieser Stelle sei nochmals eine Besinnung auf Fragestellungen neuerer Bibelübersetzungen erlaubt. Was manche modernen Übersetzer tun, unterliegt nach meinem Eindruck einer ähnlichen Reduktion wie bei Wischmeyer. Zunächst beobachten wir, daß sie aus dem Ergehen des *Wortes* Gottes, das wie eine selbständige Größe auf den Plan tritt, ein vereinfachendes „Gott sprach zu …“, „dann fragte er mich“ (Jer 1,11) oder etwa „Jeremia empfing Botschaften“[66] machen. Die Propheten müssen das ihnen gegebene Wort allerdings genau und wörtlich auszurichten. Sie empfangen nicht nur einen Inhalt, sondern auch einen Wortlaut. Sie wer-

65 Wischmeyer: „Wort Gottes“ im NT, 40 (Hervorh. S. F.).
66 Jer 1,2, je Hoffnung für alle.

den nicht müde, auf diesen Umstand mit Aus- und Einleitungsformeln hinzuweisen: „Wort Jahwes“[67], „Spruch (*n^eum*) Jahwes“[68], „so spricht der HERR …“ (*ko amar JHWH*)[69], „denn ich habe es geredet, spricht der HERR“[70] usw.[71]

Die Zurückhaltung der Übersetzer aus der Nida-Schule, die Botenformeln wörtlich wiederzugeben, hat vermutlich analog zu Oda Wischmeyer (und G. v. Rad[72]) diesen Grund: Sie können sich nicht recht vorstellen, wie sehr der Prophet an das *Ergehen* und die gottgegebene *Gestalt* des auszurichtenden Wortes gebunden war. Noch grundsätzlicher gesagt: *Die funktionale Äquivalenz hat ein Problem mit der Inspiration der heiligen Schrift, zumindest aber mit den Folgen, die aus der Inspiration gezogen werden müßten.* Sie behandelt die Bibel nach allgemein vermittelbaren wissenschaftlichen Grundsätzen, d. h. *abgesehen von ihrer Geistgegebenheit, Geisthaltigkeit, Geistmächtigkeit.* Damit aber stellt sie die *Wahrheitsfähigkeit* der biblischen Sprache in Frage, mithin der menschlichen Sprache überhaupt. Was bleibt vom „Dein Wort ist die Wahrheit“[73]? Der Reduktionismus ist die innere Konsequenz ihres Ansatzes.

Beziehen sich ihre Vertreter auf die Inkarnation, ist das eher als Verbrämung oder als Mißverständnis zu werten.[74] Denn sie verwandeln die einmalige Menschwerdung Gottes in ein zeitloses Prinzip[75] oder ein immer weiteres, un-

---

67 Singular: 242mal, Plural: 17mal.

68 267mal.

69 293mal.

70 Jer 34,5; Hes 23,34; 26,5; 28,10.

71 Für mehr Belege zu diesem Komplex siehe meinen Aufsatz „Die Bibelübersetzung ‚Hoffnung für alle‘ im kritischen Textvergleich“, 192.– Laut René Pache erwähnt das AT über 3800mal, daß Gott gesprochen hat (Inspiration und Autorität, 73). Im Unterschied zu den stummen Götzen ist der Gott Israels ein Gott, der spricht (Ps 50; Jes 41f.)!

72 Gerhard von Rad (Theologie des Alten Testaments II, 82) dreht die Gewichtung um, wenn er im Blick auf Wortempfang und -weitergabe der Propheten sagt: „Die Adressierung der Botschaft ad hominem [an den Menschen] war dann Sache des Propheten. Seinem Urteil, seiner seelsorgerlichen Wachsamkeit war hier ein weites Feld freigegeben. Ja, genau besehen, hatte er das Wichtigste zu vollziehen; denn was ist ein Gottesspruch ohne Empfänger? … Diese Mitbeteiligung des Propheten kann in ihrer Bedeutung kaum überschätzt werden, denn erst durch sie erreicht das vom Propheten empfangene Wort sein Ziel und kann sich erfüllen. Die ungeheure Verantwortung liegt darin, daß er es also ist, der Jahwes Willen vollstreckt; Jahwe wird sich dann an die Entscheidung seines Boten binden.“

73 Joh 17,17; vgl. 2.Sam 7,28; Ps 33,4; 93,5; 119,43.160; Spr 22,21; Pred 12,10; Joh 1,14; 8,31; 2.Kor 6,7; Eph 1,13; Kol 1,5; Jak 1,18; Offb 19,9; 21,5; 22,6.

74 Vgl. mein Buch (oben Fußnote 26), S. 174–178, 180 f., 188 f.

75 Ebd. 327.

beschränktes Heruntertransformieren. Als Nida und Taber ihre Theorie wissenschaftlich zu fundieren begannen, nahmen sie ihr erstes Beispiel aus einer *Gebrauchsanleitung im Flugzeugbau,* also aus dem säkularen Bereich, wo sprachlichen Zeichen meist eindeutige Gegenstände zugeordnet werden können. Der Bezug auf die Bibelübersetzung kam nur im Untertitel zum Ausdruck[76]: Damit wurde Bibelübersetzung zu einem Unterkapitel des allgemeinen Übersetzens. *Die Standards für das Übersetzen der Bibel kommen nunmehr von außerhalb statt umgekehrt:* Nicht mehr das Übersetzen heiliger Texte setzt die höchste Norm des Übersetzens. Die *Frage nach Verständlichkeit und Wirkung der Übersetzung für heutige Empfänger wird dominant über alle anderen Fragen im Übersetzungsvorgang*[77]*, selbst die nach der philologischen Genauigkeit.*[78] Es verwundert, wie wenig Kritik von Seiten der wissenschaftlichen Exegese und der Literaturübersetzer dieser Paradigmenwechsel auf sich gezogen hat, handelt es sich doch im Ergebnis um ein deutliche Abwertung der textbezogenen Arbeitshaltung zugunsten psychosoziologischer Fragestellungen!

Anders formuliert lautet das neue Leitwort: mehr Schein (Wirkung) als Sein (Text). Hier stoßen wir auf das nächste Problem: *Als vorrangig zu erzielende Wirkung wird meist schlicht die Weckung des Glaubens genannt.* Eine Engführung! Wer die großen Prophetenbücher, die Evangelien und die Apostelgeschichte (ihr Schluß mit dem nochmaligen Zitat des jesajanischen Verstockungsauftrags!) studiert, die ja die zustimmenden *und* die ablehnenden Reaktionen der Hörer zeigen, muß erkennen: *Das Wort Gottes kann erleuchten, aber auch verstocken.* Die Apostelgeschichte ist, folgt man dem Missionstheologen Heinrich Balz, *das* Buch der Kommunikation im Neuen Testament. Dieses Buch aber endet mit einer nachdrücklichen „Theologie der Inkommunikation"[79] (zu Apg 28,23ff. mit dem Verstockungsauftrag aus Jes 6). Sie endet nicht nur so. Erinnert sei an den *kontinuierlichen* Widerstand von jüdischer und staatlich-römischer Seite. Die jüdische Ablehnung wird besonders schneidend in der Anklage des Stephanus attackiert und in einen großen geschichtlichen

---

76 Nida/Taber: Theory and Practice, Beispiel auf S. 1.

77 Rothen: Bibel in Leichtversion.

78 Deutlich an den bei Nida/Taber gezeigten Schemata, a. a. O. (s. o. Fußnote 76) S. 22 f.

79 Balz: Krise, 304 f.

Zusammenhang gestellt, und zwar in der längsten und damit besonders gewichtigen Rede in diesem Buch (Kap. 7). Hier nur diese Auszüge:

> [25] *Er* (Mose) *meinte aber, seine Brüder sollten's verstehen, daß Gott durch seine Hand ihnen Rettung bringe; aber sie verstanden's nicht. …* [51] *Ihr Halsstarrigen, mit verstockten Herzen und tauben Ohren, ihr widerstrebt allezeit dem Heiligen Geist, wie eure Väter, so auch ihr. …* [57] *Sie schrien aber laut und hielten sich ihre Ohren zu und stürmten einmütig auf ihn ein,* [58a] *stießen ihn zur Stadt hinaus und steinigten ihn. …*

Hier reiben sich moderne Übersetzer: Kann es sein, daß Gott mit seinem Wort neben Verstehen und Einverständnis auch Mißverstehen und Ablehnung *erzielen will, mindestens aber temporär zuläßt*? Nida und ihm folgend neuere Übersetzer haben offenbar eine *andere Gottesvorstellung*. Sie wollen jedes Mißverstehen methodisch ausschließen, ja zielen auf sofortiges Verstehen (John Henson: „*instant comprehension*"), auf ein *bequemes Dahingleiten* über den Text, und: auf ein *individualisiertes* Lesen, d. h. auf ein Lesen, das am besten nicht mehr auf andere Ausleger angewiesen ist.

Damit aber

> *wandert* **1.** *die Bibelübersetzung und ihre Normierung aus der Kirche aus,*
> *fällt* **2.** *ein evtl. Mißerfolg zu Lasten des Übersetzers – und*
> *regt so* **3.** *zu wiederum neuer, vermeintlich noch effektiver wirkender Übersetzung an – und die mit dem ganzen Prozeß gegebene Beschleunigung*
> *reduziert* **4.** *die Texte, deren Wortlaut bleibend im Gedächtnis bleibt.*

Werden geistliche Verstehensprobleme auf Sprachschwierigkeiten reduziert, so schrumpft das Wort Gottes zum Informationsträger (für zu verstehende bzw. verstehbare Inhalte). Deutlich wird das an biblischen Passagen, an denen moderne Übersetzer nicht wahrhaben wollen, daß das Wort Gottes beim Empfänger etwas bewirkt, was der Empfänger (möglicherweise) gar nicht will. Als Beispiel soll der Wochenspruch für den 16. Sonntag nach Trinitatis dienen: 2.Tim 1,10. Vergleichen wir einige Übersetzungen!

Luther1984/99: … jetzt aber offenbart ist durch die Erscheinung unseres Heilands Christus Jesus, der dem Tode die Macht genommen und das Leben und ein unvergängliches Wesen ans Licht gebracht hat durch das Evangelium (*dia tou euaggeliou*).

Neue Genfer Übersetzung 2000: … Er, unser Retter, hat den Tod entmachtet und hat uns das Leben gebracht, das unvergänglich ist. So sagt es das Evangelium.

Hoffnung für alle (HFA) 1983: Das ist jetzt Wirklichkeit geworden, denn unser Retter Jesus Christus ist gekommen. Das ist das Evangelium: Er hat dem Tod die Macht genommen und das Leben – unvergänglich und ewig – ans Licht gebracht.

HFA 2002 Das ist jetzt Wirklichkeit geworden, denn unser Retter Jesus Christus ist gekommen. Das ist die rettende Botschaft: Er hat dem Tod die Macht genommen und das Leben – unvergänglich und ewig – ans Licht gebracht.

HFA 2015: Das ist jetzt Wirklichkeit geworden, denn unser Retter Jesus Christus ist gekommen. Und so lautet die rettende Botschaft: Er hat dem Tod die Macht genommen und das unvergängliche Leben ans Licht gebracht.

DGN 1997: Jetzt aber ist diese Gnade offenbar geworden, als Jesus Christus, unser Retter, auf der Erde erschien. Er hat dem Tod die Macht genommen und das unvergängliche Leben ans Licht gebracht. Darum geht es in der Guten Nachricht …

Weder in Hoffnung für alle – durch alle Revisionen hinweg – noch in Gute Nachricht oder in der vielgelobten Neuen Genfer Übersetzung wird die Phrase „durch das Evangelium" in seiner Dimension als *Heilsmittel* zum Ausdruck gebracht. „Hoffnung für alle" hat in der neusten Version von 2015 dies noch verstärkt („lautet …: …" statt „ist …").

Die gleiche Problematik ist auch anhand eines Übersetzungsvergleichs zu Tit 1,3 zu beobachten:

Luther 1984/2017: aber zu seiner Zeit hat er sein Wort offenbart durch die Predigt, die mir anvertraut ist nach dem Befehl Gottes, unseres Heilands …

King James 1611: But hath in due times manifested his word through preaching, which is committed unto me according to the commandment of God our Saviour …

Die gute Nachricht 1997: jetzt aber, zum vorherbestimmten Zeitpunkt, hat er seine Zusage öffentlich bekannt machen lassen. Mit ihrer Bekanntmachung bin ich durch einen Auftrag von Gott, unserem Retter, betraut.

HFA 2015: Jetzt ist Gottes Zeitpunkt gekommen, an dem alle Menschen von seiner Zusage erfahren sollen. Gott, unser Retter, hat mir deshalb den Auftrag gegeben, diese Botschaft überall zu verkünden.

Mit Ausnahme der Lutherbibel wird das Evangelium (bzw. bei Tit 1,3: die Predigt) *nur noch als eine Information über den Heilsvorgang, nicht mehr als ein Teil davon vorgestellt.* Handeln Übersetzer und Empfänger nun die Wirkung des Wortes irgendwie untereinander aus? Jedenfalls wird das Evangelium selbst nicht mehr als aktive Macht (Hebr 4,12: „lebendig und kräftig und schärfer …") gesehen, sondern als vom Übersetzer in seiner Wirkung zu determinierendes, passives Wort. Ist das noch die Sicht Luthers, der uns gegen den Teufel singen läßt: „… ein Wörtlein kann ihn fällen"?
Auch die für reformatorische Theologie zentrale Einsicht, daß **das Wort das Medium der Gottesbegegnung** ist, wird in vielen Fällen von den modernen Übersetzungen geleugnet. Als kurzes Beispiel möge 1.Sam 3,21b dienen:

Luther 2017: Und der HERR erschien[80] weiter zu Silo,
denn der HERR offenbarte sich[81] Samuel zu Silo durch das Wort des HERRN.
(hebr. 3 x JHWH, daher in der Übersetzung auch 3 x „HERR")

[80] Hebr. *rah* Ni.
[81] Hebr. *glh* Ni.

Gute Nachricht 1997: Auch weiterhin erschien ihm der HERR in Schilo und gab ihm Weisungen.
(hebr. 3 x JHWH, in der Übersetzung nur 1 x „HERR“)

HFA 1983–2002: In den folgenden Jahren erschien Gott immer wieder in Silo, um mit Samuel zu reden und ihm Weisungen zu geben.
(hebr. 3 x JHWH, in der Übersetzung aber 0 x „HERR“, 1 x „Gott“)

Feststellbar ist eine **Tendenz zur Gottesunmittelbarkeit** ohne Wort und Name Gottes auch sonst: Aus „geistlichen Liedern“ werden – aktualistisch! – „Lieder, die der Geist euch schenkt“ (Kol 3,16 in HFA 1983/2002/2015), und statt daß unsere Hilfe „im *Namen* des HERRN (der Himmel und Erde gemacht hat)“ steht, steht sie nun einfach „beim HERRN (der Himmel und Erde gemacht hat)“ (Ps 124,8 Gute Nachricht und HFA 2015; Fehlen von „Name“ auch etwa in Ps 138,2; 1.Mose 4,26b; Ex 39,14; Apg 5,41; 15,26; 21,13 u. a. – für HFA gerechnet insgesamt an ca. 300 Stellen, in Gute Nachricht weniger).

Die Gleichnisse Jesu und die sog. Mißverständnis-Szenen: Lob des *Mißverständnisses*[82] bzw. des *schwierigen Wortes*

Die Evangelisten Matthäus, Markus und Lukas überliefern ca. 40 Gleichnisse Jesu.[83] Die Gleichnisse gehören im Neuen Testament zu den literarischen Formen, die als Neuschöpfungen gelten können.[84] So wundert es nicht, daß die Jünger Jesus fragen: „Warum redest du zu ihnen in Gleichnissen?“, bzw. wissen wollen, warum er in Gleichnissen erklärt und zugleich verhüllt, was das Reich Gottes ist (Mt 13,10–17; Mk 4,10–12; Lk 8,9f.). Die Fragen sind allzu berechtigt. Denn: Läuft Jesus nicht Gefahr, lauter Mißverständnisse zu produzieren, wenn er die anspruchsvollsten Dinge in einfachsten Bildern präsentiert? Wird das

82 Vgl. Edmondson: Praise of Misunderstanding.

83 Johannes dagegen keines; für diesen Abschnitt stelle ich den Gleichnissen hinsichtlich ihrer komplexen kommunikativen Struktur seine sog. Mißverständnis-Szenen zur Seite.

84 Reiser: Literarische Formen, 192. Vgl. dort S. 146: „Jesu Gleichnisse … sind Gebilde, die nicht der Illustration eines zuvor formulierten Gedankens, Problems oder Sachverhalts dienen und schon gar nicht der Schriftauslegung; sie verweisen vielmehr als selbständige sprachliche Figuren auf etwas, das nur metaphorisch oder symbolisch angesprochen werden kann, nämlich das Reich Gottes. Dieses Reich, sein Regent und die durch seine Gegenwart oder Nähe geschaffene Situation ist der Referent aller Gleichnisse Jesu.“

Unbekannte (Gottes Herrschaft, Gottes Handeln) faßbar und bleibt es noch, was es ist, wenn es auf bekannte (weltliche) Vorgänge reduziert wird, oder liegt das Problem eher beim Hörer?

Erstaunlicherweise ist genau die *Scheidung* zwischen Verstehenden und Nichtverstehenden das, was Jesus wollte. Das Problem einer unzulässigen Vereinfachung stellt sich nicht! Die Jünger fragen Jesus, warum er in Gleichnissen redet, und erhalten nicht nur dazu Antwort (Mt 13,11–17), sondern auch eine Erklärung des Sämann-Gleichnisses (V. 18–23) – und erweisen sich damit als solche, denen es gegeben werden soll bzw. bei denen der Same auf gutes Land gefallen ist. Es war also nicht die intellektuelle Hörerschwäche, der pädagogisch elementarisierend aufgeholfen werden sollte, sondern die Durchkreuzung des menschlichen Gedankens durch den göttlichen[85] ist es, was die Gleichnisrede motiviert! *„Euch ist's gegeben, die Geheimnisse des Himmelreichs zu verstehen, diesen aber ist's nicht gegeben. … Selig sind eure Augen, daß sie sehen, und eure Ohren, daß sie hören"* (Mt 13,11.16; vgl. 25,29), sagt Jesus. Natürlich hätte er die Möglichkeit gehabt, gleich so zu sprechen, daß seine Worte allen Menschen durchsichtig erscheinen wie ein Mathematikbuch der ersten Klasse für einen Erwachsenen.[86] Das tat er gerade nicht, im Gegenteil, er sah auch für sein Predigen den Verstockungsauftrag aus dem Jesajabuch als gültig an: *„Darum rede ich zu ihnen in Gleichnissen. Denn mit sehenden Augen sehen sie nicht und mit hörenden Ohren hören sie nicht; und sie verstehen es nicht. Und an ihnen wird die Weissagung Jesajas erfüllt, die da sagt* (Jes 6,9 f.)*: ‚Mit den Ohren werdet ihr hören und werdet es nicht verstehen; und mit sehenden Augen werdet ihr sehen und werdet es nicht erkennen …'"* (Mt 13,14f.).[87] Die Gleichnisse sind nicht direkte Schriftauslegung[88], aber, sozusagen, auch in ihrem kommunikativen *Mißerfolg erfüllt* sich die Schrift!

---

85 Schlatter: Matthäus, 429.

86 Von allen in gleicher Weise verstanden zu werden gelang nicht einmal Kant mit der „Kritik der reinen Vernunft"!

87 Im Johannesevangelium wird das gleiche Zitat mit der Schau der Herrlichkeit Gottes (implizit: der Herrlichkeit Christi, vgl. Einheitsübersetzung) verbunden. Als Jesaja die Herrlichkeit Gottes geschaut hatte, sprach er in verstockenden Worten zum Volk. Jesus kam aus der Herrlichkeit Gottes; wie sollte seine Verkündigung nicht die der Propheten in jeder Hinsicht übertreffen? „Die Worte, die ich zu euch geredet habe, die sind Geist und sind Leben" (Joh 6,63b).

88 Siehe oben Anm. 84.

Der Abschnitt über den Zweck der Gleichnisse steht genau zwischen dem Gleichnis vom Sämann und seiner Deutung. Der Sämann streut drei Viertel des ihm verfügbaren Samens auf Flächen außerhalb des guten Landes, die keine guten Früchte bringen werden. Das klingt ineffizient, weltfremd, und als Landwirt mag man denken: inkompetent. Doch der Sämann streut das Wort Gottes aus einem vollen Sack heraus, der für alle Flächen reicht. Das Wort hören alle. Und an diesem Wort muß sich entscheiden, wer wohin gehört; an der Reaktion auf dieses Wort zeigt sich die Qualität des *Bodens* – nicht die Qualität des Wortes am Boden! Wer dagegen den Zweck der Gleichnisse auf ein didaktisches Mittel für einfältige Zuhörer reduziert, verfehlt zumindest einen wesentlichen Teil ihrer Intention.[89]

Halten wir fest: Jesus kam es nicht darauf an, Mißverständnisse von vornherein auszuschließen. „Mißverständnisse wie Unverständnis sind auszuhalten. Theologisch sind diese Begleitumstände als das zu nehmen, was sie sind: Zeichen der dem verlorenen Sünder ja gerade fremden und also notwendig unverständlichen Wirklichkeit des lebendigen Gottes.“[90]

Ergo: Bibelübersetzer und Prediger sollten nicht mehr wollen als der predigende Sohn Gottes selbst.

Analog zu den synoptischen Gleichnissen bietet das Johannesevangelium eine Reihe von Mißverständnis-Szenen.[91] Die Mißverständnisse dort entstehen am Nebeneinander von physischen und übertragenen Bedeutungen von Begriffen wie Tempel, von oben/von neuem, Wasser, erhöhen[92] u. a. Diese Mißverständnisse sind mehr als literarische Techniken[93]: Sie stellen unverzichtbare Schritte im literarisch-theologischen Fortschritt des Evangeliums dar. Oscar Cullmann sah hier einen Schlüssel für das Evangelium überhaupt. Für R.E. Brown bilden sie die johanneische Parallele zur parabolischen Sprache in den Synoptikern; nach C.K. Barrett (ähnlich J. Becker) verdichten sie die Ablehnung Jesu von

89 Ich formuliere vorsichtig im Blick auf Mk 4,33.

90 Hempelmann: Gottes Wort, 53 f.

91 „Szene“ verwende ich hier nicht im Sinne eines fiktiven Theaterstücks, sondern im Sinne einer wirklich historischen Begebenheit.

92 D. h. „kreuzigen“ und/oder „verherrlichen“.

93 Die folgenden Sätze sind ein knapper Auszug aus meinem Buch „Kommunikative Bibelübersetzung“ (S. 306). Auf die Wiederholung der dort gegebenen Literaturbelege habe ich hier verzichtet.

jüdischer Seite. Teilweise entsteht gar der Eindruck, Jesu Gesprächspartner würden den Sinn dieser Begriffe und Dinge gar nicht erfassen, wohingegen die Syrophönizierin die Brosamen-Metapher sofort aufnimmt und ihre eigene Bitte in Jesu Metapher kleidet (Mk 7,24–30 par.)!
Die Möglichkeit von Miß- und Unverständnissen (und damit der Scheidung von Glaube und Unglaube) bei der Aufnahme religiöser Aussagen oder Bibelübersetzungen kann also an sich kein Argument gegen einen Übersetzungsvorschlag sein. Was aber heißt das für den Bibelübersetzer oder Bibelvorleser? Keinesfalls darf er selbst um jeden Preis vermeiden wollen, daß bei einem Hörer Ablehnung entsteht. Das soll er dem Wort und so dem Heiligen Geist überlassen, sich so treu an die vorgegebenen Worte halten, und, wenn es sein darf, die Worte der Zielsprache in die Taufe nehmen, mit Luther: „führet sie mal zum Bade"[94].
Was bedeutet das für das Verständnis von Wort und Sprache? Nach unserem kleinen Umweg über Überlegungen zur Bibelübersetzung können wir nun schlicht sagen: Man schätze auch solche Texte, auch solche Sprachen, die sich nur unter Mühen erschließen. Denn die Mühe, sie zu verstehen bzw. zu lernen, wird durch ein reiferes und differenzierteres Weltverstehen und -bewältigen belohnt.[95] Zur „Sprachtaufe" gleich mehr!

Die sonstige Verkündigung Jesu und der Apostel: die Taufe der „Herzwörter" und daraus die *Gleichnisfähigkeit der geschöpflichen Welt*

Friso Melzer und Siegfried Kettling haben verschiedentlich gezeigt, was mit den Haupt- oder „Herzwörtern" der (deutschen) Sprache geschieht, wenn sie durch Bibelübersetzung und Verkündigung „getauft" werden, d. h. sterben und auferstehen müssen. Was zum Beispiel wahre Vaterschaft und Kindschaft ist, lernen wir an der Offenbarung des Vaterseins Gottes und seines Sohnes; was wahres Volksein, am erwählten Gottesvolk; was wahre Schwester- und Bruderliebe, an Christus bzw. an und in der neuen Gottesfamilie. Den tieferen Sinn von Brot und

94 A. a. O. 362, dort Fußnote 1785.

95 Ich verweise hierzu auf die Beobachtungen in R. Liebis „Herkunft und Entwicklung" zu erstaunlichen Komplexitätsstufen alter und außereuropäischer Sprachen, die uns keinesfalls als „primitiv" gelten sollten.

Wasser lernen wir ebenfalls an Christus, der von sich spricht als Brot und Wasser, je versehen mit „des Lebens"; was Wein ist, an Christus, dem wahren Weinstock; was wahre Heimat, Haus und Bürgerschaft ist, an der uns verheißenen Zukunft und Ankunft des Herrn; was wahres Königtum ist, am Hirtesein Gottes und Jesu; was Liebe ist, an der Hingabe Jesu, an Vaterschaft und Hirtesein Gottes. Licht und Finsternis, Berge und Täler, Meere und Wüsten, Dornen und Disteln, Samen und Ähren, Leben und Tod, Anfang und Ende usw.: Alle Dinge erhalten ihre Dimension über das Vorfindliche und Sichtbare hinaus durch die Schriftoffenbarung und ihre Verkündigung. So überwindet die Welt ihre bloße und stumme Dinglichkeit und wird ihrerseits sprechend, sinnvoll und gleichnisfähig für das Größere, ja den Größeren: Noch der kleinste Stein kann dann mit seiner wunderbaren Farbe und Form Geheimnisse der Ewigkeit erzählen, der japanische Kugelfisch kreiert eine geometrisch wunderbar reiche und symmetrische Struktur im sandigen Meeresboden, um eine Partnerin anzulocken[96] usw.

Freilich, keines unserer Worte kann, wie Kettling prägnant sagt, geradlinig von dieser Welt ins Reich Gottes geführt werden (wie es eine „natürliche" „Theologie von unten" gerne hätte), und sie fallen auch nicht senkrecht vom Himmel in unseren Mund. Sprache ist, wie wir eingangs lernten, gottgegeben. Doch bevor eine Silbe das Gehege unserer Zähne verläßt, ist sie durch den Sündenfall, durch Babel und den fortgesetzten Sprachmißbrauch schon schwer beschädigt. Soll sie das beste und ewige Wort tragen, muß sie verwandelt, bekehrt werden: „So ihr nicht Buße tut ..." (Lk 13,3.5)! Wo dies geschieht, wird unser Wort zum Gefäß für Gottes Wort, sein Gesetz und sein Evangelium. Wer mit dem Herzen glaubt und mit dem Mund bekennt, daß Jesus der Herr ist, wird gerettet (aus Röm 10,9–13).

Wer mit dem heidnischen Sallust den Verlust der wahren Wortbedeutungen betrauert (Zitat zu Beginn), den tröstet die Schrift: Du darfst die Sprache und ihre Vollmacht zur Gestaltgebung der Wahrheit wiederfinden im Wort Gottes, im Logos, der uns Gott verkündet und vergegenwärtigt (Joh 1,18).

Wie nun geschieht Bekehrung der Sprache? Der Vorgang kann Jahrhunderte dauern, es gibt Vorwärts- und Rückwärtsbewegungen, da um die Sprache immer gerungen wird: von solchen, die sie in ihren eigenen Dienst nehmen wol-

---

96 Siehe https://www.youtube.com/watch?v=p1PID91sEW8 (04.01.2018).

len, und solchen, die sie in den Dienst Gottes für seine Schöpfung nehmen wollen (Evangelisation, Bibelübersetzung, christliche Bildung), und dazwischen gibt es natürlich die vielen, die ihr gleichgültig gegenüberstehen. Manchmal läuft der Vorgang rasch ab, wenn z. B. in einer Begegnung geistesgegenwärtig auf die Möglichkeit neuer Wortdimensionen hingewiesen wird oder wenn ein altbekanntes Wort durch einen neuen, bibelgeprägten Kontext einen guten Sinn empfängt. Kettlings Beispiele: „Spricht zu mir jemand von ‚Selbstverwirklichung', dann sage ich zuversichtlich: Ja, die erwarte ich auch! Erzählt er mir, er wolle ‚mit sich selbst identisch' werden, dann akzeptiere ich dies Modewort gern: Wer könnte denn bestreiten, daß in der Vollendung (wenn Gott ‚alles in allem' ist) auch mein Selbst so zu Stand und Wesen gebracht wird, wie Gott gemeint, mich entworfen hat"?[97]

Aus alledem wird klar: Wer die Schrift übersetzt und predigt, muß den Mut haben, auch dort wort- bzw. schrifttreu zu bleiben, wo die Möglichkeit von Mißverständnis und Ablehnung droht. Denn sonst bringt er sich auch um die Möglichkeit der Bekehrung der Zielsprache! Natürlich *wünscht* sich kein Übersetzer, mißverstanden zu werden, sonst wäre Übersetzung an sich sinnlos. Doch die Gefahr des Mißverstehens *grundsätzlich* beseitigen zu wollen, heißt anderes zu wollen als Christus und seine Apostel selbst: Was diese im Geist mit dem schwachen Wort begannen – Mißverständnisse und Verfolgung riskierend –, sollten moderne Übersetzer nicht mit einer starken, säkular-wissenschaftlichen Linguistik „im Fleisch" vollenden (vgl. Gal 3,2–3)!

Die expliziten Erwähnungen des Sprechens, von Sprache und Schrift in der Bibel: *die Ehrfurcht vor jedem Wort*

Hier betreten wir ein Feld, das viel weiter und ertragreicher ist, als es in diesem Sammelband (geschweige in diesem Aufsatz) erfaßt werden kann. Theologen und Kirchenleute sind oft acht- und sorglos an diesem Reichtum vorübergegangen. Auch wo man die Theorie der dynamischen oder funktionalen Äquivalenz gar nicht kennt, herrscht die Haltung vor, Sprache nur als Mittelinstanz zwischen ansonsten selbständigen Subjekten zu sehen. Ich begnüge mich mit vier Bereichen.

---

97 Kettling: Typisch evangelisch, 181 (Kettling bildete den Satz ohne das Fragezeichen).

1. *Der Lobpreis des göttlichen Wortes*

Es ist kein Zufall, daß der längste Psalm (119) das Wort Gottes zum Gegenstand hat – oder besser: in 176 Variationen das Wesen, die Würde und die Wirkung des Wortes meditiert, genauer: umbetet. Thematisch steht der Psalm nicht allein. Zusammen mit (vor allem) den Psalmen 1 und 19 (vgl. auch 12 und 56) ergibt sich ein wunderbares Panorama über die innige Beziehung zwischen dem Gläubigen und dem Wort Gottes. Der Lobpreis Gottes und der Lobpreis seines Wortes stehen dabei in keiner Konkurrenz, sondern gehen oft ineinander über! Die heute schick gewordene Rede, man glaube an Gott (oder Jesus) und nicht an die Bibel, wäre für die Psalmbeter und Apostel eine völlig verfehlte Alternative gewesen. In Psalm 56 etwa stehen beide Dimensionen parallel: *„Ich will rühmen Gottes Wort; ich will rühmen des HERRN Wort. Auf Gott hoffe ich und fürchte mich nicht; was können mir Menschen tun?"* (V. 11f.).

Ebenso in der Prophetie: Durch den Propheten Gott suchen heißt, „vom Propheten ein Wort zu erfragen" (1.Kön 14,5; 22,5; vgl. Jer 37,17; 38,14; 42,2ff.; Am 8,12). Und in der Weisheit: *„Wer auf das Wort merkt, der findet Glück; und wohl dem, der sich auf den HERRN verläßt!"* (Spr 16,20).

Schließlich im Neuen Testament: Sich der Worte Jesu schämen, heißt, sich Jesu selbst zu schämen (und umgekehrt, Mk 8,38). Als in Antiochia aufgrund der bibelgegründeten Predigt des Paulus Heiden zum Glauben an den Herrn kamen (vier Schriftzitate gehen voraus), *„wurden sie froh und priesen das Wort* (!) *des Herrn"* (Apg 13,48, vgl. 2.Thess 3,1). Oder: Bei seinem Abschied in Milet befahl Paulus die Seinen *„dem Herrn und (!) dem Wort seiner Gnade"* (Apg 20,32; vgl. 14,3) – als wäre das Wort eine eigene Person.

2. *Wort und Herz, oder: Das Wort des Menschen im Gericht*

„... an der Frucht erkennt man den Baum. Ihr Schlangenbrut, wie könnt ihr Gutes reden, die ihr böse seid? Wovon das Herz voll ist, davon geht der Mund über" (Mt 12,33b–34):

Was im Herzen eines Menschen ist, kann nicht mit den Augen erfaßt werden, sondern dazu braucht es das Wort. „Hoffnung für alle" textet hier sinngemäß richtig: „Wie es im Herzen eines Menschen aussieht, das erkennt man an seinen Worten."

„Ich sage euch aber, daß die Menschen Rechenschaft geben müssen am Tage des Gerichts von jedem nichtsnutzigen Wort, das sie geredet haben. Aus deinen Worten wirst du gerechtfertigt werden, und aus deinen Worten wirst du verdammt werden" (V. 36 f.). Wie es um uns steht, wird selbst im letzten Gericht an dem erkannt, was wir geredet haben. Sprechen wir ein Urteil über einen Sünder, so gilt der Maßstab auch uns selbst (Mt 7,1f.).

3. *Das Wort Gottes bzw. Christi im Gericht*

„Wer mich verachtet und nimmt meine Worte nicht an, der hat schon seinen Richter: Das Wort, das ich geredet habe, das wird ihn richten am Jüngsten Tage. Denn ich habe nicht aus mir selbst geredet, sondern der Vater, der mich gesandt hat, der hat mir ein Gebot gegeben, was ich tun und reden soll. Und ich weiß: Sein Gebot ist ewiges Leben. Darum: Was ich rede, das rede ich so, wie es mir der Vater gesagt hat" (Joh 12,48–50):

Hatten wir zuvor das Ewigkeitsgewicht des menschlichen Sprechens gesehen, so tritt uns hier das unendliche Gewicht des Wortes Jesu (Singular!) entgegen. Im Wort und Gebot Jesu liegt das ewige Leben. *„Ihr seid schon rein um des Wortes willen, das ich zu euch geredet habe"* (15,3).

Das Wohnungnehmen Gottes in einem Menschen ist untrennbar verbunden damit, daß dieser Mensch das Wort Jesu liebt (14,23). Nur ein solcher ist ein wahrer Jünger (8,31f.). Je mehr das Wort Christi einen Menschen beherrscht, desto – sagen wir es frei heraus: desto göttlicher ist er.

Mit all dem ist klar, daß man als Christ gar nicht anders kann, als Sprache auch ganz allgemein wertzuschätzen. Denn ohne sie – so hat es der Schöpfer und Erlöser geordnet – wird das Heil nicht gegenwärtig. Nur durch ein worthaftes Geschehen findet der Mensch zum Glauben (Röm 10,14–17; Gal 3,2+5); ohne das Wort verlöre er letztlich Sozialität und Individualität – sein Menschsein.

4. *Zur Ethik der Sprache* (vgl. den letzten Beitrag in diesem Band)
Von hier aus wird auch deutlich, daß die Mahnung des Apostels Jakobus, vor allen anderen Dingen auf die Zunge achtzugeben (Jak 3; vgl. auch Ps 34,13–17 und 1.Petr 3,8–17), auf einem breiten biblischen Fundament aufruht. Wer lehrt, wird ein besonders strenges Urteil empfangen (Jak 3,1). Vollkommen ist der Mann, der sich im Wort nicht verfehlt; er kann dann nicht nur die Zunge, sondern den ganzen Leib beherrschen, wie ein großes Schiff mit einem kleinen Ruder gelenkt wird (V. 2–4). Verworfen aber ist der Schwätzer. Beredt über diesen Lebensbereich ist auch das Buch der Sprüche (vgl. Spr 12 und 16).
Die philosophischen Voraussetzungen und Implikationen allein der biblischen Indikative und Imperative zu einer bewußten und geheiligten Sprachwahrnehmung und -gestaltung sind massiv. Sie mit einem schlichten „Sprache ist durchaus wichtig“ zusammenzufassen oder abzutun wäre banal!
Insbesondere die Apostelgeschichte fördert die Wertschätzung des Wortes, indem sie auch ohne Näherbestimmung von „*dem* Wort“ sprechen kann, das gepredigt wird, durch das die Gemeinde „wächst“ usw.[98]

Die anthropologische Begrifflichkeit der Bibelsprachen

Hans Walter Wolff schreibt in der klassisch gewordenen „Anthropologie des Alten Testaments“: „Keine menschliche Tätigkeit hat mithin so viele Organbezeichnungen wie die Sprache“, und es werden „von keinem menschlichen Kör-

98 Siehe oben Punkt 4.3; vgl. Apg 4,4.29; 6,4 („Dienst des Wortes“); 10,36; 11,19; 14,25; 16,6; 17,11; 18,5; vgl. ferner 1.Petr 3,1; Lk 1,2 („Diener des Wortes“); Mk 4,33; 1.Thess 1,6. Dazu schreibt Kittel schlicht: „Das ‚Wort Gottes‘ ist das Wort von Jesus“ (Art. „Wort“ und „Rede“ im NT, 116); in „diesen Versen ist auf die Verkündigung Jesu genau in derselben Weise der Terminus ‚Wort‘ angewandt, wie für die Botschaft Jesu“ (122).

perteil so viele verschiedenartige Tätigkeiten ausgesagt wie vom menschlichen Mund mit Lippen, Zunge, Gaumen, Kehle, sofern sie Sprachorgane sind".[99] Über die bei ihm folgende Verbenliste stellt er fest: „Die meisten dieser Verben werden nicht von anderen Geschöpfen ausgesagt. Damit dürfte deutlich sein, daß wir im menschlichen Sprachorgan dem spezifischen Wesen des Menschen besonders nahekommen. In der Fähigkeit zur Sprache ist die entscheidende Bedingung für die Menschlichkeit des Menschen gegeben."[100] Das mag als summarischer Hinweis genügen; es trifft sich genau mit dem, was wir zuvor sowie oben aus der Urgeschichte (1.Mose 1–11) erhoben haben.

Die individuellen Stile der neutestamentlichen Autoren und ihre gemeinsame Bezogenheit auf das vorgegebene Gotteswort

Die von den biblischen Autoren verwendeten Stile sind nicht zufälliger Natur. Wenn etwas als „biographisch" oder „geschichtlich (mit)bedingt" erklärbar ist, ist es noch lange nicht theologisch irrelevant, im Gegenteil. Natürlich schrieben Propheten und Apostel auch aufgrund einer bestimmten Prägung und Erziehung. Dennoch unterliegen ihre Schreibweisen einer *bewußten* Gestaltung. Dies soll hier nur anhand der Autoren des Neuen Testaments verdeutlicht werden.

Es wurde schon darauf hingewiesen, daß *Johannes* auf die Kleinform „Gleichnis" verzichtet, obwohl er diese Reden aus dem Mund Jesu ebenso gehört hat wie etwa Matthäus. Johannes gibt andere, oft lange Reden Jesu wieder, die manches mit dem 5.Buch Mose gemeinsam haben (Abschiedsreden, Rätsel des Unglaubens trotz vieler Wunderzeichen[101] u. a.). Die Hinlenkung der religiösen Aufmerksamkeit zum Wort, die Mose im letzten Teil des Pentateuchs predigt, findet neutestamentlich in den das Wort und die Verkündigung thematisierenden Reden Jesu im letzten Evangelium ihr Echo.[102]

Auch hinsichtlich der Kleinformen sind die Stile der neutestamentlichen Verfasser nicht belanglos. Wenn *Lukas*, der im Neuen Testament neben dem Schreiber des Hebräerbriefs die höchsten literarischen Ansprüche pflegt, seinen Stil an die

---

99 Wolff: Anthropologie, 121.

100 A. a. O. 122.

101 Vgl. Dtn 29,2f. mit Joh 11,47; 12,37f.

102 Vgl. Dtn 4 und 6 mit Joh 1,1–18; 2,22; 3,34; 4,41; 5,24; 6,63.68; 8,31f.; 51f.; 12,47f.; 14,23f.; 17,14.17.20.

griechische Übersetzung des Alten Testaments (Septuaginta) anlehnt, geschieht das sehr absichtsvoll. Marius Reiser hat aus dem Evangelium und der Apostelgeschichte des Lukas eine ganze Sammlung von Septuagintawendungen zusammengestellt („und es geschah …“, „und siehe …“, „Wehen des Todes“ u. a.), die man als „biblisch oder biblizistisch“ bezeichnen müsse.[103] Wichtig ist Reisers theologische Interpretation dieses Befundes: „Mit diesem charakteristischen Stilzug möchte er [Lukas] deutlich machen, daß er ‚heilige‘ Geschichte erzählt, in der sich die Heilsgeschichte des Alten Bundes fortsetzt und vollendet.“[104] Lukas zieht den Leser also nicht nur durch bestimmte Zitate und Anspielungen in die heilige Geschichte, sondern auch durch seinen Stil!

Der *Evangelist Markus* nutzt auf den ersten Blick einen weniger „biblischen“, an die Septuaginta angelehnten Stil. Er hat ein feines Gespür für Rhythmus und Klang, massiert z. B. a-, e- und o-Laute (z.B. Mk 4,39); er liebt einen lebendigen, nahe am Mündlichen stehenden Stil, etwa das dynamisch-beschleunigende „sogleich/sofort“ (im ersten Kapitel neunmal!), den schlichten parataktischen Anschluß mit „und“, geht sparsam mit Partizipien und Adjektiven um und nutzt rund 150mal das erzählende Präsens.[105] Hinweise auf die Heilige Schrift des Alten Bundes gibt es auch hier, und zwar ebenfalls nicht nur durch alttestamentliche Zitate und Anspielungen.[106] Eine „biblische“ Erzählatmosphäre wird auch stilistisch erzeugt, und zwar durch Übernahme eines auffälligen Merkmals des alttestamentlichen Wiederholungsstils: Ein Wort oder eine Wendung der direkten Rede wird in der folgenden Erzählung aufgegriffen („*folge* mir! … Und er stand auf und *folgte* ihm nach“, Mk 2,14). Ein gehobener *griechischer* Stil würde Wiederholungen zu vermeiden suchen.

Damit kehren wir nochmals zum *Evangelisten Johannes* zurück. Auch er bedient sich der Wiederholung und kann so eine große thematische Kohärenz (Gleichartigkeit) erzeugen. Sein Stil ist eindringlich, feierlich und dabei schlicht. Laut Reiser werden Stilformen und Wendungen der Septuaginta zwar nicht direkt übernommen. Doch ihre Formulierungen können ganz in Johannes'

---

103 Reiser: Sprache und literarische Formen, 53 f.

104 A. a. O. 54.

105 Vgl. a. a. O. 58–63.

106 Bes. schon 1,1ff.; „Erfüllung der Schriften“ bei der Kreuzigung: 14,49.

Sprache eingeschmolzen werden, man denke nur an „Gnade und Wahrheit“[107]. Beim johanneischen „Stil handelt es sich offensichtlich um einen Idiolekt, der durch die gelungene Verbindung gut griechischer mit typisch semitisch-biblischen Stilelementen zustande gekommen ist. Sein Schöpfer gehört unter die originalen Schriftsteller, ohne welche das Christentum nicht Weltreligion geworden wäre“![108]

Paulus redet persönlicher und leidenschaftlicher als jeder andere Autor des Neuen Testaments. Er gehört, so Reiser, nicht zur griechisch gebildeten, Homer zitierenden Oberschicht. Doch er verfügt über ein großes Vokabular, beherrscht souverän die gehobene Sprache[109] der Koine (= die griechische Umgangssprache des Mittelmeerraumes) und bringt eine beachtliche Liste an Neubildungen hervor. Seine Begriffe und Wendungen sind „tief geprägt von der Septuaginta, die er weithin auswendig gekannt haben muß“.[110]

In der *Johannesoffenbarung* schließlich ist, trotz ihrer Hinwendung zu den letzten Dingen, der semitische Einschlag besonders stark spürbar.[111] Prägend war bes. die Sprache der Bücher Daniel und Hesekiel. Manchmal mißachtet Johannes hier gar die Regeln der griechischen Grammatik, um den alttestamentlichen Bezug klar zu machen.[112]

Nur am Rande sei noch vermerkt, daß der Anschluß an den Stil der Septuaginta nicht erst im Neuen Testament beginnt. Schon der semitisierende Stil in den Büchern Psalmen Salomos, Judith und Testament Abrahams ist am besten als Septuaginta-Imitation zu verstehen, wie Jan Joosten darlegt. Er sieht die griechische Übersetzung des Alten Testaments als normativ wirksam nicht nur hinsichtlich ihres Gehaltes, sondern auch hinsichtlich ihrer Gestalt: „Not only its contents, but also its form became normative. Later authors wishing to link up with the Septuagint adopted much of its diction.“[113]

---

107 Vgl. Joh 1,14.17 mit Ex 34,6; oder Joh 16,13 mit Ps 25,5; 143,10.

108 Reiser a. a. O. 68 im Anschluß an J. Frey und U. von Wilamowitz-Moellendorf.

109 Phil 3,8 „Dreck“ ist drastisch, aber nicht Vulgärsprache!

110 A. a. O. 71.

111 Dautzenberg: Sprache und Gestalt, 23.

112 Beispiel: *apo* (von) wird mit Genitiv gebildet; in 1,4 schließt Johannes aber mit dem Nominativ an, um den Gottesnamen „Der Seiende und der Gewesene und der Kommende“ nicht flektieren zu müssen.

113 Joosten: Reflections, 9 (ähnlich 12). Joosten plädiert darum (gegen die bisherige Mehrheitsmeinung) für einen ursprünglich griechischen Text der Psalmen Salomos (1 .Jh.v. Chr.).

An diese knappe Übersicht möchte ich eine wichtige Überlegung anschließen. Die Ausdrucksweisen der neutestamentlichen Autoren (die hier nicht vollständig und nur summarisch erfaßt werden konnten) sind je spezifisch geprägt. Doch eines ist eindeutig: Sie alle **schöpfen aus den Formen der vorgegebenen heiligen Texte** sowie der von ihnen herkommenden Tradition, und sie verbinden deren Stilmerkmale mit ihren eigenen. Das **entspricht genau dem Anspruch ihrer Botschaft.** *„Wir verkündigen euch die Verheißung, die an die Väter ergangen ist"* (Apg 13,32): So predigt Paulus die Auferstehung Jesu mit Verweisen auf Ps 2,7; 16,10 und Jes 55,3. Ebenso Petrus: Er zitiert (wie oben angeführt) Jesajas Diktum „Des Herrn Wort bleibt in Ewigkeit" und sagt dazu: *„Das ist aber das Wort, welches unter euch verkündigt ist"* (1.Petr 1,25; Röm 10,8). *Die Bibel mußte also aus ihrem eigenen Duktus heraus die kanonische Endgestalt gewinnen.* Das offene Alte Testament mußte, getrieben von seinen spezifischen Dreiklängen von Gestalt, Gehalt und Gewalt, im Neuen seinen Abschluß finden. „Das Neue Testament hätte es ohne Septuaginta nie gegeben"[114] und diese nicht ohne die hebräische Bibel.[115] In diesem Zusammenhang sei notiert, daß das Neue Testament das Adjektiv „neu" zwar hinsichtlich zentraler heilsgeschichtlicher Wegmarken verwendet (Schöpfung, Bund, Gebot), aber nirgends auf das Wort bezogen[116] – im Wort bzw. in der Wortorientierung biblischen Glaubens, biblisch geprägter Frömmigkeit besteht Kontinuität.

---

[114] Reiser a. a. O. 88.

[115] U. a. wies G. v. Rad auf die „bruchlose Kontinuität" von den alttestamentlichen Sprachen zum neutestamentlichen Griechisch hin. Es „drängt sich die Wahrnehmung auf, daß die Sprache des Alten wie die des Neuen Testaments in einem höheren Sinne doch eine einheitliche ist" (Theologie II, 376). Das Alte Testament habe eine „vorbereitende Funktion von größter Tragweite", denn Israels Begrifflichkeit war … gehalten und immer neu gestaltet von einem Glauben, zu dem Israel erst durch die Selbstoffenbarung seines Gottes ermächtigt war" (a. a. O. 377). Am Rande sei festgehalten, daß schon die Septuaginta-Übersetzer nicht ohne Neubildungen auskamen, wenn es im Griechischen keine rechten Ausdrücke für das Hebräische gab: nicht nur bei spezifischen Fachausdrücken des Judentums (z. B. *thysiastärion* für die legitimen Altäre Israels, s. Haacker, Hebraica Veritas, 36 f.), sondern auch im Zusammenhang mit den andersartigen anthropologischen und ethischen Begriffen des Alten Testaments. Außerdem erhielten bestehende griechische Wörter durch ihren Gebrauch in der Septuaginta und in der hellenistischen Synagoge neue Bedeutungen (Dautzenberg: Sprache und Gestalt, 24) – ein Vorgang, den wir auch von der Wirkungsgeschichte der Lutherbibel her kennen (siehe meinen Beitrag in diesem Band).

[116] Mit Kittel: „Wort" und „Rede" im NT, 128.

Wie aber ist nun *das Verhältnis der neutestamentlichen, biblisch geprägten Stile zu den Stilen der heidnischen Autoren* einzuschätzen? Das wäre doch die Frage, anhand derer die heute so leicht gestellte Forderung nach Anpassung der kirchlichen Sprache an „die" der Gegenwart (die es im Singular ohnehin längst nicht mehr gibt) zu prüfen wäre. Dazu nochmals Marius Reiser: „Schon die Verwendung schlichter Koine für literarische Werke ist nur durch das Vorbild der Septuaginta erklärlich. Gerade dieser Sachverhalt jedoch machte es pagan [d. h. heidnisch] Gebildeten so schwer [!], Werke wie die Evangelien oder gar die Apokalypse, ja selbst Werke wie die Apostelgeschichte oder den Hebräerbrief als Literatur gelten zu lassen; Stil und Inhalt mußten ihm ohne Kenntnis der Septuaginta fremd, unverständlich, ja abstoßend vorkommen."[117] Und zwei Seiten später, als Schluß seines Abschnitts zu Sprache und Stil des Neuen Testaments: „So stehen wir vor der erstaunlichen Tatsache, daß das Christentum mit einer sozusagen ‚unmöglichen' Literatur in die antike Welt eintrat, einer Literatur, die sich in die Tradition der Septuaginta stellte und damit schon allein aufgrund ihrer Sprache und ihres Stils nicht literaturfähig war und von den literarisch Gebildeten verachtet wurde. ... Es hat lange gebraucht, bis man begriff, daß Lukas, Paulus, Johannes der Evangelist und Johannes der Verfasser der Apokalypse Schöpfer von vier verschiedenen, wahrhaft ‚großen' Stilen waren, weil sie ‚etwas zu sagen hatten und wußten, wie es zu sagen war'. Heute erkennen wir darin eine fast unglaubliche Fülle kreativer Stilistik in der zweiten Hälfte des 1. Jahrhunderts. Sie ist Teil einer kreativen kulturellen Kraft, der die zeitgenössische pagane Kultur nichts entgegenzusetzen hatte."[118]

Der Blick auf die biblischen Sprach-Eigentümlichkeiten weitet sich so zur Forderung, daß auch unsere Sprache sich daran reifen und heiligen lassen soll. Denn so verliert sie ihre Eigentümlichkeiten und kreativen Möglichkeiten nicht, sondern veredelt sie, wie es Lukas tat, dessen Evangelium sich als hellenistische Biographie in alttestamentlichem Erzählgewand präsentiert.[119] In diesem sprachlichen Veredelungs-, theologisch gesprochen: in diesem Tauf- und Heiligungsvorgang bekam und bekommt die Sprache Brückenfunktion zwischen dem Innen und

[117] Reiser: Sprache und literarische Formen, 88 (eckige Klammern S.F.).

[118] A. a. O. 90 im Anschluß an J. H. Newman.

[119] A. a. O. 105. Die Variabilität und Vielfalt des Lukas findet ihresgleichen nur bei Herodot (a. a. O. 114).

Außen der Kirche, zwischen Literatur- bzw. Hochsprache und mündlicher Umgangssprache (dieser Unterschied war in der Antike besonders groß!). Das Neue Testament eröffnete „für die auf sie folgende christliche Literatur neue Ausdrucksmöglichkeiten“.[120]

Buchgeheimnis

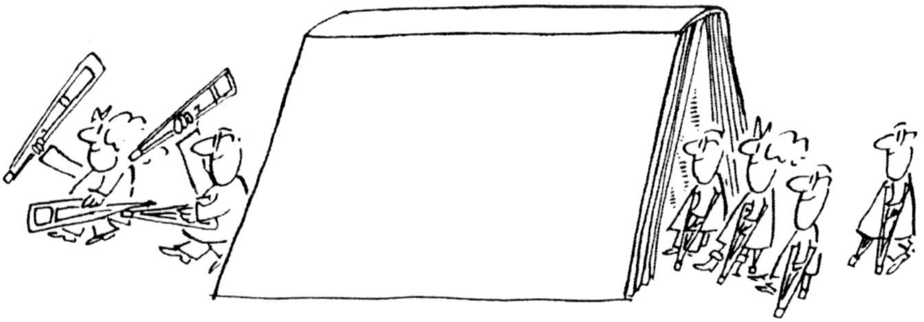

Steiger, Gottes Auge, 87 (zu Spr 15,30).[121]

Unsere Überlegungen bekräftigen schließlich das Recht von Reisers kritischer Frage: „Sollten wir die biblischen Autoren das Ihre nicht auch möglichst auf ihre Weise sagen lassen?“[122] Oder mit Luther: Die Schrift spricht so, warum nicht wir? („Scriptura ita loquitur, cur non nos?“)[123]
Die Angst vor Einbußen in der Wirkung auf moderne Leser war modernen Übersetzern ein schlechter Ratgeber!

Wort und Sache, Wort und Person

Gemäß Joh 1,1+14 feiert die Christenheit jährlich an Weihnachten die Menschwerdung Gottes als eine Mensch- bzw. Fleischwerdung „des“ Wortes:

---

[120] Dautzenberg: Sprache und Gestalt, 23.
[121] In „Ivan Steiger sieht die Bibel“ findet sich eine ähnliche Zeichnung auf S. 263.
[122] Reiser a. a. O. 45.
[123] WA 47, 699, 15.– Hierzu siehe den gleichnamigen Aufsatz von Albrecht Beutel.

Im Anfang war das Wort,
und das Wort war bei Gott,
und Gott war das Wort.
...
Und das Wort ward Fleisch und wohnte unter uns,
und wir sahen seine Herrlichkeit,
eine Herrlichkeit als des eingeborenen Sohnes vom Vater,
voller Gnade und Wahrheit.

Um die Bedeutung dieser zentralen Sätze zu erfassen, müssen wir uns ihren alttestamentlichen Quellen zuwenden. Im Hebräischen gehen **Wort und Sache**[124] begrifflich die engste Verbindung ein. Der hebräische Wortbegriff (*dabar*) hängt zusammen mit *debir*, was das Allerheiligste, eigentlich den „Hintergrund" des Tempels bezeichnet.[125] Das klingt (und ist m. E.) theologisch bedeutsam, wird aber im Alten Testament selbst nirgends thematisiert; jedenfalls nicht direkt. Das liegt womöglich daran, daß die sprachgeschichtliche oder etymologische Dimension noch deutlich im Bewußtsein war: Die Grundbedeutung von *dabar* ist die *Rückseite.*[126] Dem entsprechen

- das hebräische *midbar:* Steppe, Wüste;
- das hebräische *dibbär:* reden (die Worte aufeinander folgen lassen);
- das arabische *dubr:* Rücken; *dabara:* im Rücken haben;
- das äthiopische *tadabbara:* sich auf den Rücken legen;
- das aramäische *d'bar:* hintereinander sein.

124 „Sache" im allgemeinsten Sinne! Ich denke nicht nur an Substantive, die auf konkrete Gegenstände weisen, sondern auch an Abstrakta, Verben, Adjektive etc., also an das ganze Vermögen der Sprache, vor dem geistigen Auge irgend etwas physisch Abwesendes oder Nichtexistentes erstehen zu lassen.

125 Das Substantiv im Alten Testament: 1455mal, das Verb über 1140mal (in der Bedeutung *reden*).

126 Ich bin mir allerdings bewußt, daß sich darüber kein allgemeiner Konsens etabliert hat. An dieser Stelle folge ich O. Procksch, O. Grether, Th. Boman, E. Jacob, W. Leslau. Dagegen hielten W.H. Schmidt und J. Barr die Ableitung für gekünstelt (Schmidt: Art. *dabar*, 101 ff.). Die Vermehrung der Wurzeln wirkt m.E. jedoch mindestens ebenso gekünstelt. Auch ohne spezifisch etymologischen Zusammenhang legt der biblische Gebrauch von „Wort" (instrumentell oder gegenständlich) die enge Zusammengehörigkeit von *Wort und Sache* bzw. *Wort und Wesen einer Sache* nahe.

Dabar ist also die Rückseite, der Hintergrund eines Dinges. Jedes Ding hat seinen *dabar*, d. h. seinen *Hintergrund* oder *Sinn*, und „wer den *dabar* eines Dinges erfaßt hat, der hat es selbst erfaßt. Es wird klar und durchsichtig, so daß sein Wesen darin zutage tritt."[127] Im unreflektierten Sprachgebrauch wird anstelle eines Dinges einfach sein Sinn oder Begriff gesetzt – Wort und Sache verschmelzen im *dabar*.[128] (An manchen Stellen ist nicht eindeutig, ob besser *Ding* oder *Wort* zu übersetzen ist, wie 2.Mose 35,1; Pred 8,1; vgl. Pred 12,13; Ri 3,19–21.) Das Geheimnis der Sprache leuchtet auf: Im Wort wird die Sache präsent, freilich nicht völlig! Beides bietet die Sprache: Verborgenheit und Entborgenheit einer Sache, zwar nur ihre Rückseite, aber doch – natürlich in unterschiedlichen Graden – ihre Greif-, Erkenn-, Benenn-, Aufruf-, Bedenk-, Gestaltbarkeit![129]
Im biblischen Wortbegriff erfassen wir, über die klugen Reflexionen der Sprachphilosophie hinausgehend und sie korrigierend, das Wesen und die Würde des Wortes. Bedeutsam ist der theologische Anwendungsfall des sprachlich auch sonst Präsenten, wie sich schon am Gesetz zeigt: Die zehn Gebote sind nicht einfach „Gebote", sondern „(zehn) Worte" (Ex 34,[1.]28; Dtn 4,10.13.36; 5,5.22; 10,2.4). Entsprechend ist die Tora, das Mosegesetz, *dabar JHWH*, „Wort Jahwes", und die Überschrift des 5.Buches Mose lautet schlicht *debarim* „Worte".

> 5.Mose 30,14: *Denn es ist das Wort ganz nahe bei dir, in deinem Munde und in deinem Herzen, daß du es tust.*
>
> 5.Mose 32,47: *Denn es* [d. h. das Gesetz, wörtlich Tora] *ist nicht ein leeres Wort an euch, sondern es ist euer Leben, und durch dies Wort werdet ihr lange leben in dem Lande, in das ihr zieht über den Jordan, um es einzunehmen.*

---

127 Procksch: Art. *lego*, 90.– Guardini (im Kontext mit Bezug auf das hebr. *dabar*): Die Dinge sind Worte des Schöpfers. Somit ist Sprache Grundelement geschichtlicher Existenz (Ethik II, 751).

128 Es spricht auch hier nicht gegen, sondern ganz für die hohe Wertschätzung des Wortes, wenn andere semitische Sprachen die betreffenden Wortfelder ähnlich sortieren, etwa aramäisch *millah* Wort, Sache (Dan 2,10ff.).

129 Vgl. das Zusammenspiel von Offenbarung und Verhüllung in Ex 33–34.

Das Wort Gottes ist nicht fern, sondern „sehr nahe" in Mund und Herz, und zieht so unser Leben in sich (siehe die Verarbeitung dieses Zitats in Röm 10,5–13).[130] Am nächsten aber kam das Wort als menschgewordenes Wort, dessen Herrlichkeit gesehen werden konnte, voller Gnade und Wahrheit. Es ist nicht leer: nicht ein bloßes Gerede, sondern ein Wort, das die Sache mitbringt: alttestamentlich das Leben im gelobten Land, neutestamentlich eine Verheißung für das ewige Leben. Analog die Worte Jesu: „Die Worte, die ich zu euch geredet habe, die sind Geist und sind Leben" (Joh 6,63), obwohl zugleich von manchen als „harte Rede" empfunden (V. 60)! „... es ist *nicht nur Hinweis* auf Gnade, Rettung, Leben; *sondern es wirkt* Gnade, Rettung, Leben, weil es Gnade, Rettung, Leben ist."[131]

Das über Wort und Sache Gesagte gilt auch für das Verhältnis von **Wort und Person**, jedenfalls für den Menschgewordenen. Das Neue Testament knüpft insofern an die alttestamentliche Vorstellung vom Wort als „Stück von der Gottheit, Träger göttlicher Kraft, deutlich von ihr geschieden und doch wieder zu ihr gehörig, Hypostase [d.h. Vergegenständlichung oder Personifizierung] im eigentlichen Sinne des Wortes"[132] an.

Joh 1,14 bildet „den Kern aller neutestamentlichen Logos-Aussagen, soweit sie prägnanten Charakter tragen", und steht nicht isoliert, „sondern im Zusammenhang der gesamten neutestamentlichen Christologie".[133] Was das Judentum von der Tora glaubte: ihr vorweltliches und göttliches Dasein bzw. die voranstehenden Selbstaussagen der Tora – all das häuft Johannes in seinem Prolog auf den Menschgewordenen. In ihm ist es alles – damals und jetzt endgültig – geschehen. „In Jesus Christus geschieht das Wort Gottes ..."[134]

Nirgends sind Wort und Person so zusammen wie im Sohn Gottes, der der *logos* (das Wort) schlechthin ist, ja dessen Name „Wort Gottes" ist (Offb 19,13).

130 Nicht umgekehrt: d. h. es nicht so, daß wir das Wort mühsam „verwirklichen", „umsetzen" müssen, sondern es verwandelt uns in sich, wie Luther einmal ausgedrückt hat (Iwand: Prinzipienstreit, 250/Schluß dieses Aufsatzes).

131 Kittel, Art. „Wort" und „Rede" im NT, 120 (Hervorh. S.F.).

132 Schmidt: Art. dabar, Sp. 128 (zitiert dabei Dürr); Diskussion der hier relevanten Schriftbelege Ps 33,6; 107,20; 147,19; Jes 9,7; 40,8; 55,10f.; Jer 5,14; 23,28f. auf den dort folg. Spalten.

133 Kittel a. a. O. 133.

134 Kittel (a. a. O. 139) beendet diesen Satz mit „in Eigentlichkeit". Verabschieden wir uns von diesem von Heidegger und Bultmann geprägten Begriff!

Wenn sein Wort begegnet, so begegnet er selbst: „voller Gnade und Wahrheit", also mit der Fülle des göttlichen Wesens und Namens nach 2.Mose 34,6 f. Darum ist es so wichtig, daß seine Jünger an seinem Wort bleiben – denn nur dann und nur so bleiben sie in ihm (Joh 8,31 f.). Weil in ihm Gottes Wort und damit Gott selbst präsent ist, entscheidet sich an seinem Wort, wie man die Ewigkeit verbringen wird: *„Wer mein Wort hört und glaubt dem, der mich gesandt hat, der hat das ewige Leben ..."* (5,24).

Was für ein Wort ist nun Fleisch geworden? Das Wort schlechthin? Ist die Erfüllung der messianischen Weissagungen des Alten Testaments gemeint? Wurde das Schöpferwort Mensch? Aufgrund des Bezugs auf den Beginn des Johannesprologs meine ich: Das Wort im höchsten und besten Sinne. Das theologisch Bedeutsame und das sprachlich auch sonst Präsente verweisen aufeinander: Fleisch, d. h. Mensch geworden, ist Gottes eigenes Wort (V. 14). Johannes bezieht *logos* im Prolog seines Evangeliums auf das ewige Wort, d. h. auf den seit allen Ewigkeiten beim Vater seienden, mit dem Vater sprechenden Sohn (V. 1). Und dieses menschgewordene Wort hört auch in seinem irdischen Sein nicht auf zu sprechen, zu kommunizieren, d. h. Anteil zu geben an Gnade und Wahrheit. Das betont der Evangelist in den Versen 15–18 (bzw. schon 6–8) und schließt dann Erzählungen an, die von Dialogen und Reden erfüllt sind.[135]

Wichtig ist auch hier, daß die neutestamentlichen Wortbegriffe *logos* und *rhäma*, vermittelt über die Septuaginta, in erster Linie durch das hebräische Grundwort *dabar* und nicht nur durch den zeitgenössischen Sprachgebrauch zu bestimmen sind.[136] Noch einmal: Das theologisch Bedeutsame und sprach-

---

135 Zum Wortfeld des Kommunizierens im Johannesevangelium, das 879 Verse umfaßt: ca. 50mal „zeugen/Zeugnis" (*martyro/martyria*), 40mal *logos*, 12mal *rhäma* (Wort), 480mal „sprechen" (*lego*, dazu 59mal *laleo*), 78mal „antworten" (*apokrinomai*), 28mal „fragen" (*erotao*), 4mal „rufen" (*krazo*) usw. Nimmt man das ganze Wortfeld zusammen, das im Sachlexikon von J. P. Louw und E. Nida zusammengetragen wurde, ergeben sich rund 1200 Treffer! Man kann jedes Evangelium, ja das Neue Testament überhaupt bezeichnen als angefüllt mit Wortgeschehen, mit Kommunikation, jedenfalls nach der Häufigkeit der entsprechenden Begrifflichkeit. Zum Vergleich: bei Matthäus rund 1300 Treffer, Markus: 900, Lukas: 1500; alle Paulusbriefe: 2300.

136 Procksch a. a. O. 91. – Nach Kittel werden *logos* und *rhäma* ohne Unterschied nebeneinander gebraucht (Art. „Wort" und „Rede" im NT, 105, vgl. dagegen 117!). Für *logos* ergibt sich aber nach meinem Eindruck insgesamt eine weiterer Horizont: christologisch, auch auf die ganze Lehre bis hin zum geschriebenen Wort Gottes bezogen; *rhäma* tendiert zur einzelnen Äußerung bzw. zum Mündlichen. Darum muß etwa in Joh 1,14; Kol 1,25 *logos* stehen und nicht *rhäma*!

lich Allgemeine durchdringen einander. Das Wort – das wahrhaftige und ewige Wort – ist in Christus präsent. Weil es ihn trägt bzw. von ihm getragen wird, erfüllt es unfehlbar, was es sagt (Jes 55,11); er trägt alle Dinge durch sein machtvolles Wort, wörtlich: durch das „Wort seiner Kraft (oder: Macht)" (Hebr 1,3). Das Wort, durch das die Welt geschaffen ist, nämlich Jesus, der Sohn Gottes, ist Fleisch geworden. *Durch diese Fleischwerdung wird aber nicht das Wort durch eine Person ersetzt oder abgelöst.* Die Person Jesu wird im Wort verkündigt, ja ist nach Himmelfahrt im verkündigten Wort selbst gegenwärtig. Das nach Jes 40,8 ewige Wort ist, wie mehrfach erwähnt, genau „das, welches unter euch verkündigt ist" (1.Petr 1,25; vgl. Röm 10,8)! Der vom Wort ergriffene Glaube empfängt Christus selbst, ja die Dreieinigkeit. Ein Auszug aus Joh 14:

> [23] *Wer mich liebt, der wird mein Wort halten; und mein* ***Vater*** *wird ihn lieben, und* ***wir*** *werden zu ihm kommen und Wohnung bei ihm nehmen.* [24] *Wer aber mich nicht liebt, der hält meine Worte nicht. Und das Wort, das ihr hört, ist nicht mein Wort, sondern das des Vaters, der mich gesandt hat.* [25] *Das habe ich zu euch geredet, solange ich bei euch gewesen bin.* [26] *Aber der Tröster, der Heilige* ***Geist****, den mein* ***Vater*** *senden wird* ***in meinem Namen****, der wird euch alles lehren und euch an alles erinnern, was ich euch gesagt habe.*

Nur in und mit der Schrift (und d. h. zugleich: nur im Angesicht des Sohnes Gottes, der da heißt „Wort Gottes") erfassen wir die Wahrheit, das Geheimnis und die Tiefe des Wortes. Wir stehen vor parallelen Vorgängen, die je Geschöpfliches und Göttliches verbinden:

- Psalm 8 spricht auf den ersten Blick allgemein vom Menschen, seiner Hoheit und Würde. Das Neue Testament nimmt den Psalm dreimal wörtlich auf, jedesmal aber auf Jesus Christus bezogen.[137] *So soll an Christus deutlich werden, was es um den Menschen ist.* Er ist der neue Adam (Röm 5,12–21).
- *Am Bibelwort* bzw. an seinem theoretischen und praktischen Gebrauch von Wort in Bezug auf Christus *wird uns klar, worin Wesen*

[137] Hierzu: Felber, Anthropologie und Christologie.

und Würde von Sprache und Wort überhaupt bestehen.[138] Er *gibt* uns das ewige Wort (Jes 40,6–8); und er *ist* die Weisheit Gottes, die sich kein Mensch selbst ausgedacht hat, aber für Menschen hör- und sagbar geworden ist. Paulus redet von dem Wort, das menschlich schwach ist, doch die Kraft (*dynamis*) Gottes in sich birgt, Menschen in neues, ewiges Leben zu bringen.[139]

- Analog wird durch Christus bzw. durch sein Wort klar (vgl. oben 0), was schlechthin *das* LEBEN, *das* WASSER, *das* BROT, *die* TÜR, *der* HIRTE, *die* WAHRHEIT, *der* WEG[140] oder *der* NAME[141] ist.

Hier schließt sich der Kreis zu den voranstehenden Punkten. Die Eigenschaften der Mächtigkeit, aber auch der Reinheit[142] und Reinigungskraft[143] des göttlichen Wortes, bekannt von Psalmisten und Propheten, finden im Sohn Gottes Grund und Ausdruck, werden durch und in ihm kräftig und sprechend, wie auch umgekehrt er nur durch sie zu uns spricht und vermittelt wird.

Ein Sprachverständnis, das von dem Sohn Gottes als dem lebendigen und ewigen Wort absieht, wird nie die der Sprache eigene Tiefe erreichen, sondern stets an ihrer Oberfläche bleiben, ja an ihr vorbeigehen!

---

138 Vgl. Kittel: Art. „Wort“ und „Rede“ im NT, 109 f. 118.

139 1.Kor 1–2, vgl. 1.Thess 2,13; 1.Petr 1,23–25; Jak 1,18.

140 Zu „der“ Weg siehe nicht nur Joh 14,6, sondern auch Apg 9,2; 16,17; 18,25f.; 19,2.9.23; 22,4; 24,14.22.

141 Apg 4,12; 10,43; Phil 2,9–11. „Name“ allein böte, wie eingangs erwähnt, Stoff für weitere, groß angelegte Untersuchungen!

142 Ps 12,7; Spr 30,4–6.

143 Mt 8,16: „... er trieb die Geister aus durch das Wort und machte alle Kranken gesund“. Vgl. Lk 4,36.

Folgerungen und Ausblick

Knappe Antworten aus Bibel und Theologie auf ausgewählte Fragen aus Sprachphilosophie, Linguistik und Anthropologie

a) Vorbemerkung zur Differenz von Theologie und Philosophie[144]

Beide, Theologie und Philosophie, vollziehen ihre Reflexionen sprachlich und wollen diese auch mitteilen, „kommunizieren“. Für die Theologie gilt das spezielle Erfordernis bzw. die Vorsicht, daß sie zwar kommunizieren soll und will, aber das im außerkirchlichen Bereich – nicht aus intellektuellen, sondern aus geistlichen Gründen – Unverstehbare, Unverstandene, Nichtakzeptierte nicht so lange elementarisieren, umformen und verändern kann, bis man es verstehen und/oder akzeptieren kann. Der Glaube und seine Erkenntnisbemühung ist „nicht jedermanns Ding“ (2.Thess 3,2). „Dem notwendigen missionarischen Bemühen einer Verständlichmachung sind unübersteigbare Grenzen gesetzt.“[145] Die Fähigkeit der Menschen, zueinander zu sprechen, die Möglichkeit, mit sich selbst und mit Gott ins Gespräch zu treten, ist aus evolutionären Prozessen nicht ableitbar (es gibt bisher kaum brauchbare Hypothesen dazu).[146] Was es um die Sprache ist, läßt sich der Theologe im Kern von der Schrift geben und immer neu korrigieren, ferner: klären, systematisieren und zuspitzen im Hinblick auf und mit Hilfe von Sprachphilosophie, Linguistik, Rhetorik usw.

b) Das Verhältnis von Wort und Sache, Zeichen und Bezeichnetem

Die Kraft der Sprache, außersprachliche Dinge zu vergegenwärtigen, mag etwas Vertrautes sein, aber es ist das tägliche Wunder, ohne das wir nicht leben können. Eine atheistische, logische Sprachanalyse neigt jedoch dazu, in der Sprache nur Wörter, Sätze und Regeln für Verknüpfungen und Umformungen zu finden. Nicht weniger als die Wahrheitsfähigkeit der Sprache geht hier verloren! Bisweilen geschieht dies sogar programmatisch, um die behaupteten Werte, die behauptete Sinnhaftigkeit von Texten mit normativen Ansprüchen zu bestreiten (Dekonstruktivismus). Einfach gesagt: Eine von Naturalismus und Atheis-

---

144 Hierzu bleibend lehrreich: Luther: Disputatio de homine, 1536.

145 Künneth: Von Gott reden?, 75; vgl. Slenczka: Im Anfang war das Wort, 1990, S. 89.

146 Hierzu: Liebi: Herkunft und Entwicklung.

mus geprägte Philosophie und Theologie kann Sprachskepsis nicht überwinden. Für den Atheisten Nietzsche ist Sprache Mittel zur Täuschung, Illusionsbildung, dem typisch menschlichen Willen zur Macht untertan. Da kein ehrlicher und bescheidener Autor oder Redner sich unter diesen Vorgaben weiterhin zu schreiben oder zu sprechen trauen könnte, dürfte er nur noch schweigen. Konsequent wird für Ernst Mach und Stephane Mallarmé sogar das eigene „Ich“ zur Illusion.[147]

Nur eine biblisch geprägte Sicht, die vom Sprechen Gottes von der Schöpfung bis zur Vollendung ausgeht, kann zugleich die Macht der Sprache durch die Gegenwart Gottes (ihre Fähigkeit zu Wahrheit, Urteil und Wirklichkeitssetzung) einerseits und ihr Elend durch die menschliche Sünde (ihre Potenz zu Betrug und Illusion) andererseits zu erkennen und zu ermessen suchen.

c) Spracherwerb und Verhältnis von Sprache und Kultur

Wir denken erst, wenn wir Sprache haben. Sprachunabhängiges Denken und Arbeiten gibt es beim Menschen nicht. Sein Verhältnis zur Welt und zum Mitmenschen ist ohne Sprache nicht denkbar.

Das Gehirn des Kleinkindes wartet gewissermaßen darauf, durch gehörte Sprache strukturiert zu werden. Es lernt seine erste Sprache (u. U. auch zwei oder gar drei Sprachen) anscheinend noch mühelos. Die Mühe entsteht erst später, beim Lernen weiterer Sprachen: Wenn nämlich einmal eine gewisse Sprachstruktur das Gehirn bzw. den menschlichen Geist geprägt hat. Hierin führt Mark Halpern substantiell über Chomsky hinaus.[148]

d) Höherwertung einzelner Sprachen?

Gott hat das Hebräische und Griechische dazu bestimmt, daß in ihnen zuerst sein Wort an die Juden bzw. die Heiden ergeht. „Ihnen sind die Worte Gottes anvertraut“ (Röm 3,2). Die Ehre, die dem Volk Israel durch die Erwählung Gottes gebührt (Röm 11), gebührt auch und noch viel mehr den Scheiden, in denen das ewige Wort Gottes steckt (siehe oben Vorbesinnung I, zu Luther). Insofern ist mit Haacker zu sagen, „daß auch in sprachlicher Hinsicht ‚das Heil von den Juden kommt‘ (vgl. Joh 4,22)“, und daß darum „die Sprachtradition

---

147 Vgl. hierzu die Arbeiten von George Steiner.

148 Halpern: Struggling.

des Alten Testaments und des frühen Judentums einschließlich der reflektierten Indienstnahme zunächst der aramäischen, dann der griechischen Weltsprache für die Weiterführung und Weitergabe dieser Tradition eine Art von Grundschule [ist], auf der jede weitere Auslegung und Verbreitung der biblischen Botschaft aufbauen muß."[149]

e) Die Sprachwissenschaft und das Sprachmysterium der Bibel

Das Geheimnis der Bibel als dem Wort des lebendigen Gottes wird in einer atheistisch geprägten Sprach- und Übersetzungswissenschaft (Nidas Hauptwerk 1964: „Toward a *Science* of Translating") letztlich aufgehoben. Doch auch abgesehen vom theologischen Widerspruch gegen Nida und seine Nachfolger blieb der Einspruch von Sprachphilosophen und Literaturwissenschaftlern ungehört.[150] George Steiner hatte zu Recht argumentiert, beim Übersetzen ergäben sich zwar Lösungen, doch man könne keine systematische Lösungsmethode dafür finden.[151] Schon der Begriff „Übersetzungstheorie" sei eine „arrogante Fehlbenennung".[152] Analog vermißt Ian Robinson bei Chomsky und seinen Sprach-Szientisten zu Recht das Staunen über die Wunder und Geheimnisse der Sprache: „... awe at language should be present in linguistics and inform it. Whatever is the discipline in the subject ought to be what leads the student up to a sense of wonder."[153]

f) Die Menschlichkeit des Menschen

Ein Lebewesen ohne Sprache ist kein Mensch.[154] Guardinis Diktum ist nach allem Vorangehenden biblisch gut begründet: „Was die Sprache für die Verwirklichung echten Menschseins bedeutet, ist unabsehlich. So ergeben sich

---

149 Haacker: Veritas Hebraica, 38.

150 Hierzu mehr in meinem Buch „Kommunikative Bibelübersetzung".

151 Steiner: Nach Babel, 287.

152 Steiner: Errata, 130.

153 Robinson: New Grammarians' Funeral, vi, vgl. 185.

154 Vom Ausnahmefall des geistig schwer behinderten Menschen abgesehen. Da ihm gleiche Menschenwürde eignet, ist auch er von seiner Umwelt einer sprachlichen Kommunikation und An-Sprache bedürftig. Die Frage bleibt, ob und inwieweit nicht auch ein solcher Mensch, obgleich zu jedem zusammenhängenden Satz unfähig, innerlich in (wenn auch rudimentärer) Sprache denkt und lebt.

daraus grundlegende ethische Aufgaben."[155] Hierin stimmen alte und neue Theologie und säkulare Anthropologie relativ überein.[156] Letztere spricht von Hominisation (Menschwerdung) durch die evolutionäre Gewinnung der Sprache. Die Theologie spricht von Menschwerdung durch das Ergehen des Wortes Gottes an den Menschen bei seiner Erschaffung, von der Menschwerdung des Sohnes Gottes zu unserer Erlösung (bzw. zur Wiedergewinnung einer verlorenen Menschlichkeit) als der Fleischwerdung des göttlichen Wortes und dem Eingehen des Wortes bzw. Geistes Gottes in den Menschen.

Die Differenz ist aber nicht unüberbrückbar. Denn erst neuzeitlich wird das Menschsein des Menschen in den Kategorien eines geschlossenen Systems reflektiert; die bis dahin führenden Geistes- und (!) Naturwissenschaftler taten dies in einem (für Gott und die Transzendenz) offenen System.[157] Dieses umfassende Denken wiederzugewinnen wäre m. E. eine der ersten Sprach- und Sach-Aufgaben von Theologie und Kirche bei einem Gespräch mit säkularen Forschern.

g) Bewußtes Gestalten versus Sprachpolitik

Friedrich Nietzsche hat den entscheidenden Machtfaktor der Zukunft bei denen gesehen, die in der Lage wären, die Sprache zu regeln bzw. einen bestimmten Sprachgebrauch durchzusetzen. Für ihn hat Sprache – nach dem Tode Gottes und dem Ende der Metaphysik – keinen Anhalt mehr an der Wirklichkeit. Darum gibt es praktisch nur noch Interpretationen, die miteinander ringen. Die interpretierte Wirklichkeit werde durch Sprache vielmehr erst erzeugt.[158] Analog entwarf George Orwell in „1984" die Schreckensvision eines „Wahrheitsministeriums", das die richtigen Geschichtsdaten je erst herstellte. Daß heute – im Zeitalter der Rechtschreibreform(en), der politisch- und Gender-korrekten Sprache – die sprachliche Freiheit (und damit das Denken) immer weiter reduziert wird, liegt auf derselben Linie.

155 Guardini: Ethik II, 756. Später (S. 759) auch kollektiv: „Nicht zuerst im ‚Blut' oder in der ‚Erde', sondern in der Sprache wurzelt das Leben eines Volkes. So sind wir dafür verantwortlich, daß diese Sprache rein, richtig geordnet und reich bleibt."

156 Vgl. Taylor: Sprachbegabtes Tier, 634 f. 638.

157 Schaeffer: Wie können wir, 142.

158 Vgl. Rohrmoser: Kulturrevolution, 223 f.

Die in diesem Beitrag entfalteten biblisch-theologischen Linien lassen sich sozial und politisch dahingehend konkretisieren, daß um der sich sprachlich manifestierenden Freiheit des Menschen willen auf derlei *politische* Restriktionen verzichtet, hingegen im *persönlichen* Bereich und Umfeld um so stärker auf sprachliche Klarheit, Präzision und dichterische Freude abgezielt werden sollte.

Der Kern des Problems

Hält man sich vor Augen, wie massiv die inhaltlichen Konsequenzen von als „nur formal, nur sprachlich" behaupteten Umformungen in neueren Bibelübersetzungen sind, ist zu fragen, ob der Rückzug auf eine objektive „Sprachwissenschaft" ein hinreichender Ausgangspunkt für eine Verständigung über Sprache, Kommunikation und Übersetzung darstellt. Meine Frage ist: Teilen die Vertreter der aufgeklärten und (post)modernen Sprach-, Kommunikations- und Übersetzungsmodelle die Denkvoraussetzungen unserer Zeit in der Weise, daß sie lieber die Bibel ändern als ihr eigenes Denken? Denn in der Moderne versteht sich die menschliche Vernunft nicht mehr als nur „vernehmendes", empfangendes und verarbeitendes *Werkzeug*, sondern neben oder über der Offenbarung auch als selbständige *Quelle* und *Norm von Erkenntnis*; in den agnostischen und atheistischen Varianten sogar als die *einzige* Quelle und Norm. Ist unsere Vernunft bereit, dem Sprechen Gottes gehorsam zu werden, diesem zu ent-sprechen?

Auch die Haltung, das Evangelium als „Produkt" der Kirche anzusehen, hat in einem unbiblischen Kommunikations- und Sprachverständnis ihre Wurzel (oder zumindest ihre Entsprechung); in der Konsequenz natürlich auch in einem unbiblischen Bibelverständnis. (In der Fluchtlinie davon liegt auch die Haltung der McKinsey-Kirchenberater, Mission sei so etwas wie Wahlkampf, bei dem Menschen vom Nutzen der Partei „Kirche" und ihres „Produktes" „Evangelium" überzeugt werden sollen[159] ...)

---

[159] Hierzu s. Wannenwetsch: Wirksames Wort.

Die Heiligung unserer Sprache und so unseres ganzen Lebens

„Ich will euer Gott sein – ihr sollt mein Volk sein“, sagt Gott in der sog. Bundesformel. Er hat es auf *communio* mit dem Menschen abgesehen; Kommunikationsmittel und Medium der Gemeinschaft ist das *Wort*. Die Worte des Herrn sind „heilsam“ (1.Tim 6,3; 2.Tim 1,13), darum sollte Israel *hören*[160] und den Versuchungen bildhaft-attraktiver Kulte widerstehen[161], und darum ist es wichtig, daß die zentralen Botschaften zur Auferstehung Jesu und über das Abendmahl wörtlich weitergegeben werden[162]. Und weil Gottes Sprechen nicht mit der Sinaioffenbarung beendet war, konnten die Propheten den selbstherrlichen Königen und Priestern mit bewundernswerter Tapferkeit, Klarheit und Gewißheit entgegentreten und ausrufen: „Hört das Wort des Herrn!“[163]

Es ist eine geradezu dämonische Verkehrung, die göttliche Dimension der Sprache zu leugnen, ihr die Dignität und Potenz als Gottes Werkzeug und Heilsmittel (*medium salutis*) abzusprechen. Wo das geschieht, wird Sprache zum Einfallstor für alle Irrtümer und (Selbst)Betrügereien. Gleiches gilt allerdings auch für die Unterschätzung ihrer destruktiven Kraft. Jesaja etwa erkennt die eigene Sünde und die seines Volkes exemplarisch am Versagen der Lippen (Jes 6,5). Darum sollen wir uns üben in der Kenntnis und im Bekenntnis des göttlichen Wortes, damit unsere Lippen und mit ihnen unser ganzes Leben geheiligt werde!

Dazu abschließend diese Schriftworte!

Ps 12,7f.: *Die Worte des HERRN sind lauter wie Silber, im Tiegel geschmolzen, geläutert siebenmal. Du, HERR, wollest sie bewahren und uns behüten vor diesem Geschlecht ewiglich!*

Spr 18,21: *Tod und Leben stehen in der Zunge Gewalt;*
wer sie liebt, wird ihre Frucht essen.

Mt 4,4: *Er aber antwortete und sprach: Es steht geschrieben* (5.Mose 8,3)*: „Der Mensch lebt nicht vom Brot allein, sondern von einem jeden Wort, das aus dem Mund Gottes geht.“*

---

160 Dtn 4,1ff.; 5,1ff.; 6,3ff. ; 9,1ff. u. ö.

161 Ex 20,4 u. ö.

162 1.Kor 11,23; 15,1f.

163 Stellen im Singular und Plural der Anrede: 1.Kön 22,19; 2.Kön 7,1; 20,16; 2.Chron 18,18; Jes 1,10; 28,14; 39,5; 66,5; Jer 2,4; 7,2; 17,20; 19,3; 21,11; 22,2.29; 29,20; 31,10; 34,4; 42,15; 44,24.26; Ez 13,2; 16,35; 21,3; 34,9; 36,1; 37,4; Hos 4,1; Am 7,16.

Jak 3,5–10: [5] *So ist auch die Zunge ein kleines Glied und richtet große Dinge an. Siehe, ein kleines Feuer, welch einen Wald zündet's an!* [6] *Auch die Zunge ist ein Feuer, eine Welt voll Ungerechtigkeit. So ist die Zunge unter unsern Gliedern: Sie befleckt den ganzen Leib und zündet die ganze Welt an und ist selbst von der Hölle entzündet.* [7] *Denn jede Art von Tieren und Vögeln und Schlangen und Seetieren wird gezähmt und ist gezähmt vom Menschen,* [8] *aber die Zunge kann kein Mensch zähmen, das unruhige Übel, voll tödlichen Giftes.* [9] *Mit ihr loben wir den Herrn und Vater, und mit ihr fluchen wir den Menschen, die nach dem Bilde Gottes gemacht sind.* [10] *Aus einem Munde kommt Loben und Fluchen. Das soll nicht so sein, liebe Brüder.*[164]

Joh 17,17: *Heilige sie in der Wahrheit; dein Wort ist die Wahrheit.*

Lk 11,28: *Ja, selig sind, die das Wort Gottes hören und bewahren.*

Offb 1,3: *Selig ist, der da liest und die da hören die Worte der Weissagung und behalten, was darin geschrieben ist; denn die Zeit ist nahe.*

Literatur

Anderegg, Johannes: Sprache des Alltags und Sprache des Glaubens. Zur Revision der Lutherbibel, in: Sprachwissenschaft 8 (1983), 413–428.

Anderegg, Johannes: Sprache und Verwandlung. Zur literarischen Ästhetik, Göttingen 1985, 143 S.

Anderegg, Johannes: Über Sprache des Alltags und Sprache im religiösen Bezug, in: ZThK 95/3 (1998), 366–378.

Anderegg, Johannes: Über Verständlichkeit oder: angepaßte Sprache im religiösen Gebrauch. Am Beispiel der revidierten Lutherbibel, in: Deutsche Vierteljahrsschrift für Literaturwissenschaft und Geistesgeschichte 55 (1981), 515–542.

Balz, Heinrich: Krise der Kommunikation – Wiederkehr der Hermeneutik [1991], in: Balz, Heinrich (Hg.): Mission – Theologie – Hermeneutik. Vorträge und Aufsätze. Missionswissenschaftliche Forschungen Bd. 25, Neuendettelsau 2008, 286–315.

Balz, Heinrich: Der Anfang des Glaubens. Theologie der Mission und der jungen Kirchen, Neuendettelsau 2010, 465 S.

Bayer, Oswald: Vernunft ist Sprache. Hamanns Metakritik Kants, Spekulation und Erfahrung II Bd. 50, Stuttgart-Bad Cannstadt 2002, XIV, 504 S.

Bergmann: s. u. Schmidt W.H.

164 Vgl. 1.Petr 3,8–17.

Beutel, Albrecht: „Scriptura ita loquitur, cur non nos?". Sprache des Glaubens bei Luther, in: ders. (Hg.): Protestantische Konkretionen. Studien zur Kirchengeschichte, Tübingen 1998, 104–123.

Bonhoeffer, Dietrich: Widerstand und Ergebung. Briefe und Aufzeichnungen aus der Haft, München ^{9}1959, 304 S.

Braaten, Carl Edward: Gott und das Evangelium. Pluralismus und Apostasie in der amerikanischen Theologie, in: Kerygma und Dogma 36, 1990, 56–71.

Bultmann, Rudolf: Theologie des neuen Testaments, UTB Bd. 630, Tübingen ^{9}1984, 753 S.

Dautzenberg, Gerhard: Sprache und Gestalt der neutestamentlichen Schriften, in: Schreiner, Josef; Dautzenberg, Gerhard (Hg.): Gestalt und Anspruch des Neuen Testaments, Würzburg ^{2}1977, 20–40.

Delling, Gerhard: Wort Gottes und Verkündigung im Neuen Testament, Stuttgarter Bibelstudien Bd. 53, Stuttgart 1971, 166 S.

Edmondson, Willis: In Praise of Misunderstanding. Or: On Obeying the House-Rules, in: Baumgarten, Nicole (Hg.): Übersetzen, interkulturelle Kommunikation, Spracherwerb und Sprachvermittlung – das Leben mit mehreren Sprachen, Bochum 2004, 1–5.

Elberfeld, Rolf: Sprache und Sprachen. Eine philosophische Grundorientierung, Freiburg i. Br., München ^{2}2013, 415 S.

Felber, Stefan: Anthropologie und Christologie. Der Psalm 8 und die Salzburger Erklärung, in: Felber, Stefan (Hg.): Erkennen und Lieben in der Gegenwart Gottes. Festschrift für Werner Neuer zum 65. Geburtstag. Studien zu Theologie und Bibel Bd. 18, Wien, Zürich 2016, 57–67.

Felber, Stefan: Die Bibelübersetzung „Hoffnung für alle" im kritischen Textvergleich, in: Theologische Beiträge 35/4 (2004), 181–201.

Felber, Stefan: Chomsky's Influence on Eugene Nida's Theory of Dynamic Equivalence in Translating, in: Werner, Eberhard (Hg.): Bibelübersetzung als Wissenschaft. Aktuelle Fragestellungen und Perspektiven. Beiträge zum Forum Bibelübersetzung aus den Jahren 2005–2011, Stuttgart 2012, 253–262.

Felber, Stefan: Kommunikative Bibelübersetzung. Eugene A. Nida und sein Modell der dynamischen Äquivalenz, Stuttgart ^{2}2016, 481 S.

Felber, Stefan: Vielstimmig – Beten mit dem Kommunikationsbuch der Bibel, in: Communicatio. Das Magazin des Theologischen Seminars St. Chrischona 1 (2016), 10–15, Download möglich unter https://www.stefan-felber.ch/downloads/felber-stefan-vielstimmig-beten-mit-dem-kommunikationsbuch-der-bibel-2016/download.

Friedrich, Gerhard: Auf das Wort kommt es an!, in: Friedrich, Johannes H. (Hg.): Auf das Wort kommt es an. Gesammelte Aufsätze zum 70. Geburtstag, Göttingen 1978, 551–566.

Grazia, Margreta de: The Secularization of Language in the Seventeenth Century [1980], in: Struever, Nancy S. (Hg.): Language and the History of Thought, 1995, 16–26.

Guardini, Romano: Welt und Person. Versuche zur christlichen Lehre vom Menschen, Würzburg [5]1962, 198 S.

Guardini, Romano: Ethik. Vorlesungen an der Universität München (1950–1962), Bd. 2, Paderborn 1993, ([3]1997), bes. S. 743–764.

Haacker, Klaus: Hebraica Veritas im Neuen Testament. Das hebräisch-aramäische Substrat der neutestamentlichen Gräzität als exegetisches und übersetzungsmethodisches Problem, in: Haacker, Klaus; Hempelmann, Heinzpeter (Hg.): Hebraica veritas. Die hebräische Grundlage der biblischen Theologie als exegetische und systematische Aufgabe. Monographien und Studienbücher Bd. 352, Wuppertal, Zürich 1989, 17–38. Rezension von H. v. Siebenthal: Jahrbuch für evangelikale Theologie 5, 1991, 153–158.

Hahn, Ferdinand: Theologie des Neuen Testaments. Band 2: Die Einheit des Neuen Testaments. Thematische Darstellung, Tübingen [2]2005, XLII, 874 S.

Halpern, Mark: Struggling for our Language, Nottinghamshire 2017, 190 S.

Harrison, Roland Kenneth: Introduction to the Old Testament. With a Comprehensive Review of Old Testament Studies and a Special Supplement on the Apocrypha, Gr. Rapids 1999, 1325 S.

Hegermann, Harald: Das Wort Gottes als aufdeckende Macht. Zur Theologie des Wortes Gottes im Hebräerbrief, in: Seidel, Hans (Hg.): Das lebendige Wort. Beiträge zur kirchlichen Verkündigung. Festgabe für Gottfried Voigt zum 65. Geburtstag, Berlin 1982, 83–98.

Hempelmann, Heinzpeter: Faktisch, postfaktisch, postmodern? Kommunikation von Wahrheit(sansprüchen) in pluralistischen Gesellschaften als Problem und Herausforderung, in: ThBeitr 48, 1/2017, 6–23.

Hempelmann, Heinzpeter: Gottes Wort – unsere Ant-Wort. Sprachtheologische und sprachphilosophische Aspekte der Verkündigung des Evangeliums, in: EuroJTh 3, 1/1994, 43–59.

Hempelmann, Heinzpeter: Veritas Hebraica als Grundlage christlicher Theologie. Zur systematisch-theologischen Relevanz der biblisch-hebräischen Sprachgestalt, in: s. o. zu Haacker, 39–78.

Iwand, Hans Joachim: Der Prinzipienstreit innerhalb der protestantischen Theologie (1958), in: Iwand, Hans Joachim; Sänger, Peter-Paul (Hg.): Briefe, Vorträge, Predigtmeditationen. Eine Auswahl, Berlin 1979, 231–250.

Jepsen, Alfred: „Hebräisch" – die Sprache Jahwes?, in: Donner, Herbert u. a. (Hg.): Beiträge zur alttestamentlichen Theologie. Festschrift für Walther Zimmerli zum 70. Geburtstag, Göttingen 1977, 196–205.

Joosten, Jan: Reflections on the Original Language of the Psalms of Solomon, o.O. o.J., 13 S. (https://www.academia.edu/10173758/Reflections_on_the_Original_Language_of_the_Psalms_of_Solomon, 05.07.2018)

Kägi, Hansjörg: Leben in und aus dem Wort, in: Nanz, Philipp (Hg.): Der Erneuerung von Kirche und Theologie verpflichtet. Freundesgabe für Prof. Dr. Johannes Heinrich Schmid, Riehen 2005, 33–51.

Kettling, Siegfried: Typisch evangelisch. Grundbegriffe des Glaubens, Gießen [3]1992, 191 S.

Kittel, Gerhard: Art. D. „Wort" und „Reden" im NT, in: Theologisches Wörterbuch zum Neuen Testament, Band IV, Stuttgart 1942, 100–147.

Körtner, Ulrich H.J.: Theologie des Wortes Gottes. Positionen, Probleme, Perspektiven, Göttingen 2001, 448 S.

Liebi, Roger: Herkunft und Entwicklung der Sprachen. Linguistik contra Evolution, Holzgerlingen [2]2004, 304 S.

Lutzmann: s. u. Schmidt W.H.

Melzer, Friso: Das Wort in den Wörtern. Die deutsche Sprache im Dienste der Christus-Nachfolge: ein theo-philologisches Wörterbuch, Tübingen 1965, XVI, 372 S.

Melzer, Friso: Unsere Sprache zwischen Alltag und Altar. Vorwort von Horst-Klaus Hofmann, Moers 1987, 106 S.

Nida, Eugene Albert: Language and Culture. Two Similar Symbolic Systems, in: Petrilli, Susan (Hg.): Translation. Approaches to Translation Studies Bd. 21, Amsterdam 2003, 413–424.

Nida, Eugene Albert; Taber, Charles R.: The Theory and Practice of Translation. With Special Reference to Bible Translating, Helps for Translators Bd. 8, Leiden 1969, 220 S.

Pache, René: Inspiration und Autorität der Bibel, Wuppertal 1968, 332 S.

Packer, James Innell: The Adequacy of Human Language (1980), in: Packer, James Innell (Hg.): Honouring the Written Word of God. Collected Shorter Writings on the Authority and Interpretation of Scripture. Collected Shorter Writings of J. I. Packer Bd. 3, Vancouver 1999, 23–49.

Procksch O., Art. *lego, logos, rhäma, laleo* [u.a.], in: Theologisches Wörterbuch zum Neuen Testament, Band IV, Stuttgart 1942, 69–100.

Rad, Gerhard von: Theologie des Alten Testaments. Band II: Die Theologie der prophetischen Überlieferungen, München [9]1987, 447 S.

Reiser, Marius: Sprache und literarische Formen des Neuen Testaments. Eine Einführung, UTB für Wissenschaft Bd. 2197, Paderborn u. a. 2001, XIV, 257 S.

Robinson, Ian: The New Grammarians' Funeral. A Critique of Noam Chomsky's Linguistics, Cambridge [England], New York 1975, xiv, 189 S.

Rodenberg, Otto: Wort und Geist, Wuppertal: Theologischer Verlag Rolf Brockhaus 1969, 61 S.

Rohrmoser, Günter: Kulturrevolution in Deutschland. Philosophische Interpretationen der geistigen Situation unserer Zeit, Gräfelfing 2008, 278 S.

Rosenzweig, Franz: Das Formgeheimnis der biblischen Erzählungen, in: Rosenzweig, Franz (Hg.): Die Schrift. Aufsätze, Übertragungen und Briefe, 1925, 13–27.

Rothen, Paul Bernhard: Bibel in Leichtversion. Über eine wenig beachtete Kulturrevolution, in: NZZ 20.12.2003 (http://www.nzz.ch/2003/12/20/fe/pagearticle8ZVCA.html oder https://www.stefan-felber.ch/downloads, 30.08.2017).

Schaeffer, Francis A.: Wie können wir denn leben? Aufstieg und Niedergang der westlichen Kultur, Telos Bd. 438, Neuhausen ^{2}1985, 302 S.

Schlatter, Adolf: Der Evangelist Matthäus, Stuttgart ^{7}1982, 816 S.

Schlatter, Adolf: Die Theologie der Apostel, Stuttgart ^{2}1922, 576 S.

Schlier, Heinrich: Verkündigung und Sprache, in: Schlier, Heinrich u. a. (Hg.): Der Geist und die Kirche. Exegetische Aufsätze und Vorträge Bd. 4, Freiburg im Breisgau 1980, 3–19.

Schmidt, Werner Hugo (zusammen mit Bergmann / Lutzmann), Art. *dabar*, in: G.J. Botterweck u.a. (Hg.), Theologisches Wörterbuch zum Alten Testament, Band 2, Stuttgart 1977, Spalten 89–133 (dort weitere Literaturhinweise).

Schneemelcher, Wilhelm (Hg.): Das Problem der Sprache in Theologie und Kirche. Referate vom Deutschen Evangelischen Theologentag 27.–31. Mai 1958 in Berlin, Berlin 1959, 124 S. (Beiträge von W. Zimmerli, E. Fuchs, K. Löwith, W. Schneemelcher, M. Kähler, D. Müller, H.-R. Müller-Schwefe).

Schnepper, Arndt E.: Goldene Buchstaben ins Herz schreiben. Die Rolle des Memorierens in religiösen Bildungsprozessen, Arbeiten zur Religionspädagogik Bd. 52, Göttingen 2012, 317 S.

Schwarzwäller, Klaus: Die Sprache der Bibel, in: ThBeitr 26 (1995), 190–205.

Shead, Andrew G.: A Mouth Full of Fire. The Word of God in the Words of Jeremiah, New Studies in Biblical Theology, 2012, 321 S.

Siebenthal, Heinrich von: siehe oben zu Haacker/Hempelmann, Hebraica veritas.

Slenczka, Reinhard: Im Anfang war das Wort (Joh 1,1). Das Sein Gottes und das Bewußtsein der Menschen, in: Kößler, Henning (Hg.): Sprache: Fünf Vorträge. Erlanger Forschungen: Reihe A, Geisteswissenschaften Bd. 54, Erlangen 1990, 89–101.

Steiger, Ivan: Ivan Steiger sieht die Bibel, Stuttgart 1984, 348 S.

Steiger, Ivan: Gottes Auge ist überall. Das Buch der Sprichwörter in 416 Cartoons, Augsburg 1998, 240 S.

Steiner, George: Errata. Bilanz eines Lebens, München 2002, 222 S.

Steiner, George: Nach Babel. Aspekte der Sprache und der Übersetzung, Suhrkamp-Taschenbuch Wissenschaft Bd. 1684, Frankfurt am Main 1981, 451 S. (engl. 1975).

Steiner, George: Von realer Gegenwart. Hat unser Sprechen Inhalt? Mit einem Nachwort von Botho Strauss, München 1990, 320 S.

Taylor, Charles: Das sprachbegabte Tier. Grundzüge des menschlichen Sprachvermögens, Berlin 2017, 655 S.

Vischer, Wilhelm: La langue sainte, source de la théologie, in: ETR 21/4 (1946), 318–326.

Wannenwetsch, Bernd: Wirksames Wort auf dem Markt? Die Geburt der Ökonomisierung der Kirche aus dem Geist der neuprotestantischen Innerlichkeit, in: Lüpke, Johannes von; Schwanke, Johannes (Hg.): Wirksames Wort. Zum reformatorischen

Wortverständnis und seiner Aufnahme in der Theologie Oswald Bayers, Wuppertal 2004, 95–112.

Weinberg, Werner: Language Consciousness in the OT, in: ZAW 92/2 (1980), 185–204.

Wilckens, Ulrich: Theologie des Neuen Testaments. Band II: Die Theologie des Neuen Testaments als Grundlage kirchlicher Lehre. Teilband 2: Der Aufbau, Neukirchen-Vluyn 2009, 364 S.

Wischmeyer, Oda: Das „Wort Gottes“ im Neuen Testament. Eine theologische Problemanzeige, in: Körtner, Ulrich H. J. (Hg.): Wort Gottes – Kerygma – Religion. Zur Frage nach dem Ort der Theologie, Neukirchen-Vluyn 2003, 27–40.

Wolff, Hans Walter: Anthropologie des Alten Testaments, München ^{5}1990, 368 S.

Zimmerli, Walther: Verkündigung und Sprache in der Botschaft Jesajas, in: Zimmerli, Walther (Hg.): Gesammelte Aufsätze. Bd. 2: Studien zur alttestamentlichen Theologie und Prophetie. Theologische Bücherei Bd. 51, München 1974, 73–87.

Zimmerli, Walther: Die Weisung des Alten Testaments zum Geschäft der Sprache, in: Schneemelcher, Wilhelm (Hg.): Das Problem der Sprache in Theologie und Kirche. Referate vom Deutschen Evangelischen Theologentag 27.–31. Mai 1958 in Berlin, Berlin 1959, 1–20.

2.2 Heilige Texte und säkulare Kultur
Von Harald Seubert

Es ist eine gängige, durch die Wortgestalt nahegelegte Vorstellung, Übersetzen auf das „Hinübersetzen“ an ein anderes Ufer zu beziehen. Freilich würde es zu kurz greifen, wenn man davon ausgehen wollte, daß die beiden Ufer dabei unverändert blieben und der, der von der einen zur anderen Seite geht, auch. Man hat es mit zwei Welten zu tun, die eine eigene Dignität und Atmosphäre umgibt. Das Eigene wird deshalb durch die Übersetzung fremd, das andere wird vertraut und umgekehrt. Übersetzung in dem grundlegenden Sinn, in dem literarische bzw. nicht-technische philosophische oder theologische Texte einer Übersetzung bedürfen, führt den übersetzten Text in jeweilige Lebenswelten und Lebensformen ein, die ihm nicht selbst eingeschrieben sind. Dies gilt bis in die Tiefen der grammatischen Sprachbildung, in die Tiefen dessen, was Wilhelm von Humboldt (1767–1835) „die Sprachansichten“ genannt hat: also des Denkens in und durch Sprache.[1]

Die Problemlage wird nochmals verändert, erschwert, und sie gewinnt eine weitere Tiefendimension, wenn es sich um einen Heiligen und in seinen kanonisierten Rezeptionen nur als heilig wahrzunehmenden Text handelt, dem sich eine säkulare Wahrnehmungsmethode nähert. Es ist eine nicht unbedeutende übersetzungshermeneutische Einsicht, daß das Sprechen in der Vielzahl von Sprachen immer Übersetzung aus der Ursprache ist: Der unverfügbaren *Lingua adamica*[2].

All dies leugnet die über Jahrzehnte benutzte sog. dynamische (oder auch: funktionale) Äquivalenz, die auf die sprach- und kognitionstheoretischen Prämissen Noam Chomskys zurückgeht.[3] Wenn, wie es in diesem Ansatz geschieht, diese

---

1 Dazu Trabant, Jürgen: Traditionen Humboldts, Frankfurt a. M. 1990, insbes. S. 34 ff.: „Das bildende Organ der Gedanken“.

2 Deutsch: die „adamische Sprache“, d. h. die Ursprache von Adam und Eva.

3 Hierzu Felber, Stefan: Chomsky's Influence on Eugene Nida's Theory of Dynamic Equivalence in Translating, in: Eberhard Werner (Hg.): Bibelübersetzung als Wissenschaft. Aktuelle Fragestellungen und Perspektiven. Beiträge zum Forum Bibelübersetzung aus den Jahren 2005–2011, Stuttgart: Deutsche Bibelgesellschaft 2012, S. 253–262; ferner ausführlich in: Felber,

grundlegenden Probleme der Übersetzung bewußt ignoriert werden, so wird auf der theologischen Ebene der *Heilige Text* verletzt. Ebenso wird die Dignität der Zielkulturen verletzt, in die dieser Text hineinwirken sollte: Wird ihm die Aura genommen, wird nicht die Macht des Wortes gewahrt, so werden die Zielkulturen um die Aussicht gebracht, sich selbst an diesem Text formen und vielleicht heiligen zu können: eine Heiligung, die aus dem Kultus heraus erst die Inventionen und Quellen der Kultur eröffnet. Es ist kein Zufall, daß erst die Luther-Bibel der deutschen literalen Kultur vielfache Wege öffnete, nicht anders als es in England mit der King James Bibel und dem Book of Common Prayer geschah.

Auch wenn man von der theologischen Tiefendimension für den Augenblick absieht und sich nur der übersetzungshermeneutischen Frage zuwendet, wird deutlich, daß Eigenrecht und Dignität sowohl der Ziel- als auch der Ausgangssprache durch die funktionalistisch-technizistischen Ausgangsannahmen der Funktionalen Äquivalenz verletzt werden. Als Ausgangsthese läßt sich damit festhalten, daß die Übersetzung Heiliger Schriften das Eigenrecht und die Eigenmacht (a) sowohl von Sprachen in ihrer Tiefenstruktur und Vielheit als auch (b) den Zusammenhang des Heiligen und des Profanen aufweisen muß. Wäre die Äquivalenz-These ausreichend, so wären Sprachen weitgehend und ohne Bedeutungsverlust formalisierbar. Der Unmöglichkeit und des eklatanten Mangels solcher Versuche wurden sich alle bedeutenden Anhänger des „Calculus universalis“ bewußt: Besonders deutlich zeigt sich dies bei Leibniz’ universalem Versuch, einen solchen Weltkalkül aufzustellen, und bei Freges Versuch einer möglichst reinen Abtrennung des Gedankens von seinen Konnotaten und Denotaten[4]. Dieser „calculus“ hat ein doppeltes Gesicht: Einerseits ist er im Staunen über die universale Logik und Vernünftigkeit der Welt als Gottes Schöpfung entwickelt. Andererseits bedeutet er den ersten Ansatz zu einer „Weltformel“, einer „theory of everything“, zu der sowohl Einstein als auch Heisenberg im 20. Jahrhundert ausholten – letztlich notwendigerweise vergebens.

Stefan: Kommunikative Bibelübersetzung, Stuttgart: Deutsche Bibelgesellschaft ^{2}2016, S. 197–237.

4 „Denotat“ ist die normale, „wörtliche“ Bedeutung eines Wortes, wie man sie in Lexika nachschlagen kann; „Konnotate“ sind mitschwingende Nebenbedeutungen und Wertungen, die je nach Kontext variieren können.

Sprachphilosophische Paradigmen

Natur und Setzung: Platons „Kratylos“

Der sprachphilosophische Locus classicus ist Platons Dialog „Kratylos“. Hier wird in einer bis heute gültigen Weise die Frage erörtert, ob das Verhältnis von Sprache und Bedeutung zufällig festgelegt (*kata thesin*, d. h. nach menschlicher Setzung) ist oder ob ihm eine Notwendigkeit entspricht, ob es also einer Wesensnatur gemäß (*kata physin*, d. h. naturgegeben) sich so verhält. Die letztere These müßte zeigen können, wie an den Beispielen des Sprachmeisters Kratylos deutlich wird, daß Worte und sogar Silben durch Etymologie, Veranschaulichung und Dynamik das zur Darstellung bringen, was sie bezeichnen. Es ergäbe sich eine Abbildung des Wesens einer Sache durch die Sprachgestalt. Es ergäbe sich aber auch, daß nur eine einzige Sprache, eben die griechische, in diesem Sinn wahrheitsfähig ist. Insofern ist die Kratylos-These auch Rechtfertigung der scharfen Unterscheidung zwischen Hellenen und Barbaren. Letztere wären nicht nur von einer artikulierten, schönen Sprache abgeschnitten, sondern auch vom Zugang zur Wahrheit.

Die gegenläufige These entspricht dem damals gängigen Konventionalismus der Sophistik, der sich in den Grundzügen in heutigen konstruktivistischen Positionen wiederholt: Wortbedeutungen und Sprachgestalt verhalten sich nach einer kontingenten (zufälligen) Zuordnung zu einander: „*kata thesin*“. Dabei ist anzunehmen, daß diese Setzung nach Machtverhältnissen, letztlich dem Recht des Stärkeren, realisiert worden ist. Dahinter verbirgt sich aber ein amorpher Universalismus und Relativismus. Nur vordergründig unterscheiden sich die Sprachen, eben auf der Setzungsebene. Letztlich könne in jeder Sprache alles und jederzeit gesagt werden, weil es weder ein spezifisches Wesen der einzelnen Sprachen noch ein Wesen des Seienden gebe. Die beiden Positionen führen in eine Aporetik[5], die der Dialog durch die Exposition der Ideen vermeiden kann. Die Idee hat eine sprachübergreifende Formkraft. Doch diese Form wird ganz unterschiedlich realisiert, wie das gleiche Kunstwerk in Holz,

5 Ausweg-/Ratlosigkeit.

Stein oder Bronze realisiert wird.[6] Theoretisch führt Platon dies am Ende des Dialogs aus. Er deutet als Lösung an, daß verschiedene Wort- und Sprachstämme zur einen, gemeinsamen Idee hinführen, die sich in Sprachen manifestiert, aber in ihrer Geltung über sie hinausreicht. Damit sind die *Partikularität* der verschiedenen Sprachen in ihrer Tiefenstruktur und die *Universalität* eines eidetischen, also von Zeit und Raum unabhängigen Wahrheitsverständnisses, das sprachübergreifend gewonnen werden kann, miteinander verflochten.[7] Die Differenzen der Sprachen reichen so weit, daß eine Übersetzung unter Umständen nicht im unmittelbaren Austausch zwischen ihnen möglich ist, sondern nur vermittels des übergeordneten Dritten, eben der Idee.[8]

Hamann und das Apriori der gesprochenen Sprache

Kontrapunktisch zum Traum des „Calculus universalis“ und der Ansetzung einer umfassenden, von Sprache freien Vernunftarchitektur beim Zeitgenossen Kant lotete der „Magus des Nordens“, Johann Georg Hamann aus Königsberg (1730–1788), das Wesen der Sprache aus. Kant habe, so der tiefgehende Einwand, das Medium, in dem er überhaupt denken und sein kritisches Unterfangen betreiben konnte, übergangen.[9] Damit habe er sich einer Erschleichung schuldig gemacht.

Das Augenmerk auf die Unerschöpflichkeit, geradezu den Offenbarungscharakter der Sprache, bestimmt Hamann zu der Äußerung: „Entwöhnt vom System müssen wir werden.“[10] Dem Reichtum der verschiedenen Sprachen entspricht innerhalb ein und derselben Sprache die Reichweite vom „Buchstabieren bis auf die Meisterstücke der Dichtkunst und feinsten Philosophie, des Geschmacks und der Kritik“.[11] Sprache hat eine partikulare Dimension, die sich über die Nationalsprache und deren Dialekte auf den Akt des einzelnen, unwiederholbaren Sprechens fortsetzt. Die entscheidende Einsicht Hamanns besteht darin,

---

6 Vgl. Krat 385 b2 und 434 b9.

7 Vgl. dazu Soulez, Antonia: Grammaire philosophique chez Platon, Paris 1991.

8 440c.

9 Simon, Josef: Vernunftkritik und Autorschaft. Reflexionen über Hamanns Kantkritik, in: J. G. Hamann. Acta des Internationalen Hamann-Kolloquiums in Lüneburg 1976, hg. von B. Gajek, Frankfurt a. M. 1979, S. 135 ff.

10 Hamann: Briefwechsel, hg. von W. Ziesemer und A. Henkel, Wiesbaden 1955 ff. Band VI, S. 350.

11 Hamann: Sämtliche Werke, hg. von J. Nadler (7 Bände), Wien 1949 f., hier Band II, S. 125.

daß *Sprache auf Meinungen und Meinungen auf Sprache Einfluß* habe, mehr noch: „Jede Sprache eine Denkungsart [fordere] und einen Geschmack, der ihr eigenthümlich sind“[12] fordere. Eine situationsinvariante, die Sprache und Mitteilungssituation ignorierende Erkenntnis hat nach Hamann keine Beweiskraft, denn der Beweis ist seinerseits wieder ein Satz in der Sprache, nicht verallgemeinerungsfähiger als der Aufweis von „Schmecken“ und „Sehen“.[13]

Für Hamann ist die Schöpfung – wohl in implizitem Bezug auf Römer 1 – die eigentliche und allgemein verständliche Anrede Gottes an seine Kreatur. In ihr ist in umfassender Offenbarung der viel zitierte Hamannsche Bittruf realisiert: „Rede, daß ich dich sehe!“[14] Sprache und Jesus Christus, als Logos Gottes im Sinn des Johannes-Evangeliums, gehören in der sprach- und schöpfungstheologischen Konzeption Hamanns aufs engste zusammen: „Der Gott Mensch, das Wort offenbart im Fleisch, der Sohn Gottes … ist der Schöpfer; ungeachtet er erst in der Fülle der Zeit geboren wurde, so sahe er sich als einen Bruder unsers Fleisches und Blutes an, und schuf in seinem Namen, machte die ganze Natur zur Figur und nach Ähnlichkeit und dem Bilde der Menschlichen“ (S. 204).[15]

Die Vielheit und Polysemie der Sprachen stehen für den Theologen Hamann unter dem Zeichen des Sündenfalles und der Hybris des babylonischen Turmbaus. Deshalb redet Gott sein göttliches Wort in die Zeit und in die hebräische Sprache hinein. Eine unhistorische und zugleich die Bedeutung der Sprache leugnende rationalistische Erklärung der Schöpfung zu einer „natürlichen Begebenheit“ kann dies nur verfehlen.

Für den gefallenen, sündigen Menschen, der sich zu Gott zurückwendet, ist nach Hamann die Heilige Schrift die Ermächtigung zum eigenen Selbstsein als Gottes Ebenbild. Von der biblischen Sprache her, „die uns die erste Speise giebt, die Milch und uns stark macht allmählich auf unsern eigenen Füßen zu gehen“.[16] Wir können sie lesen, und können es – als sterbliche, gefallene Menschen doch nicht vollkommen, Natur und Heilsgeschichte bleiben Chiffren und

---

12 Ibid., S. 135. Es handelt sich bei beiden Referenzen um die frühe Schrift „Versuch über eine akademische Frage“.

13 Ibid., S. 74.

14 Hamann: Aesthetica in nuce (1762), in: Werke Band II, S. 198.

15 Hamann: Londoner Schriften. Historisch-kritische Neuedition, hgg. von O. Bayer und B. Weißenborn, München 1993, S. 398.

16 Ibid., S. 152.

Brocken. Doch durch die Vielfalt der Sprachen tönt die Ahnung des Paradieses und leuchtet die Vorahnung der Erlösung auf. Die andere Seite in Hamanns Ansatz lehrt also die Sprachen in ihrer Vielheit als „Zeichen, Sinnbild, Unterpfand einer neuen geheimen, unaussprechlichen, aber desto inneren Vereinigung" zu erkennen.[17] Deshalb widerspricht er entschieden seinem Schüler J. G. Herder, der in der Schrift über den „Ursprung der Sprache" diesen Ursprung aus der Menschennatur des „animal rationale" erklärt habe, „das schon als Tier [...] Sprache" habe. Für verfehlt hält Hamann insbesondere den kompensationstheoretischen[18] Ansatz der Herderschen Sprachanthropologie[19], die den natürlichen Menschen als „Mängelwesen" begreift, das sich evolutiv zur artikulierten Sprache erhoben hätte. Was für ein Unsinn!, suggeriert Hamann, wie denn ein vermeintliches „Mängelwesen" – denn das ist auch der gefallene Mensch nicht, sondern nur der Mensch, der reduktionistisch als Tier betrachtet wird – „zur Erfindung einer Kunst" von solcher Polyphonie[20] und verschwenderischer Komplexität in der Lage gewesen sein soll.[21]

Diese verschiedenen Gedanken verbinden sich zu einer groß angelegten „Metakritik des Prismum der Vernunft", die sich 1784 ausdrücklich gegen Kant, den anderen Meister aus Königsberg, wendet. Sprache ist, so Hamann ausdrücklich, „das einzige erste und letzte Organon[22] und Kriterion der Vernunft, ohne ein ander Creditiv[23] als Ueberlieferung und Usum".[24] Auch ein so normativ um Objektivität bemühtes Werk wie die Kantische „Kritik der reinen Vernunft" kann sich nicht von der Sprache „reinigen", die Rezeptivität der Sprache und die Spontaneität neu gesetzter Begriffe bilden eine unlösbare Verbindung, an die der Philosoph dauerhaft gebunden bleibt. Die Sprache behält den Primat für sein Denken – in der Bindung an eine jeweilige Einzelsprache, wie Hamann im Blick auf die Ambivalenzen des „Metaphysik"-Begriffs zeigt. Von der Sprache

17 Hamann: Werke Band III, S. 32. Siehe durchgehend auch den Aufsatz Otto, Detlef: Johann Georg Hamann (1730–1788), in: T. Borsche (Hg.), Klassiker der Sprachphilosophie von Platon bis Chomsky, München 1996, S. 197 ff.

18 Sprache als Mittel, mit einem Mangel zurechtzukommen.

19 Lehre von der menschlichen Sprache.

20 Vielstimmigkeit.

21 Hamann: Werke Band III, S. 27.

22 Werkzeug.

23 Hier für: Begründung, Garantie.

24 Ibid., S. 284.

her meint Hamann aber das grundlegende Mißverständnis der Kantischen Philosophie deutlich zu machen: daß Sinnlichkeit und Verstand in der Sprache eben keineswegs zwei Stämme, sondern ein einziger verbundener Stamm sind, „mit zwei Wurzeln, einer obern in der Luft und einer untern in der Erde“.[25]

Die Sinnlichkeit der Sprache, ihr Tönen und Klingen ist das eigentliche Apriori, alle schulphilosophische Trennung von „Realismus“ und „Idealismus“ führt sich in der Sprache ad absurdum. Deshalb möchte Hamann die ganze Philosophie zu einer „Grammatik“ machen[26]: die letztlich in der Grammatik Gottes und dem Angeredet-Sein des Menschen begründet sein müßte, das als Offenbarung jedem menschlichen Reden-Können vorausgehen muß. Darin liegt eine große und tiefe Demut, die festhält, daß alles vermeintlich autonome Sprechen letztlich nur ein „demosthenisches Nachstottern“ ist.[27]

„Vernunft ist Sprache Logos [...]. Noch bleibt es immer finster über diese Tiefe für mich: Ich warte noch immer auf einen apokalyptischen Engel mit einem Schlüßel zu diesem Abgrund.“[28] Wäre dies nicht das Schibboleth, dessen sich gerade Übersetzer aus Heiligen Schriften immer bewußt sein sollten? Sie müssen dem Abstand des Textes und seine Unverfügbarkeit für Alltags- und Umgangssprache Rechnung tragen und mit besonderer Treue seine Eigenheiten und Nuancen in der Zielsprache nachzubilden versuchen. Denn jedes Jota des Textes hat eine Bedeutung. Orientiert sich der Übersetzer nur an Strukturen, so droht die Verfälschung

Mit Hamann, dem oftmals kryptischen Denker, beginnt die Epoche, die Charles Taylor „Zeitalter des Expressivismus“ genannt hat.[29] Sie konterkariert die imposanten Vernunftarchitekturen durch das „Hören auf die Sprache“, die Verwandtschaft und Differenz der Sprachansichten, des inneren und äußeren Sprachbaus, den vor allem Wilhelm von Humboldt differenziert erforscht hat.[30]

---

25 Ibid. S. 187, Bezug nehmend auf die beiden „Stämme“ des Verstandes bei Kant, Kritik der reinen Vernunft, A 15.

26 Hamann: Briefe, a. a. O., VII, S. 169.

27 Hamann: Werke II, S. 240. Demosthenos war griechischer Redner und Politiker im 4. Jahrhundert v. Chr.

28 An Herder, 8. August 1784, Briefe V, S. 177.

29 So Taylor, Charles: Hegel, Frankfurt a. M. 1975, S. 24 ff.

30 Dazu mit weitergehenden Einzelnachweisen T. Borsche, Sprachansichten. Der Begriff der menschlichen Rede in der Sprachphilosophie Wilhelm von Humboldts, Stuttgart 1981, vor allem S. 77 ff. und S. 127 ff.

Auch er steht in der Folge von Hamann – und Herder, vor allem mit seiner Einsicht, daß Sprache nicht ein „Ergon" ist, ein Werkzeug zu Zwecken der Verständigung. Recht verstanden ist sie vielmehr „Energeia" – „im Vollzugsein" und Dynamik. Sie ist daher immer auf die Vollendung des vollkommenen Sinnverstehens hin angelegt. Doch, wie der aristotelische Anklang anzeigt[31], steht diese Vollendung selbst aus und ist unter endlichen Voraussetzungen auch kaum zu gewärtigen. Hier schwingt der eschatologische Vorbehalt[32] Hamanns nochmals mit. Er wird aber nur noch philosophisch exponiert[33]: Zu der Sprachdynamis im Humboldtschen Sinn gehört in jedem Fall und unverlierbar dies, daß die Verschiedenheiten des Sprachbaus bis in die Tiefe hinein unterschiedliche Weltansichten präsentieren.

Heidegger – Sprache als ‚Haus des Seins'

Das System der dynamischen Äquivalenz Nidas in der Übersetzungstheorie formuliert völlig unkritisch, daß der Maßstab auch für eine Bibelübersetzung die „consumer language" sei, die gängige Sprache des Verbrauchers. Konsumismus und die Reduktion von Sprache auf ein Kommunikationsinstrument wird hier zur übersetzungstheoretischen und zugleich zur geistlichen Maxime.[34] Niemand hat diesem Ansatz im 20. Jahrhundert sprachphilosophisch tiefer widersprochen als Martin Heidegger (1889–1976). Das gesamte Sprachverständnis, und zugespitzt das der technischen Welt der Gegenwart, sieht er gekennzeichnet durch eine „werkzeugliche Auffassung" der Sprache[35], die Sprache auf ein bloßes Ausdrucks- und Verständigungsmittel reduziert. Sprache er-

31 Vgl. zum Begriff der Energeia Aristoteles, Nic. Ethik Buch I, wo die Unvollendetheit, aber zugleich ihre Vollendung proleptisch antizipierende Dimension der Glückseligkeit und des guten Lebens thematisiert wird.

32 Letzt-/endzeitliche Vorbehalt: Es kommt noch etwas (das Entscheidende) hinterher.

33 Dargelegt.

34 Dies zeigt S. Felber in den Beiträgen im hier vorliegenden Band und in seiner Monographie: Kommunikative Bibelübersetzung, ^{2}2016, a. a. O., insbesondere S. 340 ff. eingehend.

35 Heidegger, Martin: Unterwegs zur Sprache, Pfullingen ^{10}1993, S. 246 nennt Heidegger Humboldts Einleitung zum Kawi-Werk „Gipfelhöhe" der Sprachbetrachtung seit Aristoteles. Damit schließt er in dieses ergon-hafte Sprachverständnis auch Humboldt ein, obwohl dieser durch sein Energeia-Verständnis ja offensichtlich davon abweicht. Sehr gut zur pointierten Kritik dieses Punktes Wohlfart, Günter: Martin Heidegger (1889–1976), in: Tilman Borsche (Hg.), Klassiker der Sprachphilosophie, a. a. O., S. 385 ff.

schließt allererst Welt. Heidegger formuliert diese Unverfügbarkeit von Sprache und Wort immer wieder provozierend und zu einer Umkehr der Denkart auffordernd, zum Beispiel mit dem Novalis-Wort, die Sprache sei einzig um sich selbst bekümmert, sie sei ein großer Monolog.[36] Letztlich spricht die *Sprache*, nicht wir. Der Mensch ist im Sinne Heideggers gerade nicht Urheber von Sprachereignissen oder Sprechakten. „Nicht wir haben die Sprache, sondern die Sprache hat uns".[37] Dies ist, vor dem Horizont einer modernen technischen Welt, die Heidegger als „Machenschaft" und, wohl orientiert an dem Brüsseler Atom-Modell, als „Gestell" versteht, nahe an Hamanns Diktum: „Ohne Wort keine Vernunft – keine Welt". Heidegger hat Sprache zunehmend von der Dichtung her und damit als „Rätsel" verstanden. Sie hat eine Weisheit, die kategorial nicht verfügbar zu machen ist. Deshalb Heideggers mitunter anfechtbare, aber stets fruchtbare Etymologien, deshalb sein nicht minder anfechtbares Diktum, daß man nur in wenigen Sprachen, namentlich Deutsch und Griechisch, überhaupt philosophisch denken könne.[38] In ein Sinn-Bild, nach Heidegger der Gegensatz zum „Schlagwort", faßt er diesen Gedanken durch die Evokation[39] der Sprache als „Haus des Seins".[40] Nur vom Sein gelangt der Mensch, im Sinn von Heideggers seinsgeschichtlichem Denken, zu dem einzelnen Seienden. Auch wenn das Sein im Verlauf der abendländischen Denkgeschichte immer weitgehender in Vergessenheit geriet bis hin zu dem in allen Bereichen sich selbst ermächtigenden „Unwesen" der neuzeitlichen Technik, bestimmt es das Wesen der Sprache. Man muß gleichsam alle Zimmer des Hauses durchlaufen haben, um zum Seienden zu gelangen. „Wenn wir zum Brunnen, wenn wir durch den Wald gehen, gehen wir schon immer durch das Wort ‚Brunnen', durch das Wort ‚Wald' hindurch, auch wenn wir diese Worte nicht aussprechen und nicht an Sprachliches denken."[41] Unauslotbar wie ein Kunstwerk ist

36 Heidegger: Unterwegs zur Sprache, a. a. O., S. 265: „Die Sprache *allein* ist es, die eigentlich spricht. Und sie spricht *einsam*". Heidegger referiert hier auf die Novalis-Sentenz: „Gerade das Eigentümliche der Sprache, daß sie sich bloß um sich selbst bekümmert, weiß keiner", zit. nach ibid., S. 241.

37 Heidegger: Gesamtausgabe Band 39, S. 23.

38 Heidegger: Nietzsche Band I, Pfullingen 1961, S. 308.

39 Anreden, Wachrufen; hier: Verständnis.

40 Ders.: Holzwege, Frankfurt a. M. ^{7}1994, S. 286.

41 Ibid., S. 286.

Sprache, so betont Heidegger, weshalb er auch die Dichtung, namentlich Hölderlins, als Wahrung der Urbildlichkeit der Sprache verstanden hat.
Sprache ist dabei in Heideggers Verständnis immer eine Verbindung von Enthüllung: Erscheinenlassen und Verbergen. Sie ist, sagt er im Humanismusbrief[42], „lichten-verbergende Ankunft des Seins selbst". Gerade in der Sprache ist die Tiefendimension des Seins selbst bewahrt. Deshalb reicht sie tiefer als das Denken, das seine Grundfragen am Leitfaden der Sprache entlang fragen sollte. Für den späten Heidegger war Sprechen „‚Ent-sprechen' im Dienst der Sprache"[43], was mit einem *linguistic turn* im Sinn der Reduktion metaphysischer Fragen auf sprachliche Bewandtnisse nichts gemeinsam hat, wohl aber auf die Bindung allen Weltzugangs an den Sprachzugang verweist.
Angesichts von Heideggers Hölderlin- und Trakl-Deutungen hat man sogar den Eindruck, daß das deutende Hören des Philosophen auf die Sprache selbst ein „Übersetzen" ist, in dem das Denken von sich absieht, in diese tiefergehende Weisheit. Nicht zu verkennen ist, daß Heidegger vom „Hören auf die Sprache" ausgeht, der, wie Manfred Riedel es nannte, „akroamatischen Dimension der Hermeneutik".[44] Sprache gründet nämlich ihrerseits im Schweigen. Die Sigetik (die Kunst des Schweigens) ist für Heidegger daher „Das Wesen der Logik" (GA 65, 79). Heidegger versteht „Logik" als denkende Bezugnahme auf den Logos, das Sein erschließende Wort. Dieser Logos liegt aber allem Sprechen voraus, er muss „erschwiegen" werden.
Den Schritt zum fleischgewordenen Logos im Prolog des Johannes-Evangeliums tut er allerdings nicht. Man könnte erwarten, daß Heidegger diese Explikationen auf das Offenbarungsgeschehen hin öffnete. Dies ist ein Schritt, den er nicht gegangen ist. Der Rekurs auf die Dichtung war ihm offensichtlich genug. Die Umkehrung des Blicks gegenüber dem Konsumismus wiegt schwer genug.

42 Heidegger: Über den Humanismus, in: ders., Platons Lehre von der Wahrheit, Bern 1947 u. ö., S. 70.
43 Heidegger: Was ist das – die Philosophie?, Pfullingen [10]1992, S. 44.
44 Riedel, Manfred: Hören auf die Sprache. Die akroamatische Dimension der Hermeneutik, Frankfurt a. M. 1990, S. 7 ff.

Wittgenstein: Sprachformen als Lebensformen

Ludwig Wittgenstein (1889–1951) geht in seinen sprachtheoretischen und sprachlogischen Ausarbeitungen immer wieder den Weg von der Oberflächen- zur Tiefengrammatik und -struktur der Sprache. Dieser Weg führe zu größerer Klarheit, hat Wittgenstein betont. Der frühe Wittgenstein hatte in seinem „Tractatus logico-philosophicus“ eine Abbild-Theorie der Sprache entwickelt und damit selbst einem dezidiert[45] funktionalen Sprachverständnis das Wort geredet. Die Idealisierung des Modells ist allerdings bereits seinerzeit von ihm erkannt worden. „Wir benützen das sinnlich-wahrnehmbare Zeichen (Laut- oder Schriftzeichen etc.) des Satzes als Projektion der möglichen Sachlage.“[46] Indes zeigt Wittgenstein schon im ‚Tractatus‘, daß der Satz nur *behauptet*, daß sich die Gegenstände in der Welt so verhalten würden, wie er es sagt. Gültig ist die Modelltheorie daher allenfalls für wissenschaftlich begründete Theorien, an den Überlagerungen der Normalsprache scheitere sie schon. Eine logische Grammatik könne, so schwebte es dem frühen Wittgenstein vor[47], „die Bedeutung der Zeichen“ erklären und die Sprache bildhaft, modellhaft machen. Im Sinn des frühen Wittgenstein wäre „Übersetzung“ wie ein mathematisches Problem zu behandeln, das einzelne Lösungen zu finden erlaubt, aber gerade nicht eine systematische Lösungsmethode entwickelt.[48] Damit wird deutlich, daß Wittgenstein (1) sowohl der Reduktion auf die Oberflächenstruktur mißtraut als auch (2) dem Universalitätsanspruch der Universalgrammatik.

In Wittgensteins Spätphilosophie tritt die Vielheit der Sprachen, verbunden mit einer Vielheit von Lebensformen, immer stärker zutage. Damit trennt sich Wittgenstein entschieden und endgültig von der Annahme einer „idealen Sprache“, die jenseits der natürlichen Sprache existieren würde.[49] So bemerkt er in

45 Ausgesprochen.

46 Wittgenstein, Ludwig: Tractatus logico-philosophicus 2.11, Einzelausgabe Frankfurt a. M. 1989 mit dem ‚Prototractatus‘.

47 Hier wäre vor allem auf den Prototractatus zurückzugreifen. Vgl. J. Schulte, Chor und Gesetz. Wittgenstein im Kontext, Frankfurt a. M. 1990.

48 George Steiner greift dies auf, siehe Steiner, George: Whorf, Chomsky, and the Student of Literature [1974], in: Steiner, George (Hg.): On Difficulty and Other Essays, Oxford 1978, 137–163; v. a. aber: Steiner, George: Nach Babel. Aspekte der Sprache und der Übersetzung, Frankfurt a. M. 1981, bes. S. 287.

49 Vgl. Eco, Umberto: Auf der Suche nach der vollkommenen Sprache, München ^{3}2002.

der Verabschiedung jedwedes Funktionalismus: „Die Sprache ist für uns nicht als eine Einrichtung definiert, die einen bestimmten Zweck erfüllt"[50], „sie hat eine vielfache Wurzel; sie hat Wurzeln, nicht eine Wurzel."[51] Die Vielheit und die innere Vielschichtigkeit der Sprache lassen die Relation von „Zeichen" und „Bedeuten" letztlich unangemessen sein, wenn die Wirklichkeit und Wirksamkeit von Sprache erfaßt werden soll. Wittgenstein spricht von einem Mythos des Bedeutens, der das „Funktionieren der Sprache mit einem Dunst umgibt, der das klare Sehen unmöglich macht".[52] Man könne das Wort „Bedeuten" allenfalls so erklären, daß die Bedeutung eines Wortes sein jeweiliger Gebrauch in der Sprache ist. Dies verweist von den Festlegungen der Abbildtheorie auf eine Freiheit der Sprache, die keiner Wirklichkeit Rechenschaft schuldig ist".[53] Damit ist keineswegs auf einen Konstruktivismus oder Linguistizismus (die Auffassung, daß alle Weltverhältnisse auf Sprachkonventionen zurückgeführt werden können)[54] verwiesen, wohl aber darauf, daß jedes Sprach-Handeln Welt entstehen läßt. Heidegger oder Hamann würden zustimmen.

Deshalb verlagert sich bei Wittgenstein das Augenmerk auf die Sprachspiele, die sich wiederholen, aber jeweils nicht auf andere Sprachspiele zurückführbar sind: Bitten, Danken, Beten, Rufen sind solche Sprachspiele, die in Lebensformen wurzeln und ausdrücklich nicht in Überlegungen. Überlegungen aber sind selbst Teil der Sprachspiele.[55] Nur wenn man das Sprachspiel in seiner Tiefendimension versteht, mit ihm zumindest bis zu einem gewissen Grad mitgeht, hat man die Bedeutung verstanden. Dies wäre, auch wenn Wittgenstein am einschlägigen Ort diese Konsequenz nicht zieht, auch für den Übersetzer zu bedenken.

Eine Warnung für jeden naiven Funktionalismus bedeutet es, daß der Gebrauch der Sprache nur beschrieben, nicht begründet werden kann. Hier zeich-

50 Wittgenstein: Philosophische Grammatik. Werke Band 4, Frankfurt a. M. 1984, S. 190.

51 Wittgenstein: Bemerkungen über die Philosophie der Psychologie, Werke Band 7, hg. von G. E. Anscombe und R. Rhees, a. a. O., S. 163.

52 Philosophische Untersuchungen, Werke Band 1, § 5.

53 Philosophische Grammatik, a. a. O., S. 184.

54 Eine prominente Exponentin des Linguistizismus ist Judith Butler. Die Technokratien des „Neusprech" in der ‚Political Correctness' oder im Genderismus basieren sämtlich auf solchen ‚Linguistizismen'.

55 Bemerkungen über die Philosophie der Psychologie, a. a. O., S. 326 f.

net sich eine Übereinstimmung mit Heidegger ab. Die philosophische Reflexion leitet die Sprache nicht an, sie ist ihr letztlich unterworfen. Der zunächst irritierende Umstand, daß gleichwohl ein und dieselbe Sprache gegensätzliche Perspektiven auf die Welt und Philosophien ermöglicht, erklärt sich aus den Möglichkeitsdimensionen, die einer jeweiligen Sprache und Sprachwelt zukommen. Dennoch gibt es klare Grenzen, was in authentischer und verständlicher Weise so artikuliert werden kann. Auf diesen Umstand eben verweist Wittgenstein mit dem Diktum, daß die Grenzen meiner Sprache die Grenzen meiner Welt sind.

Die Inkommensurabilität von Übersetzung wird dadurch sichtbar, daß Verständlichkeit gerade nicht isoliert konstatierbar ist, sondern auf einem ganzen Bündel von Handlungs- und Sprachformen beruht. Dies brachte Wittgenstein auch dazu, die Inkommensurabilität[56] der eigenen und anderer Lebensformen zu betonen: Nicht zuletzt hat Wittgenstein dies für die Erfahrungswirklichkeit sogenannter „primitiver" Religionen gegenüber den viktorianischen Ethnologen[57] gezeigt, die die Realität des magischen Weltverhältnisses leugneten und es in eine entzaubernde westliche Sicht übersetzten, so aber gerade verfehlen mußten.[58]

Heiliger Text, Verstehen und Übersetzung: Wider den Primat des Säkularismus

Stefan Felber hat in seiner einschlägigen Monographie und ebenso in den in diesem Band abgedruckten Essays gezeigt, daß und wie in Nidas Übersetzungstheorie (basierend auf Chomskys Transformationsgrammatik) ein technisches, funktionales Sprachverständnis vorliegt. Chomsky geht es in erster Linie darum, zu erklären, wie menschliches Sprechen „funktioniert", wozu es nur ein

56 Nicht-Übertragbarkeit, Nicht-Austauschbarkeit, Nicht-Vergleichbarkeit.

57 Völkerkundlern.

58 Wittgenstein: Bemerkungen über Frazers ‚Golden Bough', in: ders.: Vortrag über Ethik und andere kleine Schriften, hgg. von J. Schulte, Frankfurt a. M. 1989, S. 9 ff.

Mittel ist, die Umformungsregeln von Sätzen zu kennen. Die Linguistik wird damit zu einer Teildisziplin der Kognitionswissenschaft[59].
Diese Elemente machen deutlich genug, daß ein säkulares Sprachverständnis zugrunde liegt, das dann bei Nida, ohne sich davon Rechenschaft zu geben, auf Heilige Texte, namentlich die Bibelübersetzung übertragen wird. Zweierlei tritt nun schärfer in den Blick und muß festgehalten werden: (1) Die Frage der Übersetzung macht unabdingbar die Frage nach dem Wesen von Sprache und Verstehen erforderlich.[60] (2) Die Komplexität wird nochmals auf die Übersetzung des transzendenten Ewigen in das zeitlich Kontingente gesteigert, wenn es um heilige oder als solche sanktionierte Texte geht.
Das Sprachverständnis der dynamischen Äqivalenz beruht auf philosophischen Voraussetzungen des Strukturalismus und eines bestimmten Ansatzes analytischer Philosophie, der letztlich Denk- und Verhaltensfunktionen als Epiphänomene[61] der naturalistischen, neurophysiologischen Ausstattung des Menschen auffaßt.[62] Im Hintergrund stehen, ungeachtet gewisser Modifikationen, die Chomsky an seinem Ansatz vorgenommen hat,[63] weltanschauliche Annahmen einer umfassend naturalistischen, auf Wahrnehmungs- und Basissätzen beruhenden Erklärbarkeit der Welt, insbesondere der Annahme, daß der Physikalismus als wissenschaftliche Weltsicht hinreichend für die Erklärung der Welt ist.[64] Auch der Mensch ist damit wesentlich natürlich-physikalistisch er-

---

59 Engl. science of the mind; die erforscht die bewußten Akte des Geistes als Informationsverarbeitung. Vgl. Chomsky, Noam: Aspects of the Theory of Syntax, Cambridge Mass. 1965, siehe auch die gute Überblicksskizze bei Chr. Stetter, Strukturale Sprachwissenschaft (20. Jahrhundert), in: Borsche, Tilman (Hg.): Klassiker der Sprachwissenschaft, a. a. O., S. 421 ff.

60 Diese auf das Wesen der Sprache verweisende Rolle des Übersetzens hebt Steiner, George: Nach Babel. Aspekte der Sprache und der Übersetzung, Frankfurt a. M. 1981, S. 7 ff. u. ö. durchgehend hervor.

61 Nebenphänomen (weniger wichtig).

62 Dazu wiederum Stetter a. a. O., der hier eine Spätform des Strukturalismus sieht, die sich von der Tradition der Sprachwissenschaft trenne.
Es ist ein dringendes Desiderat der analytischen Philosophie in ihren verschiedenen Strömungen, die den Reduktionismus auflösen und für die Rationalität der Annahme Gottes argumentieren will, daß sie auch ihren Sprach- und Weltbegriff modifiziert. In dieser Richtung sehe ich bislang keine überzeugenden Ansätze. Denn es ist unbestreitbar, daß sich jene Methode zunächst mit einem reduktionistischen Weltbild verbunden hatte.

63 Vgl. dazu Steiner: Nach Babel, a. a. O., S. 452, sowie den Aufsatz von Stetter, s. o. Fußnote 59.

64 Vgl. die verschiedenartigen Kritiken an Chomskys Ansatz bei Peter Collier, David Horovitz (Hrsg.): The Anti-Chomsky Reader. Encounter Books, New York 2004. Wichtig und beachtenswert ist insbesondere die Chomsky-Kritik von Herbert Dreyfus.

klärbar. Chomskys Ansatz kam nicht zufällig gerade in der KI-Forschung und in der Genese universalisierbarer Computersprachen zum Einsatz.

Wenn ein Sprachverständnis dieser Art angewandt wird, reduziert und mindert sich das Verständnis sprachlichen Verhaltens von Grund auf. Entscheidend ist die Grundprämisse, daß es keine transzendente Dimension von Verstehen gibt. Das Angeredetsein durch das Antlitz des anderen, in dem im Sinn der großen jüdischen Religionsphilosophie des 20. Jahrhunderts JHWH als der Dritte präsent ist, Verstehen als „verbum interior" nach Augustinus, das noch auf Luther nachwirkt, kann in einem solchen Sprachtheorem keinen Ort haben. Es hält nicht einmal den Raum für derartige Fragen offen. Solche Vollzüge werden in Berechnungen umgemünzt, die nach Funktion und Befehl wirksam werden sollen. Dies hat für die Hermeneutik und Ontologie menschlichen In-der-Welt-Seins gravierende Implikationen. Es wird auf einen berechenbaren Funktionalismus und Physikalismus reduziert. Erst recht aber hat es Folgen für den Umgang mit dem Heiligen Text. Sein wirksames Wort, von dem kein Jota weggenommen werden darf, wird auf eine Gebrauchsanweisung für Regelfolgen reduziert. Es wird damit, nahezu zwangsweise, säkularisiert und um seine Aura gebracht. Nicht zuletzt wird aber der Entzogenheit dieses Wortes, dem nach christlichem Verständnis die Verborgenheit Gottes entspricht, in keiner Weise Rechnung getragen.

Der Heilige Text bleibt, was bei Nida ja programmatisch zutage tritt, in die Logik von Konsument und Produzent eingefugt, und damit in einen funktionalistisch säkularen Zusammenhang. Er kann seine geistliche Resonanz nicht entwickeln bzw. nur insofern der Übersetzer dies bewußt oder unbewußt zuläßt. Selbstverständlich ist die zeitliche Koinzidenz nicht zufällig, daß in den fünfziger und sechziger Jahren, als das analytisch-funktionale Sprachparadigma dominierend wurde, auch eine Vielzahl von Neuübersetzungen auf den Markt kam, so daß jedem Leser gleichsam die Bibel zur Verfügung steht, die ihm gefällt. Indes: Die programmatische Kontextualisierung bei funktionierender Informationsübertragung bedeutet, wie Stefan Felber differenziert gezeigt hat[65], Sinnverlust. Und: Es gehört zu einem Heiligen Text, daß seine Gestalt so weit wie möglich unverändert bleibt. Im orthodoxen Judentum und Islam hat nur

65 Dazu gründlich Felber: Kommunikative Bibelübersetzung, a. a. O.

eine Berufung auf den Urtext und eine Rezitation des Urtextes als Akt der Gottesverehrung und des Bekenntnisses Letztgeltung. Die Rezitation der Heiligen Texte in ihrer originären Sprache ist ein unverzichtbarer religiöser Akt, auch dann, wenn deren Wortlaut dem Rezitierenden nicht mehr verständlich ist. Ebenso war es alles andere als zufällig, daß in der Tradition der römisch-katholischen Kirche die lateinische Vulgata-Übersetzung liturgisch autoritativen Rang hatte. War dies doch Zeichen dafür, daß man die apostolische Sukzession und die Präsenz des Heiligen Geistes an der Existenz der einen, katholischen Kirche und ihres Lehramtes haften sieht.

Ebendies brachen die Kirchen der Reformation durch eine Übersetzung auf, die das Volk Gottes mündig machte, indem sie ihm das Wort Gottes in einer Sprache gaben, die nach Luther die „rechte Muttersprache" war, die aber am Heiligen Text an Empfindungsweite und -tiefe, an Schärfe und begrifflicher Prägnanz gewann.

Was bedeutet das Vorhandensein Heiliger Texte für eine Kultur?

Der Literaturwissenschaftler und Philologe Karl Bertau (1927–2015) brachte seine Zusammenschau von Judentum, christlichem Glauben und Islam auf die Trias „Schrift – Macht – Heiligkeit".[66] Damit ist ein unleugbarer gemeinsamer Zug benannt: Der Zusammenhang des Glaubens an den Einen Gott mit der Tradierung eines normativen, als Heilige Schrift verstandenen und als Offenbarung anerkannten Textkorpus. Der Offenbarungsbezug der monotheistischen Religionen hat unmittelbare Konsequenzen für die Kulturen, die aus ihnen hervorgehen. Dies ist im folgenden festzuhalten, obgleich die Differenzen zwischen den „monotheistischen Religionen" keineswegs vernachlässigt werden dürfen.[67]

66 Bertau, Karl: Schrift – Macht – Heiligkeit in den Literaturen des jüdisch-christlich-muslimischen Mittelalters, Berlin 2005. Die Synopse Bertaus thematisiert dies in sehr hilfreichen Verweisen und Querschnitten.

67 Diese Differenzen, die m.E. eine jüdisch-christliche Linie, auch aufgrund des heilsgeschichtlichen Kontinuums anzunehmen erlaubt, die fordert, einen Begriff wie den der „abrahamitischen Ökumene" nicht zu überdehnen, habe ich andernorts verschiedentlich dargelegt. Vgl. dazu meinen Beitrag: Der Islam – der fremde Monotheismus, in: S. Grosse (Hg.), Europa. i. Erscheinen 2017.

Die Heilige Schrift ist sichtbares und dauerhaftes Siegel auf die Offenbarung Gottes an sein Volk. Sie ist Gottes verschriftlichtes Wort und, insofern an ihren Offenbarungscharakter geglaubt wird, muß sie alle menschlichen Worte bei weitem überwiegen. Der Schriftsteller Emmanuel Carrère hat als einstiger Agnostiker, der zum Katholizismus konvertierte und seine Glaubenszweifel nach der Konversion weiter zu reflektieren suchte, gesagt, daß, wenn eine Heilige Schrift tatsächlich das Wort Gottes sei, jedes ihrer Worte, jede ihrer Silben ganze Bibliotheken säkularer Literatur hinfällig werden lasse.[68]

Sie setzt damit eine Norm und eine Grenze. Was gewußt, geforscht, erkannt werden darf, die Inventionen der Kultur können sich der Heiligen Schrift allenfalls annähern, sie aber nicht übertreffen. Dieses Wissen kann, wie jüdische, christliche und teilweise auch islamische Exegesen zeigen, in der Heiligen Schrift nur verborgen oder verhüllt artikuliert sein. Unmöglich aber, daß es in ihr nicht zur Sprache kommt.

Für Kunst, Literatur und Musik wird eine Heilige Schrift eine gar nicht zu überschätzende Leitbild-Wirkung haben. Dieser Vorbildcharakter reicht gerade über die Normativität hinaus. So haben nihilistisch und programmatisch-antichristlich sich verstehende Philosophen und Dichter – Nietzsche oder Gottfried Benn – sich gegen ihre eigenen Vorbehalte auf die Bibel, namentlich in Luthers Übersetzung, berufen. Diese Normativität umfaßt selbstverständlich die Themen und Gestalten der Heiligen Schrift: Sie hat vor allen anderen Stoffen den Vorrang.

Normativität gilt auch in bezug auf Formen: Der Koran ist für alle Metrik und damit alle lyrische Dichtung unerreichtes Paradigma.

Normierend sollte sich eine Heilige Schrift für die Bereiche des Politischen und des Rechts auch überall dort auswirken, wo diese Bereiche nicht theokratisch verfaßt sind und wo im Sinne des Pluralismus moderner Gesellschaften auch nicht-christliche Positionen eine Rolle spielen. Am göttlichen Recht findet menschliche Politik ihre Grenze. Damit setzt das in den Heiligen Schriften manifestierte göttliche Recht auch die Grenzen möglicher menschlicher Herrscherwillkür. In keinem Fall darf menschliche Gesetzgebung der göttlichen, offen oder verdeckt, widersprechen, solange die Heilige Schrift in ihrer Heilig-

68 Carrère, Emmanuel : Das Reich Gottes. Berlin 2016.

keit anerkannt ist. Dies wirkt sich gerade im Feld der biblischen Heilsgeschichte als Machtbegrenzung aus. Im Deuteronomium ist bereits festgelegt, daß dem Herrscher Besitz und Kenntnis der Tora notwendiger sind als große (militärische, wirtschaftliche oder politische) Streitmacht (Dtn 17,14–20). Auch die Prophetie ermahnt die Herrscher beständig, sich unter Gottes Gebot zu fügen.[69]
Grenzsetzung und Definition von Religion und Kultur durch die als normativ beglaubigte und geglaubte Heilige Schrift hängen aufs engste zusammen. Dies setzt auch dem Aberglauben, dem Synkretismus mit gegenläufigen alten und neuen Weltanschauungen deutliche Schranken. Ein Vergleich mit der wuchernden Vielgötterei des Hinduismus oder den Exzessen in den buddhistischen Erlösungspraktiken, vom Yoga des Kriegers bis zu tantrischen Praktiken, legt den Unterschied exemplarisch offen.

Die (durch Peter Sloterdijk weiter mit allen Klischees der Vulgäraufklärung des 18. Jahrhunderts) weitverbreitete, vom Urheber längst eingeschränkte[70] These einer besonderen Gewaltaffinität monotheistischer Schriftreligionen ist vor allem an der Geschichte von Judentum und Christentum ad absurdum zu führen. Der Kern des „Schema Israel" und des in Christus Mensch gewordenen Doppelgebotes der Liebe[71] führt dazu, daß die klare und unwiderlegliche Unterscheidung von wahrer und falscher Religion keineswegs auf eine Freund-Feind-Relation abgebildet werden darf. Wo immer es zu solchen Gewaltexzessen gekommen ist, zeigt dies ein Zuwiderhandeln gegen den Heiligen Text an. Auch hier nimmt der Islam eine andere Rolle ein: Der Dschihad kann hingegen nicht nur die innere Askese, sondern auch den äußeren Gotteskrieg markieren.

Die Normativität Heiliger Schriften führt zur Etablierung eines oftmals geistlich sanktionierten Gelehrtenstandes, der zugleich der Träger für weitergehende gelehrte Studien ist. Dies schließt selbstverständlich keineswegs aus, daß es zwischen beiden Dimensionen zu Spannungen kommen wird. Das Rabbinat, monastisches Leben in seiner Kontemplativität[72] und der Theologenstand der

69 Dazu Krämer, Gudrun: Geschichte des Islam. München 2005, S. 27 ff. u. ö.

70 Dazu das jüngere Buch von Assmann, Jan: *Exodus. Die Revolution der Alten Welt*, München 2015.

71 Siehe Voegelin a. a. O. Es wäre dem eine Vielzahl jüngerer Studien an die Seite zu stellen, die diesen Eindruck bestätigen könnten.

72 Haltung des Betrachtens, Sinnens.

Reformation zeigen dies exemplarisch. Auch die Kommentarwerke des Islam, vor allem in der Blütezeit der Philosophenschulen des Mittelalters, demonstrieren es, wenn auch unter stärkeren Vorbehalten gegenüber der Forschungsfreiheit. Mit diesem philologisch-theologischen Grundansatz verzweigt sich die eine Wahrheit in der Heiligen Schrift und bleibt doch in dieser Wahrheit gehalten. Der große Schweizer katholische Theologe Hans Urs von Balthasar sprach in diesem Sinn vom „symphonischen Charakter" der einen Wahrheit.[73]

Die Einheit wird insbesondere dadurch gewährleistet, daß die Autorität des Heiligen Textes in seiner Unausschöpfbarkeit immer die Instanz vorgibt, an der sich weltliche Instanzen zu messen haben. Vor allem im jüdischen und noch expliziert und deutlicher im christlich-reformatorischen Zusammenhang führt dies dazu, daß nach der Mitte der Heiligen Schrift, ihrem Herz, gesucht wird. Dies ist unvermeidlich, wenn das Wort Gottes sich selbst auslegend sein soll: *sui ipsius interpres.*[74]Als diese Mitte aber ist christlich Jesus Christus selbst zu verstehen, der Inbegriff des Wortes Gottes ist, und im biblischen Text an uns handelt.

Es ist die großartige Leistung der Lutherbibel, daß sie, in Analogie dazu, daß Gott in Christus Mensch geworden ist, eine Sprache findet, in der sich die Würde der Offenbarung mit dem natürlichen Duktus von Endlichkeit und Profanität verbindet („Denselbigen auf's Maul sehen, wie sie reden, und danach übersetzen") ohne selbst profan zu werden, daß sie zum Menschen kommt, dem Einzelnen und dem Volk Gottes, aber von ihm auch erwartet, daß er sich zu ihr erhebt. Daran wird jede künftige Schriftübersetzung zu messen sein. Die Übersetzung der „Hebräischen Bibel" durch Martin Buber und Franz Rosenzweig wird dem m. E. im Sinn einer jüdischen Übersetzung (Zweitschrift) uneingeschränkt gerecht, auch Ulrich Wilckens sind Ansätze in diese Richtung gelungen.[75]

---

73 Balthasar, Hans Urs von: Die Wahrheit ist symphonisch. Basel 1993. Dies ist freilich nur solange und in dem Sinn wahr, in dem die Wahrheit auch als eine und einzige festgehalten wird.

74 Vgl. dazu Rothen, Bernhard: Die Klarheit der Schrift. Martin Luther: Die wiederentdeckten Grundlagen. Göttingen 1990.

75 Auch die Elberfelder und die Schlachter-Übersetzung würde man wohl in diese Reihe aufnehmen können. Doch hat der Verfasser sich zu wenig mit Übersetzungsvergleichen befaßt, als daß er hier eine abschließende Beurteilung vorlegen möchte.

Es ist aus strukturellen Gründen nicht zu erwarten, daß ein säkular technizistisches Sprachverständnis auch nur ansatzweise Ähnliches wird leisten können. Es unterwirft sich vielmehr dem Diktat einer Effizienz und eines Relativismus, der nicht dem biblischen Horizont entstammt. Läuft eine solche übersetzende Umzeichnung nicht Gefahr, den Glauben zur Ideologie zu machen?

Was bedeutet die Leugnung Heiliger Texte? Die Engführungen des Säkularismus

Im Christentum der westlichen Welt beobachten wir seit gut zweihundert Jahren einen mit Säkularisierung und Säkularismus verbundenen weltgeschichtlich einzigartigen Vorgang: Die Negierung der Heiligen Texte als Dreh- und Ankerpunkt der Kultur. Gottes Wort ist durch die naturalisierenden Exegesen des Aufklärungszeitalters auf Menschenwort verkürzt worden, auf eine Narration[76] neben anderen Narrationen. Aufgeklärt zu sein bedeutete, die Inspiriertheit, Wahrheit und Klarheit des eigenen Heiligen Textes zu leugnen.

Übersetzungstheorien und Kultursemiotiken, die die „entzauberte Welt" (M. Weber) als leitendes Paradigma vor Augen haben, sind insofern Folge einer – unbefragten – Aufklärungsgläubigkeit. In jüngerer Zeit ist aus unterschiedlichen philosophischen und geisteswissenschaftlichen Richtungen gezeigt worden[77], daß jener Aufklärungsimpetus keineswegs die besseren Gründe an seiner Seite hatte. Er war stärker publizistisch-demagogisch als philosophisch begründet. Charles Taylor vor allem hat die Differenz zwischen dem Jahr 1500 und dem Jahr 2000 im Verhältnis zum christlichen Glauben tiefgreifend vermessen und die Gegenwart auf einer „Sturmhöhe" gesehen, auf der die Frage nach der Kulturprägsamkeit des Heiligen neu zu entwickeln ist.[78]

---

76 Erzählung.

77 Vgl. Wachter, Daniel von: Die kausale Struktur der Welt. Eine philosophische Untersuchung über Verursachung, Naturgesetze, freie Handlungen, Möglichkeit und Gottes Wirken in der Welt. Freiburg/Br., München 2009, als Beitrag zur analytischen christlichen Religionsphilosophie und den großen ideengeschichtlichen Abriß: Taylor, Charles: Ein säkulares Zeitalter, Frankfurt a. M. 2009. Doch auch dezidiert säkulare und agnostische Denker wie Thomas Nagel werfen in jüngerer Zeit vermehrt die Problematik jenes Epiphänomenalismus auf.

78 Taylor, a. a. O., S. 950 ff.

Wenn man bedenkt, in welchem Maße die europäische Kultur von der Spätantike bis etwa 1800 christlich durchdrungen war, zeigt sich der Bruch um so deutlicher. Vor allem die Verluste werden klar, sowohl außerhalb wie innerhalb der christlichen Gemeinschaften.

Das außerchristliche Defizit

Außerchristlich fehlt der entscheidende, unbefragte Referenztext. Ohne Kenntnis der Bibel sind aber weite Teile der Kunst-, Musik- und Literaturgeschichte unverständlich. Wer an dem Ewigkeitsanker der Kultur nicht mehr ankert und wem dies nicht weitergegeben wird, dem geht eine grundsätzliche Bezugsdimension verloren. Umgekehrt proportional wie mit Melanchthon und anderen Reformatoren das Konzept einer höheren Bildung vom Gymnasium bis zu den Universitäten einsetzte, eine Bildung des ganzen Menschen, auch in seinem Ethos, und ein durchgehendes Schulsystem unter großen Hindernissen etabliert wurde, erodiert es heute. Wir leben in einer multimedialen und auf das Internet gestützten Informationsgesellschaft, die sich Wissensgesellschaft nennt, doch den Selbsterwerb, die Nachprüfbarkeit, die Urteilskraft, die allererst zum Wissen führen, zunehmend verliert.[79] Dies muß nicht verwundern, haben doch diese Fähigkeiten essentiell mit differenzierter Sprach- und Artikulationsfähigkeit zu tun. Die Lehrer- und Hochschullehrerverbände stimmen die Klage über einen zunehmenden Verlust an Artikulationsfähigkeit in der eigenen Sprache auch bei höheren formalen Bildungsabschlüssen an[80] (siehe die Beiträge von Werner Creutziger im vorliegenden Band). Referenzen auf Literatur und Kunstgeschichte können selbst bei Studenten geisteswissenschaftlicher Anfangssemester nicht mehr vorausgesetzt werden – selbst wenn es um klassische Größen wie Goethe oder Thomas Mann geht. Die Rede von einer „Leitkultur“, die von Bassam Tibi erstmals um 2000 evoziert wurde, erregt nur noch Empörung, als sei sie nationalistisch oder rassistisch getönt.

---

79 Vgl. dazu Seubert, Harald und Weber, Y.: Die Seele im digitalen Zeitalter. Eine Pathogenese. Baden-Baden 2017 i. Erscheinen. Vor allem die Differenz von „Wissen“ und „Information“ wird immer weniger wahrgenommen, ebenso wie jene von „Bildung“ und „Ausbildung“.

80 Ich versage mir hier, Statistiken und Befunde von Lehrern und Kollegen zu replizieren. Wer im Bildungssektor tätig ist, wird den Befund unschwer bestätigt finden.

Doch ungeachtet der üblichen Empörungsrituale ist zu bedenken: wie selbstverständlich gruppiert sich um die Existenz eines anerkannt sakrosankten Textes und der Filiationen[81], die er hervorruft, eine orientierende Kultur, aus der auch die säkulare Öffentlichkeit lebt und von der sie zehrt. Wird die Mitte preisgegeben, werden auch die Filiationen hinfällig. Vishal Mangalwadi spricht völlig zu Recht davon, daß der Westen seine Seele verloren habe.[82]

Die Folgen im öffentlichen Raum sind evident und an den heutigen pluralistischen Mehrheitsgesellschaften klar ablesbar. Ethik verliert den Leitfaden, der aus den Geboten und Verheißungen Gottes kommt. Auch anspruchsvolle säkulare Umzeichnungen der Ethik wie namentlich das kantische Sittengesetz, das ohne jüdische und christliche Gewissensreligion nicht existieren würde, werden in der Folge in einer säkularen Gesellschaft preisgegeben. *Der Befund von Pluralität wird zur einzigen verbliebenen Normativität des Pluralismus.* Meinungsumfragen treten an die Stelle sittlicher Überlegungen. Symbol dafür ist wiederum das Netz mit seiner Allverfügbarkeit und scheinbaren Allgegenwart. Das Votum für eine umfassende Durchlässigkeit zieht letztlich nach sich, daß das (sophistisch sanktionierte) Recht des Stärkeren gilt: Sei es der Stärkere im Sinn unmittelbarer Gewaltausübung, sei es der Stärkere im Sinn indirekter intriganter Machtgewinnung, durch Lobbyismus und Medium. Das Faktum, daß Wahrheit und Lüge durchmischt sind, daß bei den sogenannten Fake News zwischen dem einen und dem anderen nicht mehr zu unterscheiden ist, ist das sichtbare Indiz. So bestätigt sich das Diktum Platons aus seinem Dialog „Nomoi", daß „der Gott" – und nicht einer der Sterblichen – Urheber der Gesetze sein müsse. Die vielfachen Erosionen einer verbindlichen Sittlichkeit, ein vielfach sanktioniertes und ihr geradezu entgegengesetztes Leben, bedarf an dieser Stelle kaum näherer Beschreibungen. Love Parades und ausgestellte Sexualität zeigen es ebenso wie die Tendenz, daß Blasphemie allenfalls als Kavaliersdelikt firmiert.

Bemerkenswert und gefährlich an jenen Tendenzen, die sich mit den Mitteln der Schweigespirale durchsetzen, ist, daß sie selbst ihre ideologischen Kon-

81 Verzweigungen (wörtl. Tochterstellen), Folgen bzw. Folgerungen.

82 Mangalwadi, Vishal: The Book That Made Your World. How the Bible Created the Soul of Western Civilization, Nashville, Dallas 2011, deutsch: Das Buch der Mitte, fontis: Basel 2014, 606 Seiten.

strukte wie ein Letztes, Äußerstes realisieren – und im Namen einer sogenannten „Toleranz" und neuerdings sogar „Akzeptanz" gegenläufige Auffassungen nicht einmal anhören, sondern mundtot machen. Eine sich auflösende „res publica"[83] muß die Folge sein.[84]

Man sollte aber darauf achten, daß viele, gerade von den jüngeren Generationen, Wertbindungen und Verbindlichkeiten suchen. Damit suchen sie auch nach Vorbildern, die im öffentlichen Raum nicht vorkommen. Dies geschieht nicht ohne Grund.

Wo – ein konstantes Moment der Heiligen Schriften des Monotheismus! – der Glaube an ein Gericht am Ende der Zeit und die Wiederherstellung von Gottes Welt nicht mehr präsent ist, dort wird die Wirklichkeit tribunalisiert, wie Odo Marquard schön formulierte[85] bzw.: Das Vorfindliche und Vorletzte wird zum letzten, ja zum letzten Gericht. Wer anders zu denken wagt als der jeweilige Mainstream, wird zum Feind erklärt, an den Pranger gestellt und anonym beschmutzt. Die Vernichtung der Ehre und Würde einer Person, auch die Denunziation durch Schwarze Listen[86], wird wieder hoffähig.

Karl Kraus notierte im Blick auf die Bedeutung der Meinungs- und Kulturindustrie in diesen Vorgängen: „Am Anfang war die Presse / Und dann erschien die Welt".[87] Wo die Möglichkeit der Umkehr vor Gott, der Buße und der Vergebung entfällt, sprechen Menschen das endgültige Urteil – und verdammen einander. Erkennbar ist auch, daß die Orientierung an dem rechtlich Gebotenen durch moralistische Überhöhungen überlagert wird. Der Rechtsstaat, Ergebnis der zutiefst biblisch begründeten Zwei-Reiche- bzw. Zwei-Gewalten-Lehre der Neuzeit[88], hat eine weltanschaulich ausgleichende, pazifizierende[89]

---

83 Staat (wörtlich: öffentliche, gemeinsame Sache).

84 Vgl. die exemplarische Studie zum Niedergang der römischen Republik von Meier, Christian: Res publica amissa, Frankfurt a. M. 1969.

85 Marquard, Odo: Idealismus und Theodizee, in: ders.: Schwierigkeiten mit der Geschichtsphilosophie. Aufsätze, Frankfurt a. M. 1982, S. 52 ff., insbesondere S. 65 f.

86 Dergleichen barbarische Denunziationsmittel werden von rechten und linken, von letzteren freilich schon lange!, zunehmend an den Tag gelegt. Dabei spielen teilweise auch, wie im Sommer 2017, links-ökologische politische Stiftungen (wie die Heinrich-Böll-Stiftung) mit.

87 Kraus, Karl: Lied von der Presse, in: ders.: Worte in Versen, Frankfurt a. M. 1973, S. 57.

88 Diese Lehre, die wesentlich von Augustins ‚De Civitate Dei' und der Reformation geprägt ist, schneidet sowohl den Weg zur Theokratie als auch zu einem weltanschaulich-neutralen, letztlich atheistischen Gemeinwesen ab. Sie führt damit auf einen Staat „in Verantwortung vor Gott und den Menschen". Siehe dazu Lienemann, Wolfgang: Art. Zwei-Reiche-Lehre, in: EKL

Wirkung. Hypermoralisierungen[90] und Gesinnungsethiken drohen, dies außer Kraft zu setzen.

Viel spricht dafür, in Europa eine christliche Zivilreligion zu favorisieren, so wie sie dauerhaft in Amerika in Kraft ist. Vor einigen Jahren erinnerten der damalige Präfekt der Glaubenskongregation, Joseph Kardinal Ratzinger, und der agnostische Senatspräsident Marcello Pera daran.[91]

Für den Bereich der Politik besonders durchgreifend wirkt sich dabei aus, daß zwischen dem Letzten und dem Vorletzten, dem Regiment der Welt und der Zeit und dem Glauben an die letzte göttliche Instanz nur vor der Mitte, die in einem Heiligen Text niedergelegt ist, unterschieden wird. Fehlt die Mitte, so wird Vorletztes zu Letztem aufgebläht: Kennzeichen diverser politischer Religionen, die zu Pseudoreligionen werden, wo sie sich von der Mitte trennen. Der Grundbefund, daß die Heilige Schrift das Buch der Mitte der von ihr ausgehenden Kultur ist, ist so offensichtlich richtig, daß die Abkehr davon unverkennbare Folgen zeitigt.[92]

Diese Übermoralisierung des Politischen leidet daran, daß sich die jeweils favorisierten und durchgesetzten Werte nach Ideologien bemessen, nicht nach der Sache und dem vor Gott Rechten. Wo das Rechtsgesetz nicht auf einem im Naturrecht und Gottes Geboten fundierten Sittengesetz beruht[93], wo Pseudomoralismen an die Stelle der Moral treten, droht der freiheitliche Rechts- und Verfassungsstaat zum Ideologiestaat zu werden. Auch für das Debattenklima innerhalb des Gemeinwesens kann dies nur verheerende Folgen haben. Die unterlegene Meinung wird sich mit ähnlichem Totalitätsanspruch, dem

---

Bd. 4, 3. Auflage. Göttingen 1996, S. 1408–1419; Mantey, Volker: Zwei Schwerter, zwei Reiche. Martin Luthers Zwei-Reiche-Lehre vor ihrem spätmittelalterlichen Hintergrund, Tübingen 2005.

89 Frieden stiftende.

90 Moralisch übersteigerte.

91 Pera, Marcello und J. Ratzinger, Joseph: Ohne Wurzeln. Der Relativismus und die Krise der europäischen Kultur, Augsburg 2005.

92 Dies ist die unbestreitbare Richtigkeit von V. Mangalwadis Opus: Das Buch der Mitte. Wie wir wurden, was wir sind. Die Bibel als Herzstück der westlichen Kultur. Basel 2015. Daß der nicht genuin europäische Blick vieles anders und produktiv zu sehen lehrt, ist unbestritten, ebenso sollte man aber auch einige geistesgeschichtliche Verzeichnungen nicht übersehen.

93 Slenczka, Reinhard: Kirchliche Entscheidung in theologischer Verantwortung. Grundlagen, Kriterien, Grenzen. Göttingen 1991, S. 217 ff.

keine Grenze gesetzt ist, durchzusetzen versuchen; es ergeben sich latente Bürgerkriegsszenarien, die längst im gegenwärtigen Europa Realität geworden sind. Die Leitideologien und der Moralismus verbinden sich mit einer Mentalität unbegrenzter Bedürfnisbefriedigung, weil es keine zentrale Instanz mehr gibt, die eine Lebenskunst der Askese, der Begrenzung und Strukturierung empfiehlt und mit Verbindlichkeit anrät. Durch beide Faktoren werden die bisherigen weitgehend aus der Wende zum 19. Jahrhundert hervorgegangenen Parteien immer ununterscheidbarer. Dies eben schafft Raum für die neuen Konfliktkräfte, die oftmals Projekte eines einzelnen oder weniger Volkstribunen sind. Die Probe darauf, daß sie Grundprobleme lösen, die wesentlich aus dem Verlust von Moralität und Sittlichkeit hervorgehen, haben sie noch nicht erbracht. Noch weniger konnten sie zeigen, daß sie, von rechts oder von links her, die Demut erfordernde Fähigkeit zum Kompromiß und zur Pazifizierung erbrachten.

Trojanische Pferde: Das innerchristliche Defizit

Die Negierung einer geheiligten, den Begründungen entzogenen Normativität hat innerchristlich ebenso folgenschwere und destruktive Ergebnisse gezeitigt: Schon im 19. Jahrhundert etablierte sich ein immer stärkerer Hauptstrom, der Wahrheit und Wirklichkeit der Heiligen Schrift in eine Schwebelage brachte, in der christlicher Glaube nur insoweit „vor der Vernunft" oder „der Öffentlichkeit" oder „dem eigenen Gewissen" gerechtfertigt werden konnte, als er nur noch symbolisch genommen wurde, als Sinnbild der Zugehörigkeit zur moralischen Ordnung (Kant) oder einer vom Gefühl ausgehenden empfindenden Anschauung des Universums (Schleiermacher).[94]

Das geschichtliche Heilshandeln Gottes in Jesus Christus wird mit der Leugnung der Gültigkeit der Bibel als inspiriertes, sich selbst auslegendes Wort Gottes außer Kraft gesetzt. Damit ist eine vollmächtige Verkündigung in der apostolischen Sukzession des Heiligen Geistes geleugnet und kann redlicherweise nicht mehr für sich beansprucht werden. Geleugnet ist auch die Klarheit der

---

94 Vgl. die vielfachen Beispiele einer Überschreitung des genuinen Bereiches der Kirche bei Slenczka a. a. O., S. 242 ff. Die dort benannte Tendenz ist in der Zwischenzeit gewiß nicht vermindert, sondern verstärkt worden.

Verkündigung, die auf der Heiligen Schrift als Prinzip und Erkenntnisgrundlage, nicht als ein Erkenntnisgegenstand neben anderen (R. Slenczka) beruht und die eindeutige Unterscheidung wahrer und falscher Lehre impliziert. Jedes Lehramt einschließlich der Lehrzuchtverfahren kann nur im Licht dieser Autorität der Heiligen Schrift beansprucht werden.

Die Konstanz der Lehre der Kirche im Sinn des „Magnus Consensus" (Confessio Augustana, Art. 1) der Gemeinschaft der Heiligen unter Jesus Christus, materialiter[95]: der Konzilien und Synoden des ersten Jahrtausends, kann nicht begründet und aufrechterhalten werden, wenn die wesentliche Voraussetzung: die Anerkennung des Wortes Gottes mit Christus als Mitte und Auslegung der Schrift[96], fehlt. Strukturell nachgerade unvermeidlich sind dann Spaltungen und Sektierereien, auch dort, wo sie im Namen einer Erneuerung geschehen. Alle Versuche einer „Reformatio" der einen Kirche Jesu Christi[97], die sich vom Grund der Heiligen Schrift lösen, vermehren letztlich die Deformationen und weichen von dem „Magnus Consensus" ab. Dabei spielt der symbolistische, moral- und gefühlstheologische Höhenweg des 19. Jahrhunderts kaum mehr eine maßgebliche Rolle. Vielmehr sind es die ungefilterten Zeitgeisttendenzen der neuen Zivilreligion selbst, die in Theologie und Kirche eingehen und den Status confessionis bei wechselnden politischen Positionen primär aus dem politisch linken Spektrum suchen. Stichworte genügen: ein ideologisch, ja zivilreligiös aufgeladener Pazifismus und Ökologismus in den achtziger Jahren wird heute durch eine Recht und Ökonomie verletzende[98] Migrationspolitik als Kern des echten Bekenntnisses verdrängt, während man in der Öffentlichkeit, sofern gewünscht, das Kreuz verbirgt und mit genuinen Geboten Gottes wie Ehe und Familie, Schutz ungeborenen Lebens sehr großzügig umgeht. Daß er damit, bei

95 Inhaltlich.

96 Vgl. Slenczka, Reinhard: Schrift und Bekenntnis als Grundlage der Kirche, in: Reiner Andreas Neuschäfer und Harald Seubert (Hgg.), Neues und Altes. Band 4: Reformation gegen Deformation der Kirche, Neuendettelsau 2016, S. 180 ff.

97 Ders.: Reformation gegen Deformation in der Kirche: Aufklärung und Ermahnung aus Luthers Lehre zum Reformationsjubiläum 2017, in: ibid., S. 147 ff.

98 Dazu mein neues Buch: Seubert, Harald: Irrtümer in der Gemeinde Gottes. Wie der Zeitgeist den evangelischen Glauben verfremdet. Gräfelfing, München 2017.

allem Unterschied der Ideologien, strukturell in der Folge totalitärer Ideologien steht, erkennt der neue Mainstream nicht mehr. [99]

Verloren wird auf diese Weise auch, was gerade als apologetische und missionarische Qualität in einer ideologisch von vielfachen zentrifugalen Strömungen geprägten Zeit von besonderer Bedeutung wäre, die *Prägnanz* der Lehre, die den Kern des christlichen Glaubens und den Grund der Hoffnung auszusagen weiß - nach innen wie nach außen. Durchmischt und verwässert wird dieser Kernbestand durch eine Reihe von zivilreligiösen Interpretamenten[100] oder durch einen abstrakten Freiheits- und Mitgefühls- bzw. Betroffenheits-Impetus, der genauso auch in nicht-christlichen humanistischen Organisationen seinen Ort haben könnte. Der „Wertewandel" wird, auch dort, wo er Abfall von Gottes Geboten ist, zu einer eigenen Norm erhoben. Geradezu unvermeidlich stellt sich dann eine doppelte Gefährdungstendenz ein, die Günter Rohrmoser (1927–2008) im Anschluß an Ernst Troeltsch (1865–1923) in die wenig anziehende Alternative gebracht hat, christliche Kirche werde sich entweder in Sekten zersplittern oder sie werde mit dem Zeitgeist identisch werden.[101] Es gibt jüngere Entwicklungen in den Freikirchen und im Evangelikalismus, die andeuten, daß auch beides gemeinsam geschehen kann.

Man sollte dazu weiter anmerken, daß jene Erosionen in der römisch-katholischen Kirche länger aufgehalten werden konnten, nicht zuletzt wegen der Autorität und Kraft des Lehramtes, wohingegen eine staats-kirchliche Synopse den Protestantismus seit jeher anfälliger macht. Gleichwohl konstatierte der Philosoph Dietrich von Hildebrand (1889–1977) bereits 1968 im Zeichen des II. Vatikanischen Konzils auch für die römische Kirche ähnliche Erosionen. Er sprach in einem brillanten Sinnbild von den „trojanischen Pferden", die in die Stadt Gottes geschmuggelt würden: Moralismus, Fokussierung auf das eigene Zeitalter und seine Ideologien. Möglich sei dies nur, da die Bindung an und die Ehrfurcht vor der Heiligkeit und Allmacht Gottes schwinde.

---

99 Dies zeige ich ausführlicher in der unter FN 79 angeführten Monographie.

100 Deutungs-, Verständigungsmittel.

101 Rohrmoser, Günter: Schlußbetrachtung, in: ders.: Kulturrevolution in Deutschland. Philosophische Interpretationen der geistigen Situation unserer Zeit. Hg. von Harald Seubert. Gräfelfing, München 2008, S. 209 ff.

Ebenso ist anzumerken, daß viele einfache Gläubige, – die berühmte „vetula" (alte Frau) des Heiligen Thomas – in allem Anstand nach Schrift und Bekenntnis zu leben versuchen, oftmals aber vom Hochmut einer vermeintlichen kirchlichen Elite eingeschüchtert werden, die deutlich sagt, was heute noch möglich sei und was eben nicht.[102]

Notwendige Korrigenda: Sprachphilosophie als Gesellschaftskritik

Daß ein Heiliger Text instrumentell behandelt wird, ist beides: Symptom und Voraussetzung dieser kirchlichen und gesellschaftlich-kulturellen Deformationen. Eines aber ist dieser Umgang nicht: unschuldig!
Damit werden sich die nötigen Klärungen der Übersetzungstheorie als das Gegenteil eines philosophisch-philologischen L'art pour l'art erweisen, nämlich als fundamentale Voraussetzungen, die gewiß nicht hinreichend, aber unerläßlich sind, um jene Deformationsvorgänge zu korrigieren:
Erforderlich ist in diesem Zusammenhang eine gründliche Kritik der der Äquivalenztheorie zugrundeliegenden Chomskyschen Transformationsgrammatik. Sie kann hier nicht in extenso entwickelt, aber doch wenigstens skizziert werden.
1. Die behauptete Äquivalenz-Theorie des Übersetzens geht, wie in den Beiträgen dieses Buches mehrfach einschlägig festgehalten wurde, davon aus, daß die Differenzen nur auf der Oberfläche liegen würden. Man kann deshalb 1:1-Äquivalente finden. Damit wird die Sprache selbst, insbesondere aber werden ihre Semantik, ihre Bildlichkeit, ihre Metonymien und Weltansichten auf Funktion reduziert. Das Verständnis von Sprache selbst unterliegt damit einer Veroberflächlichung, gegen die sich mit guten Gründen die genannte Phalanx sprachphilosophischen Denkens anführen läßt. Wittgenstein hat dazu in prägnanter Weise bemerkt: „Die Grenzen meiner Sprache bedeuten die Grenzen meiner Welt."[103]

---

102 Hildebrand, Dietrich von: Das trojanische Pferd in der Stadt Gottes. Regensburg 1968.
103 Wittgenstein: Tractatus logico-philosophicus 5.6.

2. Die von Noam Chomsky behaupteten Universalien, die „in der Tiefe" eine Übereinstimmung aller Sprachen nahelegen, sind von einer so großen Abstraktion und Allgemeinheit, daß sie deskriptiv wenig austragen. Unstrittig ist im Sprachuniversalismus eine faszinierende Leitidee, die den Bruch der Verständigung nach dem Turmbau zu Babel auffangen und zu einer „Grammatica universalis" beitragen sollte. Die Forderung Roger Bacons: „Grammatica una et eadem est secundum substantiam"[104], ist aber deskriptiv schwer zu realisieren.
Bezogen auf die Analyse der Differenzen in den unterschiedlichen Oberflächenstrukturen liegt hingegen bei Chomsky und auch bei Nida eine „nominalistische" Auffassung vor: Zwischen Bezeichnung und Bezeichnetem existiert keine Wesensverwandtschaft, sie werden, im Sinn der sophistischen Position des Hermogenes im „Kratylos", wonach es nur Setzungen gibt, willkürlich einander zugeordnet.
Dies gibt der Konzeption im Ganzen eine tiefreichende Gegensätzlichkeit und Widersprüchlichkeit. Er setzt sich darin fort, daß über das Wesen der Universalien, ihren formalen oder materialen Status keine Klarheit gewonnen werden kann.

3. Es liegt offen zutage, daß das Verständnis von Sprache und von Übersetzung durch diese Zugangsweise technisiert wird. Sprache wird im besten Fall zu einem „Ergon", um in Äquivalenzen, mit Kontextualisierungen an den Oberflächen, eine Botschaft zu vermitteln. Daß wir aber, wie Heidegger mit starken Bildern sagte, durch das Haus des Seins gehen müssen, um überhaupt ein Verständnis des Seienden zu haben, daß, wie Stefan George (1868–1933) die Weisung ausspricht: „kein Ding sei, / wo das Wort gebricht": dies wird verdrängt. Verdrängt wird damit die Macht der Sprachbilder und der Literatur, wo das Wort selbst seine Sache und deren Wahrheit ist. Diese lyrische Evokation nähert sich der Einsicht, die auch theologisch entscheidend wäre.

4. Chomsky selbst konzentrierte sich auf die Sprachebene der Grammatik. Vor ihm hatte der Prager Strukturalismus ähnlich angesetzt, seine Beobachtung aber in erster Linie an der Phonologie orientiert. Beobachtet wurde dabei etwa, daß von den verglichenen 200 phonologischen Systemen gilt, daß jede Sprache

---

104 „Der Substanz nach ist Grammatik (immer) ein und dieselbe", zit. nach Steiner: Nach Babel a. a. O., S. 112.

mindestens zwei Vokale haben müsse. George Steiner hat zu Recht bemerkt, daß jene Universalien von einer ähnlichen Allgemeinheit wären „wie die Aussage, daß alle Menschen Sauerstoff brauchen“.[105] Chomsky weicht auf eine höchst abstrakte Sphäre von Tiefengrammatik aus, auf Komponenten der Funktionsweise des „Geistes“, die es erlauben sollen, „gewisse Ketten-Operationen vorzunehmen“.[106] Die Transformationsregeln liegen also einerseits auf der Ebene von Operationen des Gehirns, sie sind von einer metamathematischen Allgemeinheit. Andererseits werden statistische Verteilungen bemüht. Sprachwissenschaftliche Empiriker verweisen allerdings darauf, daß die empirische Kenntnis der Sprachen längst nicht so weit gediehen ist, daß solche Universalisierungsbefunde zulässig wären. Die hohe Abstraktion der formalen Ketten-Operationen der Transformation ist weder, was für ihre philosophische Dignität entscheidend sein müßte, *a priori* begründbar, noch ist sie, jedenfalls nicht in jedem Fall, auf der Oberflächenstruktur der Sprache und in einzelnen Sprachpartikeln abzubilden. Es gibt nach Chomsky „keinen Grund zu erwarten, daß je verläßliche operationelle Kriterien für die tieferen und wichtigeren Theoreme der Linguistik zum Vorschein kommen“.[107] Die Rede ist in der Abstraktion Chomskys von den „Proverben“, kleinsten Bedeutungspotenzen, die sich nicht in Aussagesätze transformieren lassen.

Zu Recht hat George Steiner in seinen einschlägigen kritischen Bemerkungen zu Chomsky auf der Unterscheidung zwischen formaler und substantieller Universalität bestanden. Chomsky verwischt diese Differenz. Wie Steiner sehr zu Recht bemerkt, ist von einer substantiellen Universalität zu erwarten, daß sie sich sprachlich auch konkret abbildet. Chomsky hat hier jedoch einen argumentativen Bruch, der die Konsistenz seiner Theorie grundsätzlich in Frage stellt, zugleich aber eine Warnung impliziert, damit so umzugehen wie Nidas Übersetzungskonzept es nahelegt: „Die Existenz profunder formaler Universalien impliziert, daß alle Sprachen nach demselben Muster angelegt sind, aber sie impliziert nicht, daß es irgendeine Punkt-für-Punkt-Entsprechung zwischen einzelnen Sprachen gibt“[108] – mit dem anmerkungsweisen Zusatz, es gebe „we-

105 Ibid., 114.
106 Nach Steiner a. a. O., S. 120.
107 Nach Steiner, S. 120.
108 Steiner, S. 126. Ebenso bei Felber a. a. O., S. 221ff.

nig Grund zu vermuten, daß vernünftige Übersetzungsprozeduren generell möglich sind".[109]

Epilog. Über das Wesen von Sprache und Übersetzung

Notwendig ist also die Rückbesinnung auf das Wesen von Sprache und Übersetzung selbst. Dies ist in einer von Digitalisierungen und Verlusten an Elaboriertheit[110] bestimmten Zeit von entscheidender Bedeutung, wenn denn Mensch und Welt nicht hinter Big-Data-Algorithmen verschwinden, in Manipulationen aufgehen, sondern sprachfähig bleiben sollen. Hier ist zuerst daran zu erinnern, daß Sprache einerseits diachron, in die Tiefen der Zeit reichend, ein *geschichtliches Gebilde* ist. Das große Verdienst der Brüder Grimm ist eben dies, in ihrem Wörterbuch diese Vieldimensionalität Schicht für Schicht ans Licht gehoben zu haben. Der geistliche Anteil an sprachbildender Kraft, von der Lutherbibel über (geistliche) Lieder und Dichtungen, das „geistliche Wunderhorn"[111], erweist sich dabei als Grundlage des deutschen Sprachschatzes bis zu Goethe, der deutschen Romantik und der Lyrik der Moderne.

Die Geschichtlichkeit der Sprache gibt Wörtern, Wendungen und Sätzen einen Hof an mitschwingenden Verweisen, Konnotationen, die in der Literatur bewahrt sind und unserem Sprechen Tiefe, aber auch Witz und Pointiertheit verleihen. Die Vorstellung einer Reduktion auf bloße Mitteilungen, die man bestenfalls auch in einer Zeichenschrift machen könnte, deutet an, was wir hier besitzen. Und nicht zuletzt an dieser geschichtlichen Vieldimensionalität der Sprache müssen Experimente einer Kunstsprache wie des Esperanto scheitern.

Neben der Geschichte ist es die *Polyphoni*e im weitesten Sinn, die die Wesenszüge von Sprache bestimmt: Die je eigene Sprache eröffnet damit den Spielraum zur Findung von Analogien, zur Genese von Neuem. Sie ist auch insofern in einer engen strukturellen Analogie zum Kunstwerk zu sehen, als sie einen

---

109 Ibid. Die Referenzen beziehen sich auf Chomsky, Noam: Aspekte der Syntax-Theorie, Frankfurt a. M. 1973.

110 Wörtl. Ausgearbeitetsein, hier im Kontext: Verlust an intellektuellem Niveau.

111 „Geistliches Wunderhorn": Große deutsche Kirchenlieder. Herausgegeben, vorgestellt und erläutert von Hansjakob Becker, Ansgar Franz, Jürgen Henkys, Hermann Kurzke, Christa Reich, Alex Stock unter Mitwirkung von Markus Rathey, München: C. H. Beck 2001, 568 S., 74 Abb., mit einer CD des Windsbacher Knabenchors.

unendlichen Bedeutungsreichtum entwickelt: auf allen Ebenen, ohne den nicht artikuliert und zugleich frei gedacht werden kann, wie schon Wilhelm von Humboldt bemerkt. Novalis' (oben zitierter) Hinweis auf das Spielen der Sprache mit sich selbst könnte durch Gadamers Intention ergänzt werden, daß Sprache immer schon uns vorausspielt, so daß menschlicher Geist niemals eine *tabula rasa* betritt. Sprachliches Sich-Verständigen kann niemals nur funktional sein. In ihm öffnet sich auch das freie Spiel als eigentliches Humanum.

Sprache ist in der Tat eine Umfriedung menschlichen In-der-Welt-Seins. Dies gibt in der Muttersprache[112] eine tiefe Vertrautheit, aber auch eine Begrenztheit der Weltsichten, die man durch das Erlernen anderer Sprachen aufbrechen kann, so daß Bereicherung, ein Sehen um die Weltecke, möglich wird. Doch niemals ist die andere Sprache ohne weiteres Heimat, sondern allenfalls das „nächste Fremde". Ein geschäftsmäßiges Global English kann dies nicht verdecken. Es zeigt eher an, daß man in der weltweiten Ökonomie als „flexibler Mensch" letztlich nirgends zu Hause sein soll. Restringierte und spezifizierte Codes deuten dies an. Heinrich Heine, mit der Erfahrung des Exils eng vertraut, sprach stattdessen von der Sprache als dem „portativen Vaterland", aus dem man schwerer vertrieben werden kann.[113] Man kann es indes sehr wohl – und damit verliert man eine Welt, im Ungewissen, ob man eine andere dafür zurückgewinnt.

Sprache und Denken haften aneinander. Einige Beispiele aus der Ideengeschichte mögen dies anreißen: die pragmatische, am *common sense* orientierte britische Leitphilosophie nimmt sich, ins Deutsche versetzt, wie ein verdruckstes Plädoyer aus, auch im heutigen Mainstream mitspielen zu dürfen. Es ist nicht ihre genuine Atmosphäre. Aristoteles' abbreviativ auf Klärung und Problemeinkreisung zielendes Griechisch ist in guten englischen Übersetzungen näher abzubilden als in deutschen. Platons Dialogen dagegen eignet eine Dramatik und Mehrdimensionalität, die im Deutschen treffender wiedergegeben ist. Die Schleiermachersche Übersetzung hat hier dauerhafte Verdienste erworben. Hegel und Fichte wirken nur bedingt im Englischen: in ihren logifizierba-

---

112 Impliziert ist darin eine andere, nähere, auch in die emotiven und rhythmischen Tiefen reichende Bezugnahme als in der Rede vom „Vaterland" .

113 Heine, Heinrich: Sämtliche Werke Band 13, hg. von H. Kaufmann, München 1964, S. 128.

ren Partien. Die Dunkelheiten erschließen sich den Franzosen eher. Das Polnische, das keine griechische humanistische Kultur, sondern eine primär kirchenlateinische hatte, kann mit den dunklen deutschen Philosophen nur bedingt etwas anfangen. So wäre fortzufahren. Denn das Eigene einer Sprachwelt erweitert sich durch die „Wörter aus der Fremde“[114], die es aufnimmt.

Übersetzung hat den Schattenwurf, die Tiefendimension der Ausgangs- und der Zielsprache gleichermaßen zu berücksichtigen. Bedenkenswert ist dabei wohl die Einsicht aus der hermetischen Hermeneutik von Heinrich Rombach (1923–2004), daß man, je tiefer man in die jeweiligen Sprachwelten eindringt und je größer damit auch zunächst die Fremdheit wird, um so mehr gehofft werden darf, daß sich eine adäquate Wiedergabe einstellen werde. Sprachverstehen ist mehr als 1:1-Übertragung informationeller Verständigung. Man muß sich gleichwohl nicht in ein linguistisches Kannitverstan flüchten, wie es Jean-François Lyotard (1924–1998) nahelegt, wenn er Sprachen und Kulturen als Archipele begreift, zwischen denen es keine Brücken gebe. Denn Verstehen lichtet sich auch dort, wo vielfache Dunkelheiten den Wortsinn umgeben.

Die Übersetzung gewichtiger, gar heiliger Texte erfordert Genauigkeit bis in den Buchstaben und muß zugleich durch eine „Metabasis eis allo genos“[115] vollzogen werden. Denn Semantik, Syntax, Onomatopoiie[116] der Zielsprache sind anders als in der Ausgangssprache. Dies ist zwar auch in säkularen Übersetzungen der Fall. Doch liegt aufgrund des Inspirationscharakters auf jedem Jota ein besonderer Akzent. Dies erinnert an das Wunder einer Verstehbarkeit und Übersetzbarkeit, gleichwohl. Es erinnert aber auch an die Hemmungen, die Verstehen und Übersetzen unter endlichen Bedingungen unterliegen. Biblisch stößt man auf die Spannung zwischen Babylon und Pfingsten. *Die Übersetzbarkeit ist bei allen Grenzen ein Wunder, daß sie erforderlich ist, bleibt eine Not.* Auch die Begegnung von Gotteswort und Menschenwort ist in diesem Sinn, bei allen Erschwernissen, eine eröffnete Möglichkeit. Sicher ist, daß am Ende der Zeit, in Gottes ewiger Parusie, Übersetzung nicht mehr notwendig, letztlich unnötig wird. Undenkbar muß die Übersetzung aber auch im eschatologischen

[114] So ein bedeutender Essay von Adorno, Theodor W.: Wörter aus der Fremde, in: ders.: Noten zur Literatur, Frankfurt a. M. 1981, S. 216 ff.

[115] Überschritt in ein anderes Genus.

[116] Lautmalerische Wortbildung (z. B. „Uhu“).

Ausblick nicht werden. Denn dann dürfen alle Sprachen mit all ihrem Reichtum wie im Pfingstereignis transparent werden auf die „*magnalia dei*" (die Großtaten Gottes). Die Worte werden sie selbst sein, als Worte aus dem Mund Gottes, wie die Kabbala lehrt.[117] Bis dahin sind wir jedoch zum treuen Verstehen und Übersetzen angehalten!

[117] Dazu Steiner: Nach Babel a. a. O., S. 450 ff. Vgl. auch durchgängig über die implizit theologische, aus der Schöpfung selbst stammende Dimension von Sprache dessen spätere Schriften, insbes. Von realer Gegenwart. Hat unser Sprechen Inhalt?, München 1990.

3 Konsequenzen für unseren Sprachgebrauch (Übersetzen und Sprechen)

3.1 Theorie des Übersetzens – was kann das sein?[1]

Von Werner Creutziger

Am Anfang war die schlichte Notwendigkeit der Verständigung über Sprachgrenzen hinweg. Dabei darf man um so mehr intuitive Sicherheit (als Gegensatz zum In-Frage-Stellen, also dem Ansatz jeder Theorie) voraussetzen, je greifbarer die Gegenstände waren, von denen die zu übersetzenden Äußerungen handelten (das konnten mündliche oder geschriebene Äußerungen, später auch gedruckte Texte sein).

Bezeichnenderweise handeln die beiden wichtigsten „Theorieansätze" in der frühen Geschichte des Übersetzens, nämlich der Brief des Hieronymus an Pammachius und der „Sendbrief vom Dolmetschen" Martin Luthers, im Grunde nicht vom Übersetzen, sondern vom Inhalt der Texte, den sie übersetzten, moderner und (in diesem Falle auch) genauer gesagt: Beide gingen im Prinzip nicht sprachwissenschaftlich oder kommunikationswissenschaftlich an die Sache, sondern theologisch, ja im Grunde auch das nicht, sondern engagiert, sich einsetzend für ihren Glauben. Es ergab sich aus den geschichtlichen Umständen, daß ihr Engagement dem Glauben galt; es hätte auch die Kunst, die Literatur, die Politik sein können – es war nicht das richtige Übersetzen schlechthin.

Es ist müßig, zu fragen, ob die Unbekümmertheit, ja Dreistigkeit, mit der die Franzosen im 17. Jahrhundert sich literarisch die Welt der Antike aneigneten, auf dem Mangel an eigentlich übersetzerischem Nachfragen beruht, oder ob bei der gegebenen Haltung, die auf Einverleibung in einem geradezu körperlichen Sinne zielte, sich übersetzungstheoretisches Nachfragen verbot, weil das ja zwangsläufig, sehr allgemein gesagt, die Eigenheit, ja Integrität des Originals hätte enthüllen müssen.

In Deutschland war genau die Integrität des Fremden für Lessing und Goethe schon selbstverständlich, und das bestimmte ihre Haltung zum Übersetzen. Sie äußerten sich nicht systematisch, nur ansatzweise theoretisch – Lessing in be-

1 Erstveröffentlichung: Ders.: Schöne neue Sprache, Berlin 2011, S. 97–102.

achtlicher praktischer Übersetzungskritik, die sich in seine Literatur- und Kulturkritik fügte. Goethe äußerte sich am deutlichsten in seinen Bemerkungen zum Westöstlichen Divan – dies geschah spät in seinem Leben, aber offensichtlich im Geiste seiner romantischen Frühzeit.

Schleiermacher hat zu Beginn des 19. Jahrhunderts entschieden und klar mit eigentlicher Übersetzungstheorie begonnen. Seine Leistung wird keineswegs dadurch gemindert, daß sein gedanklicher Gestus noch ganz unbehindert ist von den Regeln der „Wissenschaftlichkeit", die später der Positivismus gesetzt hat. Schleiermacher blickt weit und stellt zu Recht seine übersetzungstheoretischen Gedanken in den Zusammenhang seiner Sprachphilosophie.

Die schlichte Notwendigkeit der Praxis steht nicht nur gattungsgeschichtlich, also zeitlich am Anfang des Übersetzens, sondern auch dem Wesen nach, also anhaltend. Es wird übersetzt, weil das Übersetzen gebraucht wird. Bedarf und Praxis sind gegenüber dem 19. Jhrhundert, als Jacob Grimm (1847) sich schon beklagte über die „allzusehr eingerissenen unersättlichen Verdeutschungen fast jedes fremden Werkes von Ruf", ins Unüberschaubare gewachsen. Es wird übersetzt, und die Übersetzer können und wollen sich im Prinzip nicht aufhalten mit den Theorien, die ihrer Arbeit gelten. Andererseits läßt der moderne Wissenschaftsbetrieb mit seinem eigentümlichen *horror vacui* es nicht zu, daß ein großes Feld menschlicher, geistiger Arbeit nicht auch von der Wissenschaft besetzt wird. Zudem verlockt das Tun der Übersetzer geistvolle Menschen, die nicht selbst unter dem Druck übersetzerischen Produzieren-Müssens stehen, aber von der Sache viel begriffen haben, zum philosophischen Gespräch über das Übersetzen. Und schließlich: Wenn zum Zwecke der Veröffentlichung übersetzt wird, geschieht das unter den Bedingungen und nach der Regeln der Literaturmarktwirtschaft, womit unter anderem auch der Journalismus herausgefordert wird, sich in seiner Weise mit dem Übersetzen zu befassen.

Ziemlich unverbunden stehen fünf Haltungen zum Übersetzen nebeneinander:

1. Die Praktiker des Übersetzens, unter dem Druck eines hohen Pensums stehend und zugleich ziemlich frei von der Angst vor einer spezifischen Übersetzungskritik – die gibt es ja so gut wie gar nicht –, brauchen gewisse Regeln, sprachliche Verhaltensnormen, die ihnen helfen könnten, über die beharrlich auftretenden Schwierigkeiten

hinwegzukommen. Was man daran Theorie nennen könnte, ist äußerst unsystematisch, heterogen, pragmatisch, manchmal klug, manchmal auf Rechtfertigung der schnellen Lösung bedacht. Was die Praktiker besprechen, gleicht dem Erfahrungsaustausch von Amateur- oder Berufsköchen über Kochrezepte und verbindet sich gewöhnlich mit Klagen über die Beschwerlichkeit des Alltags.

2. Die Übersetzungswissenschaft bezieht sich auf die Sprachwissenschaft und die Kommunikationswissenschaft und am meisten auf sich selbst. Der Bezug zur Praxis des Literaturübersetzens bleibt sehr schwach. Die Übersetzungswissenschaft behandelt das Literaturübersetzen als Sonderfall und deshalb, wenn überhaupt, gleichsam im Anhang.
3. Das Philosophieren über das Übersetzen finden wir selten. Glücksfälle sind Philologen, deren Denkweise nicht positivistisch eingeengt ist. Zu ihnen treten etwa Walter Benjamin und Ortega y Gasset. Sie werden zwar oft genannt, aber übersetzungstheoretisch geht nicht viel von ihnen aus.
4. Die Literaturmarktwirtschaft handelt nach den Gesetzen der Marktwirtschaft. Ebenso wie die „industrielle Reservearmee“ (Marx) die Löhne wirksamer drückt als ein noch so böser Wille der Unternehmer, schafft das Überangebot von Übersetzern den Zwang zu sehr schnellem Arbeiten und zum Eingehen auf die Wünsche der Verleger. Erleichterungen, die der Übersetzer nutzen kann – etwa Computer, Wörterbücher auf CD-ROM –, schaffen sofort eine neue *de-facto*-Zeitnorm, deren Vorteile von den Verlegern ausgeschöpft werden (es hat nicht derjenige Übersetzer, der den Computer nutzt, den Vorteil, sondern derjenige, der ihn nicht nutzt, hat den Nachteil). Zudem ist für die Literaturmarktwirtschaft die Schnelligkeit, mit der ein zu übersetzendes Buch herausgebracht wird, ein bedeutender Faktor. Wo dies dazu führt, daß das Übersetzen eines Buches auf mehrere Übersetzer aufgeteilt wird, erlischt auch noch der letzte Anschein von Übersetzungskultur.
5. Die Presse – einschließlich der Wochenschriften, die als seriös gelten wollen – sieht nur selten (in Deutschland vielleicht drei-, viermal im

Jahr) Anlaß, sich mit dem Übersetzen von Literatur zu befassen. Dieselben kritischen Geister, die einen unbestechlichen und tiefdringenden Blick ins Wirken der Literatur zu haben vorgeben, verraten ein kindliches Vertrauen in die Zuverlässigkeit von Übersetzungen. Es liegt im Geiste des modernen Feuilletonismus, daß er wie überall, so auch auf dem Felde des Übersetzens von Literatur, „anspringt“ auf das, woraus wenigstens etwas Ähnliches wie eine Sensation gemacht werden kann. Pure übersetzerische, literarische Qualität ist in der feuilletonistischen Praxis nie eine Sensation – woraus folgt, daß es auch fast niemals die Schlamperei ist; es sei denn, der Feuilletonist hat andere als literarische Gründe, die Schlamperei als Beweismittel zu nutzen.

Diese fünf Erscheinungen sind also ziemlich unverbunden, aber nicht ohne Wechselwirkung: Verlegerische Wirtschaftlichkeitsargumente und die Spielregeln des Feuilletonismus drängen den Übersetzer, entweder seine Aufträge so schnell, wie es die Verleger und die Sicherung seiner Existenz verlangen, abzuarbeiten (wobei er sich auf das Fehlen sprachlicher Ansprüche sowohl bei den Verlegern als auch beim Lesepublikum unbedingt verlassen kann) oder aber, koste es sprachlich, literarisch, was es wolle, seiner übersetzerischen Tat ein Merkmal des Außerordentlichen beizugeben – über die allfallige Außerordentlichkeit des Originals hinaus, wobei das übersetzerisch Außerordentliche so feuilletonistisch erkennbar (also äußerlich) wie nur möglich zu sein hätte. Theoretisches Bemühen muß der Übersetzer unter diesen Umständen als Ballast betrachten, also abwerfen. Ein bescheidener, höchst unzureichender Ersatz ist der erwähnte interne Austausch über die „Kochrezepte“, mit dem sich die einsam arbeitenden Übersetzer eher gleichsam sozial entspannen, als daß sie Wesentliches über ihr Metier ergründeten. In ähnlicher Richtung, aber ebenso an der Theorie vorbei, verlaufen die Versuche der Selbstaufwertung bei den wenigen Gelegenheiten, die sich den Übersetzern bieten, also etwa bei Lesungen oder Preisverleihungen. Dabei erweisen sich die unter 3. genannten Äußerungen von Philosophen und Philologen als Fundgrube zum Zitieren. Laudationes und Dankreden bei Preisverleihungen sind ihrerseits fast austauschbar, lassen sich zumindest recyceln.

Man könnte, scheint es, damit leben. Zwar mengen sich die Erscheinungen, aber sie verbinden sich nicht. Die einzelnen Unternehmungen, durch keine Rücksicht auf einen tieferen Sinn aus der Bahn gelenkt, führen zum jeweiligen Zweck: Der Wissenschaftler gibt sich vor, was sich ihm fügen wird, will sagen: schafft sich auf dem gegebenen Felde einen Gegenstand, den er unter den gegebenen Rahmenbedingungen (dem gegenwärtigen Wissenschaftsbetrieb) gut bearbeiten zu können meint. Der Übersetzer tut, was der Verleger erwartet. Er muß Zeilen schaffen und seinen Marktwert aufbauen und belastet sich weder mit Theorie noch mit Ideal und Moral. Verleger und Journalisten wandeln auf den vorgezeichneten Bahnen. Jeder gründet seine berufliche Existenz darauf, daß Leser Literatur kennenlernen wollen, die sie so, wie sie geschrieben ist, nicht verstehen. Im Nebeneinander der Interessen scheint die Sache leidlich, wenn auch mit Spannung, zu funktionieren. Ob allerdings der Leser, um dessentwillen ja der ganze Aufwand getrieben wird, letztlich das Richtige bekommt, das ist die Frage. Denn was ist das Richtige? Ausgerechnet er kann das schwer beurteilen. Könnte er's, so brauchte man nicht zu übersetzen. Es wäre zu fragen, ob alles bloß deshalb einigermaßen funktioniert, weil der Leser nicht weiß, was ihm entgeht, und weil ihn der denkbare Verlust, der denkbare Betrug, da er ihn eben nicht bestimmen kann, nicht schmerzt.

Wo sich der eine oder der andere der Beteiligten zum Anwalt der Leser erklärt, beginnt dann hin und wieder doch der Streit. Wenn dann nun jemand meint, an den Leser habe man beim Übersetzen gerade nicht zu denken, wird es noch schwieriger. Die Frage nach dem Sinn taucht hartnäckig immer wieder auf.

Unsere Zeit bringt es fertig, den Bezug der einzelnen und der Gruppen auf jeweils sich selber moralisch mit dem Hinweis zu legitimieren, daß es jeder einzelne (und jede Gruppe) ja genauso halten könne. In dieser Moral der Moderne geht freilich, wie man tagtäglich sieht, manches nicht auf, und man kann, was da nicht aufgeht, sogar für das Wichtigste halten. Nicht zuletzt fordert diese Moderne ein permanentes Selbstbehauptungsgeschrei der eben doch gegeneinanderstehenden Gruppen heraus. Es ist den Gruppeninteressen eingeboren, sich ideologisieren zu wollen. Wer schweigt, wird übertönt. Hamletsche Selbstzweifel wenden sich unter diesen Umständen tödlich gegen den, der sie hat, und so bleibt ihr Erkenntniswert unentdeckt und ungenutzt.

Die Übersetzungswissenschaft hat es vergleichsweise leicht: In gut positivistischer Tradition greift sie das Greifbare heraus und beschreibt es vielfältig. Worüber sie nicht in ihrer Sprache sprechen kann, darüber spricht sie lieber gar nicht. Mit dem literaturmarktwirtschaftlichen Lauf des Übersetzungsbetriebs verträgt sie sich recht gut – ihr Gegenstand ist das Faktische. Die Übersetzungspraxis wiederum verrät gegenwärtig die Neigung, ihre wirklichen und vermeintlichen Sachzwänge zu einem Leitbild vom „modernen Übersetzen" zu ideologisieren. Aus der Not der Teilhabe des Übersetzens an der Jahrmarktseite des modernen Literaturbetriebs wird da die vermeintliche Tugend der Zeitgemäßheit gemacht und dem noch immer als konkurrierend betrachteten „altmodischen" Übersetzen entgegengesetzt.

Das läßt sich mit bloßem Willensakt und auch mit Appellen offenbar nicht verändern, aber man wird nein dazu sagen dürfen. Es bleibt die vorwegnehmbare Genugtuung, daß im Literaturbetrieb nur der Sand, der in die Maschinerie von Markt und Mode gestreut wird, das Überdauern wahrscheinlich macht und daß, dem entsprechend, auch beim Übersetzen die reine Stromlinienform, die Perfektion letztlich eben doch oberflächlich-pragmatisch bestimmter Modernität ihre Armut enthüllen wird. Solche Hoffnung greift freilich weit vor, denn tiefer und folgenreicher als die originale Literatur ist das Übersetzen in das Getriebe der Wirtschaft mit den Gesetzen eben der Wirtschaft gezogen.

Was als modern gilt, muß keineswegs das sein, was die Gegenwart verlangt. Modische Gesten sind der Gegenwart oft nur dadurch verbunden, daß sie das Ausweichen, das Darüber-hinweg-Gehen spiegeln. Und wenn die modische Geste besagt, man solle die Dinge realistisch nehmen, so heißt das gewöhnlich, daß man den Blick räumlich und zeitlich sehr begrenzen solle. Der Realismus dieser Art ist sehr stark, er ist so stark, daß allenfalls ein Tschernobyl ihn erschüttert – für wenige Jahre.

Realistisch gesehen, hat eine Theorie des Literaturübersetzens keinen Platz im großen Diskurs der Gegenwart – es sei denn, man hätte beim Stichwort Theorie zum einen das wertfreie Erfassen, Ordnen und allenfalls Deuten der neuen Wirklichkeit im Sinn, zum andern die Anleitung zum bestmöglichen Zurechtkommen in einer zwar sich schnell wandelnden, aber in ihrer Wandlung als absolut gegeben betrachteten Wirklichkeit. Solche Ziele vertrügen sich gut miteinander, die (im philosophischen Sinn) interesselose Ergründung der

Wirklichkeit und der reine Pragmatismus im Übersetzungsbetrieb – sie dürften in der Tat das fragwürdige Attribut „realistisch" erhalten.

Dagegen möchte ich, statt Realismus im Sinne der Blickbegrenzung anzustreben, Theorie gern als den Versuch verstehen, aus dem vollen Erleben der Gegenwart, mit ihren schwer auszuhaltenden Spannungen, die Frage nach dem Sinn dieser Arbeit, des Übersetzens von Literatur, zu stellen – ohne Angst davor, daß von einem stark verinnerlichten pragmatisch-technisch-konformistischen Blickpunkt aus diese Frage als purer Anachronismus verstanden werden muß. Ich meine ja nicht, daß die Realität des Übersetzungsbetriebs und die Realität heutigen Erörterns von Übersetzungsfragen außer Betracht bleiben sollten; schon gar nicht meine ich, daß den Übersetzern ein Katechismus unerfüllbarer Gebote vorzuhalten sei; wohl aber schwebt mir vor, daß die zunächst anscheinend rücksichtslos gestellte Sinnfrage die tausend Einzelfragen, auch die sehr konkreten, wie in einem Kraftfeld ordnen könnten.

Was Theorie des Übersetzens nicht sein sollte: die Lehre optimaler Taktik bei Preisgabe jeder kulturellen Strategie.

Das Pathos der Laudationes hat darin keinen Platz, freilich auch nicht das Augenzwinkern, mit dem man den Einsatz schöner Worte als Mittel zum guten Zweck professioneller Behauptung hinnimmt.

Friedrich Schleiermacher hat seine Gedanken zum Übersetzen im großen sprachphilosophischen Zusammenhang geäußert. Er liefert damit einen Rahmen und einen Ansatz, wie sie aus der Erfahrung der Gegenwart schwerlich besser gefunden werden könnten.

3.2 Erbe, Verheißung und Auftrag: Die bleibende Bedeutung der Lutherbibel für die Kommunikation des Evangeliums. Ein Plädoyer

Von Stefan Felber

Zur Einführung[1]

Es brennt!

Weimar, 2. September 2004: Ein Mitarbeiter ruft bei Michael Knoche an, dem Leiter der Herzogin Anna Amalia Bibliothek: Feuer! Die Bibliothek brennt! Voller Schrecken besteigt Knoche sein Fahrrad, passiert Goethes Hausgarten, überquert den Beethovenplatz, und als er um die letzte Kurve biegt, sieht er dicke Rauchschwaden aus dem Dach der Bibliothek aufsteigen. Wenig später ist erster Feuerschein zu sehen. Um 21.10 Uhr schlagen die Flammen explosionsartig 20 Meter hoch aus dem Dachstuhl, wo der Brand wegen eines defekten Kabels ausgebrochen war. Mitgerissen von der Wucht des Feuersturms schießen unzählige Buchseiten in die Luft, fliegen Hunderte von Metern über das Stadtgebiet, wo sie später, oft stark versengt, von Anwohnern aufgesammelt und den Bibliothekaren und Restaurateuren übergeben werden. Mitarbeiter und Bürger bilden Ketten und bergen noch 28.000 Bücher. Jeder greift spontan zu. Auch Knoche stürmt immer wieder in das brennende Gebäude, um zu retten, was zu retten ist. Da erinnert er sich an die berühmte Lutherbibel des Wittenberger Druckers Hanns Lufft von 1534 mit den farbenprächtigen Illustrationen Cranachs. Der Zutritt zum zweiten Stock wird ihm zunächst verwehrt: zu gefährlich! Doch die Feuerwehr läßt ihn noch einmal durch, der Einsatzleiter geht mit. Während heißes Löschwasser auf die beiden niederregnet, bahnen sie sich einen Weg durch die Dunkelheit. Knoche entdeckt im Schein einer Taschenlampe beide Bibel-Bände, packt noch die Ausgaben des September- und

---

1 Dieser Aufsatz bietet die überarbeitete Fassung eines Vortrags am 02.10.2017 in Rehe/Westerwald. Den engagierten Vortragsstil habe ich an einigen Stellen beibehalten.

Dezember-Testaments von 1522 dazu, dann treten die beiden Männer stolpernd den Rückweg über ein Gewirr von Wasserschläuchen und umgestürzten Einrichtungsgegenständen an.[2]

Was hat den ostdeutschen Bibliothekar dazu gebracht, sein Leben für dieses Exemplar einzusetzen? Zugleich gingen ja andere, ebenfalls wertvolle Zeugnisse verloren, darunter eine riesige Sammlung von Musikhandschriften.[3] Er hatte gespürt: Die letzten Urdrucke der Lutherbibel sind unbedingt zu erhalten. Dafür setzte er seine Gesundheit aufs Spiel. Über den geistlich-theologischen Wert der Lutherbibel war er sich im einzelnen vielleicht nicht im Klaren. Was aber, wenn sich die geistigen bzw. geistlichen Nachfahren Luthers selbst nicht mehr im Klaren darüber sind, daß sie hier einen Schatz haben, der mit ganzem Einsatz verteidigt werden sollte? Warum sollte es dann dieser Bibliothekar tun? Mein Beitrag bietet dazu eine Annäherung und ein Plädoyer.

Zum Begriff „Kommunikation des Evangeliums"

Das Begriffspaar „Kommunikation des Evangeliums" ist in der neueren theologischen Diskussion besetzt durch Beiträge von Ernst Lange („Bilanz 65"), zuletzt bes. durch Christian Grethlein u. a.[4] Vor dem Hintergrund der Diskussion um „Kommunikative *Bibelübersetzung*" benutze ich „Kommunikation" hier allerdings in dem allgemeineren Sinne von Weitergabe mit dem Zielen der Verständlichkeit, ggfs. der Akzeptanz. An die mit „K. d. Ev." verbundene Kritik an einem nicht-dialogischen, deduktiven bzw. am Modell von Predigt und Verkündigung orientierten Charakter des christlichen Wahrheitszeugnisses ist

2 Quellen für diese Geschichte: bit.ly/2j7wclh, bit.ly/2AP5b0B, bit.ly/2i9Yef2 (05.10.2017). Herrn Dr. Peter Kunze (Lörrach) sei für einige Hinweise gedankt!

3 Bei dem Brand lösten sich rund 5000 Bücher aus dem 16. Jh. in Rauch auf. Für die folgenden Jahrhunderte liegen jeweils fünfstellige Verlustzahlen vor (http://www.uni-muenster.de/Forum-Bestandserhaltung/forum/hageboeck.html), gesamthaft rund 50.000 Bände, von denen 12.500 für unersetzlich gehalten werden (http://www.anna-amalia-bibliothek.de/de/buchverlust.html). Die 648 Ausgaben umfassende Bibelsammlung, in deren Mitte die ersten Lutherbibeln standen, wurde beschädigt. Inzwischen sind alle Bibeln restauriert und stehen der Benutzung wieder zur Verfügung (vgl. https://blog.klassik-stiftung.de/lutherschriften-in-der-herzogin-anna-amalia-bibliothek/ [alle abgerufen am 25.09.2017]).

4 Vgl. Domsgen u. a. (Hg.): Kommunikation des Evangeliums, 2014; Zimmermann: „Konzentration auf die ‚Kommunikation des Evangeliums'", 2015; zuletzt Grethlein: Kirchentheorie, 2018.

hier ausdrücklich nicht gedacht; es geht vielmehr um die Bedeutung der (Luther)Bibel für Gemeinde und Theologie.

Wenn etwas als „kommunikativ" bedeutend eingeschätzt wird, denkt man zunächst vielleicht an ein Werkzeug, das sich in der heutigen Medienlandschaft als besonders effektiv erweist. Man spricht von der „Reichweite" einer Marke, von ihrer Durchsetzungsmacht am Markt. In der Tat war die Lutherbibel von Anfang an *auch* Teil eines ökonomischen Geschehens. Gewisse ökonomisch faßbare Faktoren bescherten ihr frühzeitig einen großen Absatz: Ihre muttersprachliche Lesbarkeit, ihre von der damals jungen Drucktechnologie garantierte Verfügbarkeit und nicht zuletzt das Bedürfnis einer großen und durch die Bildungsanstrengungen der Reformatoren noch anwachsenden Leserschar, selbst nachzulesen, was es um Glauben und Frömmigkeit in Wahrheit ist.

Mit dem letztgenannten Faktor verlassen wir freilich die im engeren Sinne ökonomischen Faktoren und betreten, was sich nur theologischen Kategorien erschließt. Wohl einer Literaturwissenschaft, die noch über solche verfügt! **Max Wehrli** (gest. 1998), ein berühmter Zürcher Germanist und Autor einer umfassenden Geschichte der deutschen Literatur, schreibt über Luthers Werk:

> „Auch wenn man sich auf den literaturgeschichtlichen Aspekt von Martin Luthers ... Werk beschränkt, bleibt das Thema uferlos. Dies nicht nur, weil die Reformation den kulturellen, politischen und geistesgeschichtlichen Kontext fast des ganzen literarischen Lebens verändert hat, und nicht nur, weil Luther mit seinen Schriften und vor allem seiner Bibelübersetzung wesentlich an der Ausbildung der neuhochdeutschen Schriftsprache beteiligt ist, sowohl in der Sprachform wie im Wort- und Bilderschatz. *Der innerste Grund auch für die literarische Bedeutung Luthers liegt darin, daß sich die Reformation als ein Ereignis des göttlichen wie des menschlichen Wortes verstand: Das Wort wurde und blieb ihr wichtigstes Medium, am wichtigsten dort, wo es sich um die Beschäftigung mit dem konkreten biblischen Wort handelt. Wie nur je ein großer christlicher Theologe und Prediger redet auch Luther aus der Überzeugung heraus, auf neue und ursprüng-*

> *liche Weise am Wort teilzunehmen, eine Sprache zu reden, die nur kraft eines göttlichen Wortes möglich und wahr sein kann.*“[5]
> Und einige Seiten später: „*Das Bibelwort erhielt als einzige Instanz eine ausschließliche und dringliche Bedeutung.* … Dem gemeinen Mann die Bibel zu erschließen war eine dringende Aufgabe; die Bibelübersetzung wurde die nachhaltigste literarische Leistung und die reinste reformatorische Tat Luthers.“[6]

Andere Literaturgeschichten wie die von O. F. Best und H.-J. Schmitt konzentrieren sich (immerhin!) auf die soziale Bedeutung der Lutherbibel:

> Die Bibelübersetzung von Martin Luther und seinem Kreis … ist sprachlich und geistesgeschichtlich unzweifelhaft das wichtigste Ereignis im deutschsprachigen Kulturgebiet des 16. Jahrhunderts. […] Der Reformator wollte mit seiner Übersetzung ganz Deutschland erreichen. Deshalb führte sein Weg zur ‚gemeinen deutschen Sprache‘ über gewisse Normierungen: Er lehnt sich an den Gebrauch der sächsischen Kanzlei an, die selbst eine ausgeglichene Mischsprache … darstellt … […] Wichtiger war die soziale Stoßkraft, welche diese Übertragung implizierte und ausübte. Die bewußte Anpassung an die Volkssprache entsprang dem missionarischen Eifer einer möglichst weiten Verbreitung des göttlichen Wortes. Mit dieser […] Aufwertung der Umgangssprache ging die Umwertung des einfachen Mannes zum aktiven Träger des göttlichen Auftrags (Laienpriestertum) parallel. Diese Übersetzung war nicht mehr eine geschickte Adaptierung für ein höfisches oder der klassischen Sprachen unkundiges Publikum; *die Muttersprache erhielt in und durch die Bibel vollen Eigenwert.* – Die Wirkungsgeschichte der Übersetzung zeigt, daß Luthers deutsche Bibel wohl die *markanteste Zäsur in der deutschen Sprach- und Literaturgeschichte* gesetzt hat. Mit ihr *konstituiert sich das Deutsche* in der

5 Wehrli: Geschichte der Deutschen Literatur, 997 (Hervorh. S. F.).
6 A. a. O. 1004 (Hervorh. S. F.).

Auseinandersetzung mit der lateinischen Gelehrtensprache als fortwirkende eigenwertige Kultursprache."[7]

Festgehalten sei hier beides: der literarische bzw. geistesgeschichtliche Pol dieser Einschätzungen wie der theologische Pol, wie ihn (neben anderen) Max Wehrli beschrieben hat. Nach ihm charakterisiert die Lutherbibel die Reformation in konzentrierter Form als Wort- und Sprachereignis. Man könnte im Blick auf Luthers Bibel in Anlehnung an die Apostelgeschichte (2,11) sagen: „Wir hören die Schrift in unserer Sprache von den großen Taten Gottes reden." Nur bei Berücksichtigung dieser Dimension werden wir ein Verständnis von „Kommunikation des Evangeliums" entwickeln können, in dem das Evangelium nicht nur als Objekt (oder gar „Produkt" eines „Unternehmens" „Kirche"), sondern zugleich als Subjekt auftreten kann, von dem her eine gottgemäße Sprache zu erwarten ist.

Zur bisherigen Behandlung der Fragestellung

Das mir gestellte Thema ist mehr zukunfts- als vergangenheitsorientiert formuliert. Wenn man sich nach Literatur zur speziellen, in die Zukunft gerichteten Fragestellung umsieht, findet man überraschend wenig. Natürlich gibt es schier unüberblickbar viel Literatur über die Lutherbibel, ihre große Vergangenheit und die Arbeit der Gegenwart an ihr, ihre Übersetzungsgrundsätze, ihre das Deutsche prägende Sprachgestalt, ihre Revisionen, ihre Wirkung auf Literatur, Musik, Frömmigkeit und Theologie (siehe die Übersicht im Anhang). Derartige Beiträge sind naturgemäß meist *retrospektiv*. Allerdings greift mindestens ein Sammelband das mir prospektiv gestellte Thema direkt auf: „Anmut und Sprachgewalt: *Zur Zukunft der Lutherbibel*. Beiträge der Jenaer Tagung 2012", herausgegeben von der Deutschen Bibelgesellschaft 2013. Hier haben sechs Germanisten (Anderegg, Cramer, Seyferth, Freytag, Haustein, Schrader), eine Praktische Theologin (Dahlgrün, Mitherausgeberin), zwei Kirchenhistoriker (Beutel, Spehr), ein Landesbischof und Neutestamentler (Kähler), ein Kirchen-

---

7 Schmidt: Luthers deutsche Bibel (1983), 261+263, zitiert nach Schrader: Sprachgestalt, 146 (Auslassungspunkte in eckigen Klammern von Schrader, ohne diese von mir; ebenso die Hervorh.).

musiker (Brödel), ein Journalist (Michelsen) und zwei systematische Theologen (von Lüpke, N. Slenczka) aus je ihren Perspektiven ein Gesamtbild der Lage versucht. Bei diesem Band hat mich erneut die Bewunderung der Germanisten für die Lutherbibel beeindruckt, ist sie doch eine Bewunderung, die nicht aus theologischem oder kulturellem Konservativismus erwachsen ist, sondern die sich aus einer germanistisch geschulten Beobachtungsgabe ergibt. Den Kollegen der germanistischen Fakultät sei ausdrücklich Respekt gezollt! Ich verweise auch deshalb gerne auf ihre Arbeiten, weil wir hier Zeugnisse haben, die von der *rabies theologorum* weitgehend unbelastet geblieben sind. Vielleicht hilft das, unsere Diskussion von vornherein in ihrem großen literarischen Zusammenhang zu sehen.

Zur Sache! Implizit und vielleicht etwas denkfaul könnte man sagen: Weil die Lutherbibel über Jahrhunderte eine gar nicht zu überschätzende kommunikative Bedeutung und identitätsstiftende Kraft hatte, wird sie diese auch in Zukunft behalten. Ein solches Traditionsargument verfängt allerdings aus zwei Gründen immer weniger. Zum einen führen immer mehr *Konkurrenz-Übersetzungen* mit teils hohen Auflagen auf dem Bibelmarkt dazu, daß die monopolartige Stellung und Wahrnehmung der Lutherbibel schon seit etwa 1970 immer weiter ausgehöhlt wird. (Gleiches gilt für die King James Version im Englischen.) Einige Zahlen dazu habe ich in den ersten Teilen meines Buches (Kommunikative Bibelübersetzung, ^{2}2016) zusammengetragen. Zum anderen führt die immer raschere Folge an *Revisionen* mit je sehr unterschiedlich stark ausgeprägter Akzeptanz dazu, daß sich die Verbreitung ein und desselben Textes immer weiter einschränkt. Soweit ich sehe, waren das letzte Jahrzehnt des 20. und das erste Jahrzehnt des 21. Jahrhunderts die einzigen Jahrzehnte seit 1945, in denen kein neuer Luthertext auf den Markt kam.[8]

Selbst wenn also die EKD weiterhin an der Lutherbibel als ihrem gottesdienstlichen und katechetischen Standard festhält (was sie unbedingt tun sollte), kann sie nicht – jedenfalls nicht per Dekret – verhindern, daß Pfarrer, Religionslehrer und Jugendarbeiter je in ihren Bereichen andere Wege gehen. Das hat bisher

8 Abgesehen von der neuen Rechtschreibung und der Ersetzung von „Weib“ durch „Frau“ seit 1999 sowie der etwas „wilden“ Adaption der 1912er-Fassung durch die Genfer Bibelgesellschaft im Jahr 2009.

nicht funktioniert und wird auch weiterhin nicht funktionieren. Wenn es nicht per Dekret geht, stellt sich die Frage, ob es nicht via Überzeugung möglich sein sollte. Dieser Weg nun ist, so meine ich, der, der uns hier gewiesen ist.[9]

Auch wenn es für einige unter uns Wiederholung ist, scheint es mir nötig, an dieser Stelle ein paar Charakteristika der Lutherbibel in Erinnerung zu rufen, um von hier aus ihre Bedeutung für die Kommunikation des Evangeliums in unserer Zeit abzuschätzen. Dabei halte ich mich wieder an die beiden Pole, die wir in den vorangegangenen Zitaten wahrgenommen haben: die literarisch-philologische und die theologische Eigenart der Lutherbibel.

Zur literarischen und philologischen Eigenart der Lutherbibel

Eine Lehre aus der jüngeren Geschichte

Das 1975er sogenannte „Luther-NT" ist ein schönes Lehrstück für die weise göttliche Lenkung der Geschichte – auch durch Irrtum und Streit hindurch. Denn bei den heftigen Diskussionen, die sich an die Publikation der damaligen Revision anschlossen, zeigte sich, daß man die Lutherbibel an das Paradigma der neueren dynamisch-äquivalenten Übersetzungen wie Gute Nachricht nicht annähern, geschweige in diese überführen kann.[10] Eduard Lohse, Neutestamentler, Vorsitzender des Bibelwerkes und Leitender Bischof der VELKD, setzte damals darauf, die Kritik auszusitzen, und meinte: „Es wird einige Zeit vergehen müssen, bis Gemeinden und Bibelleser durch regelmäßigen Umgang mit dem revidierten Text so viel Erfahrung gewonnen haben, daß er ihnen geläufig geworden ist."[11] Doch die Proteste verstummten nicht, und sie waren auch nicht durch Skepsis gegen die 68er-Bewegung motiviert, wie Siegfried Meurer (1931–2001, Generalsekretär der Deutschen Bibelgesellschaft 1981 bis

9 Der Weg der Überzeugung für die Lutherbibel war mir allerdings nicht in die Wiege gelegt. In meinem Elternhaus wurde keine Bibellektüre gepflegt, und noch als Vikar glaubte ich, mit Hilfe von „Hoffnung für alle" eine effizientere Glaubensvermittlung treiben zu können als mit der Lutherbibel. Erst nachdem ich Dozent in einem – ausgerechnet freikirchlich geprägten – Seminarumfeld wurde, änderte sich meine Haltung dazu. Mehr dazu in meinem Beitrag „Moratorium ..." in diesem Band.

10 Mehr dazu in meinem Buch „Kommunikative Bibelübersetzung", S. 369–380.

11 Zitiert bei Schrader: Sprachgestalt, 151.

1997) unterstellte. Namhafte Germanisten wie Johannes Anderegg (*1938), Walther Killy (1917–1995) oder der Tübinger Rhetoriker Walter Jens (1923–2013) hielten ihre Kritik aufrecht, Theologen wie Gerhard Krause, der Herausgeber der Theologischen Realenzyklopädie (1912–1982), der Lutherforscher und Systematiker Gerhard Ebeling (1912–2001) oder Eberhard Jüngel (*1934) wandten sich in gründlichen Gutachten gegen diese Revision.[12] Eine neue Revisionskommission wurde benannt, die die Änderungen zurücknehmen sollte. Seit 1984 schließlich haben wir den Text, der bis 2017 für viele von uns zum Standard wurde, der gerne gelesen, vorgelesen und auswendig gelernt wird, freilich so weit dies überhaupt geschieht.

Was also ist an Luthers Verdolmetschung charakteristisch und was für eine Grenze wurde 1975 überschritten? Fragen wir Luther selbst.

„Dem Volk aufs Maul schauen"? Luthers Auffassung vom Übersetzen bzw. Dolmetschen

Albrecht Beutel und andere[13] haben längst darauf hingewiesen, daß Luther mit seiner Übersetzung den Leuten nicht in dem Sinne aufs Maul geschaut hat, wie es mancherlei Werbebroschüren insinuieren: Spreche die Sprache des Volkes, und die Leute werden dir folgen u. ä. Das ist Unsinn, der allzu oft nicht durchschaut wird, mit der Folge eines immer weiteren Hinuntertransformierens. Präziser wäre: Luther hat den Leuten zwar aufs Maul gesehen, aber ihnen ebenso das Maul geprägt, den Mund gefüllt. Dieses Verständnis ist wohlbegründet. Luther ging es *nicht um vereinfachende Anpassung* an „die" Gegenwartssprache (die es im Singular gar nicht gab), sondern *um möglichst kompetentes Sprechen:* „Was Luther darin fordert, ist von Plebejisierung der Muttersprache weit entfernt. Nicht um möglichst *grobes*, sondern um möglichst *kompetentes* Reden ist ihm zu tun!"[14] Man erlaube mir ein paar weiterführende Gedanken dazu, und

---

12 Sehr bekannt wurde das Beiheft Nr. 5 zur „Zeitschrift für Theologie und Kirche", 1981 (immer noch sehr zu empfehlen!).

13 Daneben auch (z.T. schon früher) Markus Öhler, Birgit Stolt, Christopher Spehr, Kristlieb Adloff und Christina Hoegen-Rohls (siehe Literaturverzeichnis). Zur *damit abgelehnten Auffassung unter dem Nenner „Allgemeinverständlichkeit"* s. bes. die Arbeiten von Fritz Tschirch und Eduard Lohse.

14 Beutel: „Scriptura ita loquitur, cur non nos?", 116.

zwar in Verbindung mit Luthers wichtigster Schrift anläßlich der Kritik an seiner „Verdolmetschung“ der Bibel.
Wenn man sich das Zitat im Kontext des 1530 auf der Veste Koburg entstandenen „Sendbriefes vom Dolmetschen“[15] ansieht, fällt zunächst auf: Die Begriffe „Volk“ und „schauen“ kommen gar nicht vor! „Schauen“ war ursprünglich „sehen“, was als minderschwere Verschiebung eingeordnet werden kann. Gravierender ist die an „Volk“ haftende Verschiebung: Luther adressiert eben nicht eine abstrakte, summarische Größe. Es wäre eine eigene Untersuchung wert, herauszufinden, seit wann „das Volk“ in das Lutherzitat hineingeraten ist.[16] Mit „Volk“ unterstellt man Luther indirekt einen sprachlichen Populismus. Nicht an das Volk als summarisches Vorbild mit dem kleinsten gemeinsamen Nenner, sondern an *konkrete Menschen* denkt Luther. Er benennt einzelne Gruppen *in spezifischen Lebenslagen, für die sie je spezifisch kompetent sind.* Hören wir das fragliche Zitat in seinem Kontext!

> „Denn man muß nicht die Buchstaben in der lateinischen Sprache fragen, wie man soll deutsch reden, wie diese Esel tun, sondern man muß die **Mutter im Hause**, die **Kinder auf den Gassen**, den **gemeinen Mann auf dem Markt** darum fragen, und **denselbigen auf das Maul sehen**, wie sie reden, und danach dolmetschen, so verstehen sie es denn, und merken, daß man deutsch mit ihnen redet. Z. B. wenn Christus (Matth. 12,34; Luk. 6,45) sagt: *Ex abundantia cordis os loquitur*: wenn ich den Eseln folgen soll, die werden mir die Buchstaben vorlegen, und so übersetzen: ‚Aus dem Überfluß des Herzens redet der Mund.‘ Sage mir, ist das deutsch geredet? Welcher Deutsche verstehet so etwas? Was ist ‚Überfluß des Herzens‘ für ein Ding? Das kann kein Deutscher sagen, er wolle denn sagen, es sei, daß einer ein allzu großes Herz habe, oder zu viel Herzens habe, obwohl das auch noch nicht richtig ist. Denn ‚Überfluß des Herzens‘

---

15 Am Rande sei darauf hingewiesen, daß Luthers Übersetzungsgrundsätze nicht erst in diesem Schreiben deutlich werden, sondern bereits 1522. Nachweise: Mülhaupt: Testament, 17 ff., mit Rekurs auf G. Bruchmanns „Luther als Bibelverdeutscher in seinen Wartburgpostillen“.

16 Es ist bezeichnend für die Selbstverständlichkeit, mit der das Zitat kolportiert wird, daß nicht einmal alle, die sich mit dem Sendschreiben befassen, das gemerkt haben. Beispiel: Fricke: „Dem Volk aufs Maul schauen“.

ist kein Deutsch; so wenig wie das Deutsch ist: ‚Überfluß des Hauses', ‚Überfluß des Kachelofens', ‚Überfluß der Bank', sondern so redet die Mutter im Haus und der Mann auf der Straße: ‚Wes das Herz voll ist, des gehet der Mund über.' Das heißt gut Deutsch geredet, dessen ich mich befleißigt, aber leider nicht immer erreicht noch getroffen habe. Denn die lateinischen Buchstaben hindern über alle Maßen, sehr gutes Deutsch zu reden.

Doch habe ich wiederum **nicht allzufrei die Buchstaben lassen fahren**, sondern mit großen Sorgen samt meinen Gehilfen darauf gesehen, daß, **wo etwa an einem Ort gelegen ist, habe ichs nach den Buchstaben behalten, und bin nicht so frei davongegangen**, wie z. B. Johannes 6 [V. 27], da Christus spricht: Diesen hat Gott der Vater versiegelt; da wäre wohl besser deutlich gewesen: diesen hat Gott der Vater gezeichnet, oder: diesen meint Gott der Vater. **Aber ich habe ehe wollen der deutschen Sprache abbrechen, denn von dem Wort weichen.** Ah, es ist Dolmetschen ja nicht eines jeglichen Kunst, wie die tollen Heiligen meinen; es gehört dazu ein recht fromm, treu, fleißig, furchtsam, christlich, gelehret, erfahren, geübet Herz. Darum halt ich, daß kein falscher Christ noch Rottengeist treulich dolmetschen könne ..."[17]

Es ging Luther darum, ein nicht vom Lateinischen verfremdetes, sondern ein *idiomatisches* Deutsch zu verwenden, und nicht (allenfalls als Nebenprodukt!) um *vereinfachende* Anpassung an die gerade aktuelle Gegenwartssprache. Zwar hat er Namen von Tieren, Pflanzen und Münzen eingedeutscht.[18] Doch würden einfache Landsknechte seinen Römerbrief flugs „konsumieren" können? Luther dürfte der letzte gewesen sein, der sich hier Illusionen gemacht hat.[19] Es geht ihm *nicht um simplifizierenden oder niedrigen, sondern guten deutschen Sprachgebrauch.* „Die Gerätschaften und Abläufe eines Haushalts kann niemand bes-

[17] Luther: Sendbrief vom Dolmetschen (1530), 89 (Hervorh. S.F.). Vgl. auch Adloff: Was heißt: „Dem Volk aufs Maul geschaut"?, 49, sowie Spehr: „Dem Volk aufs Maul schauen" (zur Bestätigung meiner These dort S. 87 f.).

[18] Liste bei Spehr a. a. O. S. 92.

[19] Den Römerbrief hat er ohnehin zur *täglichen* Lektüre jedem Christen anempfohlen, da sich tieferes Verständnis erst bei mehrmaliger Lektüre einstellt.

ser bezeichnen als die Mutter. Die Spiele auf den Gassen kennen die Kinder am besten. Und die alltäglichen Herausforderungen des öffentlichen Lebens kann kaum jemand besser formulieren als der Mann auf dem Markt. Luther will sich kompetentes Reden aneignen, wenn er davon spricht, den ,Leuten auf's Maul zu schauen' (sic)".[20]
Darum rechtfertigt er auch die berühmte Einfügung des „allein" in Röm 3,28 („allein durch Glauben") mit gutem deutschen Sprachgebrauch, nach der eine „nicht ... sondern"-Phrase auch als „allein ... kein"-Phrase konstruierbar ist. Lesen wir Luthers Beispiele im Sendbrief:

> „Z. B. wenn man sagt: „Der Bauer bringt allein (nur) Korn, und kein Geld"; „Nein, ich hab wahrlich jetzt nicht Geld, sondern allein (nur) Korn"; „Ich hab allein (nur) gegessen und noch nicht getrunken"; „Hast du allein (nur) geschrieben, und (es) nicht durchgelesen?" Und dergleichen auf unzählige Weise im täglichen Gebrauch.
> In diesen Redewendungen allen – wenn es gleich die lateinische oder griechische Sprache nicht tut, so tut es doch die deutsche – ist es ihre Art, daß sie das Wort ,allein' (nur) hinzusetzt, auf daß das Wort ,nicht' oder ,kein' desto vollständiger und deutlicher sei. Denn obwohl ich auch sage: ,Der Bauer bringt Korn und kein Geld', so klingt doch das Wort ,kein Geld' nicht so vollständig und deutlich, als wenn ich sage: ,Der Bauer bringt allein (nur) Korn und kein Geld'; und *hilft hier das Wort ,allein' (nur) dem Wort ,kein' so viel, daß es eine völlige deutsche, klare Rede wird.* Denn man muß nicht die Buchstaben in der lateinischen Sprache fragen, wie man deutsch reden soll, wie diese Esel tun; sondern *man muß die Mutter im Hause, die Kinder auf der Gasse, den einfachen Mann auf dem Markt danach fragen, und denselben auf das Maul sehen, wie sie reden,* und danach übersetzen, so verstehen sie es denn, und merken, daß man deutsch mit ihnen redet" (Fortsetzung siehe obiges Zitat).

---

20 Spehr: „Dem Volk aufs Maul schauen", 88. Trotz richtiger Interpretation merkt auch Spehr nicht, daß „Volk" nicht vorkommt.

Luther argumentiert sowohl von Sprachpragmatik und Sprachkompetenz wie von einer theologischen Sicht der Sprache her. Für ihn lagen die literarisch-philologische Seite und die theologische Seite des Übersetzungsvorgangs (und der Sprache überhaupt) ineinander, was sich notwendig aus seiner Theologie des Wortes ergab. Die Bedeutung des Gesagten für Luther kann man kaum hoch genug einschätzen. Was für Unbedarfte nach „nur textlichem" oder philologischem Geplänkel aussieht, ist untrennbar von der Rechtfertigung allein aus Glaube und Gnade. Im Sendschreiben heißt es auch: „Ists kein werck, so mus der glaube allein sein."

> „Weil nun die Sache im Kern selbst fordert, daß man sage: ‚allein der Glaube macht gerecht', und es unserer deutschen Sprache Art (ist), die auch lehrt, solches so auszudrücken, ich dazu der heiligen Väter Exempel habe, und auch die Gefahr der Menschen dazu zwingt, daß sie nicht an den Werken hängenbleiben und den Glauben verfehlen und Christus verlieren, insbesondere zu dieser Zeit, da sie von so lange her der Werke gewohnt, und mit Gewalt davon gerissen werden müssen, so ist's nicht allein recht, sondern auch hoch vonnöten, daß man aufs allerdeutlichste und vollständigste heraussage: allein der Glaube ohne Werke macht fromm. Es reuet mich (sogar), daß ich nicht auch dazugesetzt habe: ‚alle' und ‚aller', also: ‚ohne alle Werke aller Gesetze', so daß es voll und rund heraus gesprochen wäre. Darum soll's in meinem Neuen Testament bleiben, und sollten alle Papstesel toll und töricht werden, so sollen sie mir's nicht herausbringen."

Die *Sache selbst* fordert es und ebenso *die Art der Sprache*. Damit war für Luther die Übersetzungsentscheidung gefällt. Unter „Die Sache selbst" (die *res ipsa*), versteht Luther den Rechtfertigungsartikel oder Christus selbst.[21] *Darum: Wer die Sache nicht kennt („Rottengeister" s. o.), taugt auch nicht zum Übersetzen.* Eine offene Frage bleibt, inwieweit Luther mit seinem Insistieren auf gutem Deutsch doch eine Flanke geöffnet hat oder ein Kriterium eingeführt hat, das

21 Zum Verhältnis von *verbum* und *res* (Wort und Sache) für den Schriftausleger Luther siehe auch meine Studie „‚Hoc est in Christo ad literam factum'…". Immer noch hilfreich zur *res-verbum*-Problematik ist Krause: Studien, 223–241.

sich verselbständigen konnte.[22] In meinem Vortrag für den J.T. Beck-Preis 2014 hatte ich abschließend darauf aufmerksam gemacht (allerdings hat bisher m. W. niemand darauf reagiert).[23] Die Lösung besteht wohl darin, daß die Verselbständigung bzw. die Übernahme der Herrschaft durch dieses Kriterium in dem Moment beginnt, in dem Gewicht, Klarheit und Gewißheit der theologischen Seite abnehmen. Eben dies scheint mir bei maßgeblichen, an der wissenschaftlichen Linguistik orientierten Vertretern der Dynamischen Äquivalenz der Fall zu sein: Aufgrund ihrer eingeschränkten Methodik gerät die theologische Dimension und Eigenart biblischer Texte und ihrer Übersetzung aus dem Blick, womit auf die intellektuell-informationelle Nachvollziehbarkeit alles Gewicht fällt (vgl. den Beitrag von Heinrich von Siebenthal in diesem Band).

So oder so: Der kategoriale Unterschied zwischen der Lutherbibel und den Übersetzungen, die sich im Gefolge angeblich wissenschaftlicher Übersetzungstheorien[24] seit den 1960er Jahren etablieren konnten, bleibt für jeden, der sich mit *Textvergleichen* befaßt und sich nicht mit angeblichen bzw. schlecht interpretierten Lutherzitaten betrügen läßt, sofort augenfällig.

Luthers Übersetzungsarbeit lebt also nicht aus den gleichen Maßstäben wie die dynamisch-äquivalente Praxis. Diese hat ein anderes, funktional reduziertes Sprach- und Kommunikationsverständnis und zielt in „consumer language" (E. A. Nida) auf den modernen, religiös indifferenten Verbraucher, nicht auf den Christen, der wissen will, was (nicht) zu glauben ist.

Aufgrund der geistlich-theologischen Kraft seiner bibelgesättigten Sprache konnte Luther es sich leisten, zahlreiche Neuerungen ins Deutsche einzubringen, die dieses dann für Jahrhunderte geprägt haben. Schlagend deutlich wird dies an Neologismen, Sprichwörtern und am Stil, die via Lutherbibel unser Deutsch erobert haben.[25] Nur wenige Beispiele:

---

22 Hierüber mehr in den Schlußabschnitten von: Felber: Habakuks „Meisterspruch". Dieser und die anderen hier genannten Aufsätze von mir sind zum Download verfügbar unter www.stefan-felber.ch.

23 Felber: Habakuks „Meisterspruch".

24 Hierüber ausführlich Felber: Kommunikative Bibelübersetzung.

25 Schon in den 1530er Jahren war die Lutherbibel im deutschen Sprachraum so vertraut geworden (im oberdeutschen Raum schon ab 1525), daß es die (anfangs beigefügten) Sprachhilfen (Glossare) nicht mehr bedurfte.

1. Georg Büchmanns „Geflügelte Worte und Zitatenschatz“ umfaßte 50 Seiten allein aus der Lutherbibel – mehr als aus Goethe und Schiller zusammengenommen. Darunter finden sich **Wendungen** wie: *ein Dorn im Auge, sein Herz ausschütten, herrlich und in Freuden leben, Axt an die Wurzel legen, Perlen vor die Säue werfen, ein Stein des Anstoßes sein, herrlich und in Freuden leben, seine Zunge im Zaum halten, sein Licht unter den Scheffel stellen, Balken/Splitter im Auge haben, mit Blindheit geschlagen sein, der Mensch lebt nicht vom Brot allein, niemand kann zwei Herren dienen, wes das Herz voll ist, des gehet der Mund über, auf Treu und Glauben* etc.
   Aus dem Nieder- und Ostmitteldeutschen fanden u. a. *heucheln, worffeln* und *Schlacke* ihren Weg ins heutige Deutsch.
2. Für die meisten **Abstrakta** hatte das Deutsche noch keine zulänglichen Ausdrucksmittel. Was nicht aus Predigtsprache oder Mystik entlehnbar war, mußte erfunden werden. Beispiele für beides: *Einfluß, Gelassenheit, geistreich, wohlgefällig, schüchtern, heucheln, lagern, fromm,* vgl. *Lippe, Pfote ...*
3. **Komposita:** *Feuereifer, friedfertig, gastfrei, gottesgelehrt, Gotteslästerer, haarbreit, Herzenslust, Höllenbrand, Kleingläubige, Langmut, Lästermaul, Lückenbüßer, Machtwort, Morgenland, Menschenfischer, Otterngezücht, Schädelstätte, Scharfrichter, Teufelswerk, Übeltat, Winkelprediger, wetterwendisch, Wortgezänk, Zinsgroschen ...*
4. **Neu gefüllt oder geschaffen** wurden: *Beruf, Buße, Gnade, Götze, Sünde.*
   Neu gefüllt wurden Bezeichnungen für Amtsträger, neu gebildet wurde eine **Fachterminologie**: *Apostel, Pfaffe* (durch Luther negativ besetzt), *Monarch, Tyrann, Prophet,* ferner: *Evangelium, evangelisch, fromm, Psalm, regieren, Testament, Rechtfertigung.*
5. **Stil und Gestus:** Keinesfalls unterschätzen sollte man die Ausbildung eines biblisch-deutschen „Sakralstils“.[26] Luther schuf eine Textsorte „Bibel“, die wesentlich vom Sakralstil geprägt ist, der Hörern und Lesern eine „angemessene“, eben „sakrale“ Empfängerhaltung für den biblischen Text nahelegt. Das gelingt Luther, indem er biblische Erzählweisen und Sprechges-

[26] Hierzu s. die Arbeiten u. a. von Schrader, Anderegg, Stolt und Hoegen-Rohls.

ten sprachlich genau nachahmt", indem er Wendungen „expressiv dynamisiert" und „oratorisch vitalisiert"[27]. „Also muss das menschliche Wort dergestalt kultiviert und verwendet werden, daß diese seine höchste Würde, Gott selbst zur Geltung zu bringen, zum Vorschein kommt."[28] Luther ging dabei höchst bewußt und reflektiert vor[29] und konnte so bis ins 18. Jahrhundert ein „exklusives Sprachnormvorbild", einen Modelltext für gutes Deutsch überhaupt etablieren.[30] Ja, Luther *wollte* seinen lieben Deutschen gutes Deutsch lehren! Er bekennt, Ziel seines Werkes sei es, „deutsch den ungeleretenn layen zu predigen und schreiben".[31] So schrieb Jacob Grimm 1822: „Luthers Sprache muss in ihrer edlen, fast wunderbaren Reinheit, für Kern und Grundlage der neuhochdeutschen Sprachniedersetzung gehalten werden."[32]

Mit Birgit Stolt (u. a.) „muß nachdrücklich betont werden, daß Luther von Anfang an bewußt sakralsprachlich übersetzt" und damit das Deutsche in Wortschatz, Syntax, Klang und Rhythmus in epochalem Ausmaß weiterentwickelt" hat.[33]

Wollte man all dies wohlmeinend-entmündigend in den Eimer (statt in den Scheffel) geben, so schneidet man den Bezug zur Tradition ab und schaltet den Dialog mit ihr aus!

Mit seinen Neuerungen forderte Luther seinen Lesern also entschiedenes Hinzulernen ab. Es wird klar, daß er nicht trivialisieren, sondern präzise und theo-

27 Exzellent hierzu: Stolt: Biblische Erzählweise; vgl. ferner Hoegen-Rohls: Biblia deutsch, zusammengefaßt von den Seiten 76–80.

28 Ebd. 80 f.

29 Nachweis m. E. unwiderleglich geführt bei Stolt: Biblische Erzählweise, 187–189; weitere Luther-Belege bei Haubrichs: Sprache Luthers, 53 ff.

30 Hoegen-Rohls a. a. O. 83 f., dort das Diktum des Grammatiker Johannes Clajus: „Wie Gott durch Mose und die Propheten Hebräisch und durch die Apostel Griechisch gesprochen habe, so habe er durch Martin Luther als sein auserwähltes Werkzeug *bene Germanice* gesprochen." Vgl. Lemmer: Bewertung.– Haubrichs spricht vom „Sprachnormbuch der Zukunft in allen Landschaften, in denen die Reformation obsiegte, und darüber hinaus", unangetastet selbst „von manchen Druckern in fernerliegenden Sprachlandschaften" (Luthers Sprache, 66).

31 Von den guten Werken, 1520, WA 6, 203, Z. 17–19 (vgl. Haubrichs: Luthers Sprache, 59).

32 Zitiert aus: https://www.luther2017.de/de/reformation/und-gesellschaft/deutsche-sprache/wem-hat-luther-aufs-maul-geschaut-luthers-einfluss-auf-die-sprache/ (26.11.2017).

33 Hoegen-Rohls: Biblia deutsch, 85.

logisch exakt schreiben wollte.[34] Aus diesem Grund wurde aus „Evangelium" auch nicht „Gute Nachricht". Luther hat Fremdwörter zwar vermieden (Quadrant Mt 5,26; Substanz Hebr 1,3 u. a.), vielfach aber bewußt belassen. Dazu gehört vor allem „Evangelium". Mülhaupt erkennt hier zu Recht ein theologisches Motiv: „weil es ein Ausdruck der göttlichen Fremdheit des Evangeliums und gewissermaßen der Fremdheit der Gerechtigkeit Christi (aliena iustitia!) ist", und schließt sich Emanuel Hirschs Beschreibung an:

> „Das Beste und Tiefste zum Verständnis des Evangeliums tut nicht der, der es mit verwaschenen, alles und nichts bedeutenden Worten umschreibt, die den Menschen leichthin eingehen, weil sie keine Schwierigkeit in ihnen merken. Das Beste und Tiefste zum Verständnis des Evangeliums tut vielmehr der, der es bei aller Anknüpfung an das Gewöhnliche in eigentümlichen, eigengeprägten Worten verkündet, die den Stachel in den Geist des Hörers drücken, die ihm klarmachen, hier gebe es etwas bisher noch nicht Gekanntes zu verstehen, hier wolle sich ihm eine neue reiche Welt erschließen … So kann man aus Luthers Dolmetschen lernen: Verständlichkeit der christlichen Rede ist stets ein Schweben zwischen der Anknüpfung an den gewöhnlichen Sprachgebrauch und der durch die Eigenheit der Sache geforderten Eigengeprägtheit der Begriffe. Wir dürfen die Anknüpfung nicht verlieren, sonst verlieren wir das Ohr, an das wir uns wenden. Wir dürfen aber auch nicht die Eigengeprägtheit preisgeben an die Flachheit der weltlichen Rede, sonst verkürzen wir die Sache, um deretwillen es sich allein lohnt, daß wir reden."[35]

---

34 Der orthodoxe Jude und Lyriker *Manfred Winkler* pries Luthers Ingenium für den hebräischen Ausdruck im Deutschen, gerade wegen gewisser Ungenauigkeiten (!). Luther schlug hier eine Brücke, die nie wieder in dem Maße glückte (Schrader: Sprachgestalt, 172). Nachher wurde keine Übersetzung mehr erstellt, ohne Luther auf dem Pult zu haben, selbst bei den Anfängen der Buber-Rosenzweig-Übersetzung war daran gedacht worden, nur die Lutherbibel zu überarbeiten. *Rosenzweig* hat Luthers Übersetzung treffend in einem weltgeschichtlich-globalen Rahmen gesehen: *„Die Reformation ist das erste deutsche Ereignis, das in die Welt hinausgewirkt hat und nicht wieder aus ihr geschwunden ist. Seitdem ist das deutsche Schicksal in das Weltschicksal verwoben. Luthers Übersetzungstat bezeichnet diesen Punkt"* (zit. nach Kantzenbach: Luthers Sprache, 9, Hervorh. S. F.).

35 Zit. nach Mülhaupt: Testament, 75.

Beispiel: An der Stelle, die Saul in die Höhle gehen ließ, notierte Luther zunächst in sein Manuskript: „Saul ging hinein, um zu scheißen." Aber im Druck heißt es dann wörtlich: „seine Füße zu bedecken" (1.Sam 24,4). Luther mutet dem Leser die wörtliche Übersetzung zu und verzichtet darauf, nur einen linguistisch ermittelten „Skopos" zu übersetzen. Eine ähnliche Lektion war an der Diskussion um die „Volxbibel" (seit 2005) zu lernen: Es gibt einen heilsamen und pädagogisch einzufordernden Unterschied der Sprachebenen. Wer diese vermischt, verdirbt gute Sitten.[36]

Um dafür ein Empfangsorgan zu bekommen, sind theologische Kommentare oft wenig beredt. Die schon genannten *Germanisten* Anderegg, Stolt und Schrader haben hingegen (neben anderen) herausgearbeitet, wie Luther für das Stiften einer sakralen Sprachaura aus den Ursprachen Strukturen, Wendungen bzw. einen charakteristischen Erzähltypus übernahm und gerade entgegen der horazischen Empfehlung zu sprachlicher Natürlichkeit den Rhetorikrezepten des Hieronymus folgt, *die für das Heilige eine strenge Nachahmung des verbalinspirierten Wortlauts verlangten.* Daß die Bibel zwar klar, aber in ihrer Klarheit eine unbequeme Botschaft enthalte, gegen die die Hure der natürlichen Vernunft rebelliert, hat Luther immer betont. Wie nun kann eine heutige, von den Kirchen (!) getragene Werbung insinuieren, man könnte diese Zumutung Menschen gewissermaßen im Vorbeigehen unterjubeln, ohne sie die Abständigkeit merken zu lassen?

Wenn die Kernbegriffe der Schrift, so Schrader, „in zeitgeist-adaptierten Neuversionen aufgegeben werden, ist freilich das Ganze der Botschaft verloren, nicht nur ein Mehltau ungewöhnlich gewordener Wörter und Graphien abgestreift"; die anstoßfrei gemachte Bibel aber passe dazu, wenn zumutungsreiche Begriffe wie Gesetzlichkeit und Herzensgrund, zumutungsreiche Gegensätze wie Fleisch vs. Geist, Sünde vs. Gesetz, Teufel und Engel, „Buße, Reich Gottes, Wiedergeburt und Heiligung auch in heutigen Predigten kaum mehr auftauchen, die sich ihrer genieren und lieber von ökologischer Katastrophe und interreligiöser Gemeinschaft handeln …"[37]

---

36 Vgl. 1.Kor 15,33 KJV: „Be not deceived: evil *communications* (*homiliai kakai*) corrupt good manners."

37 Schrader: Sprachgestalt, 166.

Die theologische Eigentümlichkeit der Lutherbibel, oder: Über das Recht einer theologischen und kirchlichen Sondersprache

Um die Frage einer *theologischen* Eigentümlichkeit der Lutherbibel machen wir Theologen gerne einen Bogen. Geht es hier nicht um Dinge, die so subjektiv sind, daß sie gar nicht verhandelbar sind? Doch sei nochmals an Max Wehrli erinnert, der geschrieben hatte:

> „Wie nur je ein großer christlicher Theologe und Prediger redet auch Luther aus der Überzeugung heraus, auf neue und ursprüngliche Weise am Wort teilzunehmen, eine Sprache zu reden, die nur kraft eines göttlichen Wortes möglich und wahr sein kann.“[38]

Meine These ist: Luther hat die Deutschen die Sprache Kanaans gelehrt. *Er hat nicht nur den Leuten aufs Maul gesehen, sondern ihnen auch gegeben, was und wie das Maul sprechen und singen soll. Er hat nicht nur die Bibel verdeutscht, sondern das Deutsche verbibelt. Er hat damit dem Deutschen eine Quelle der Verjüngung gegeben, die über Jahrhunderte sprudelte.*[39]

Lassen wir uns von den Germanisten erinnern! Max Wehrlis „Eine Sprache sprechen, die nur kraft des göttlichen Wortes möglich und wahr ist“ ist auch unsere Sehnsucht, und wir tun gut daran, uns an der Lutherbibel zu orientieren, durch die Gott generationenlang solch kraftvolle Sprache geschenkt hat. Bis 1892 gab es keine kirchenamtliche Revision. Theologisch gedeutet: Bis ins 20. Jahrhundert hat es Gott gefallen, die evangelischen Kirchen des deutschsprachigen Raumes durch die Lutherbibel zu leiten, und zwar bis hinein in die Schweiz (auch nach Basel, wo bis nach 1945 die Lutherbibel über die Zürcher Bibel dominierte).

„Kraft des göttlichen Wortes“, treu und genau übersetzend: Die Befassung mit der Schrift wird uns je eine neue Sprache geben, in der unsere menschliche

38 Wehrli: Geschichte der deutschen Literatur, 997.

39 Die Entdeckung des gemeinsprachlichen Niveaus des Neuen Testaments (Adolf Deissmann) spricht dagegen in keiner Weise. Zur Begründung siehe Marlowe: Was the Bible Written in „Street Language“?.

Sprache zum Bade geführt, veredelt wird (Friso Melzer, Siegfried Kettling), und in der die Gemeinde mit einem Munde Gott loben, bekennen und zu ihm beten soll, darf und will. Doch es tut dem neuen Neuen, was wir heute von Gott erbitten, nur gut, Maß zu nehmen an dem alten Neuen, durch das es ihm gefallen hat, seine Kirche zu bauen.

Die „Sprache Kanaans" ist heute zum abwertenden Begriff geworden. Doch Jesaja (19,18) nennt voller Hoffnung, fünf Städte der Ägypter würden die Sprache Kanaans sprechen; Jahwe werde den Ägyptern bekannt sein, er werde sie schlagen und heilen, und sie würden sich, anders als im Buch Exodus, bekehren zum Herrn. Jahwe werde sich den Ägyptern zu erkennen geben (*noda*), sie würden Gott erkennen (*w^e^jad^e^u*) und ihm dienen (V. 21). Er wird ihnen einen Retter (*moschia*) geben usw. Fünf Städte: das mag im Vergleich zu den Tausenden der ägyptischen Dörfer und Städte wenig sein, doch es ist schon die Hälfte der Vollzahl Zehn, vielleicht eine Anzahlung auf die eingehende Vollzahl der Heiden, denen Gott reine Lippen schenken will. Wenn das, was Jesaja für die Heiden als hoffnungsvoll angesehen wird, bei den Heiden bzw. Heidenchristen aber negativ angesehen wird, wie ist es dann um ihre Hoffnung bestellt?

Hoffnung sollten wir pflegen in der Bejahung, nicht in der Verneinung bibelgeprägten Sprechens, des Eigenrechts, des normativen und korrigierenden Stellenwertes biblischer Begriffe gegenüber der sich allzu leicht (an die Philosophie anlehnenden) systematischen und (an Soziologie und Psychologie anlehnenden) praktischen Theologie. *Scriptura ita loquitur, cur non nos?*[40] Zephanja weissagt, daß der Herr den Völkern eine reine Sprache geben werde. Zeph 3,9:

> Luther 1984: Dann aber will ich **den Völkern reine Lippen geben**, daß sie alle des HERRN Namen anrufen sollen und ihm einträchtig dienen.
> ESV: For at that time **I will change the speech** of the peoples to a pure speech, that all of them may call upon the name of the LORD and serve him with one accord.

---

40 „So spricht die Schrift, warum nicht wir?" fragt Luther (s. Beutel: Scriptura ita loquitur). Die gleiche Frage adressiert Schwarzwäller an die Sprache der Theologie insgesamt (Schwarzwäller: Sprache der Bibel, 191. 200 ff.), ebenso Marius Reiser kritisch zur Einheitsübersetzung: „Sollten wir die biblischen Autoren das Ihre nicht auch möglichst auf ihre Weise sagen lassen?" (Sprache und literarische Formen, 45).

Pietisten hatten einmal Gefallen an der „Sprache Kanaans“, wie Schrader in Band 4 der Geschichte des Pietismus untersucht hat[41]. Doch jetzt? Wir haben Feuer unterm Dach.

Die bleibende Bedeutung der Lutherbibel

Heinrich Heine

Es ließe sich leicht ein ganzer Vortrag nur mit den Zeugnissen bedeutender Verfasser füllen, die der Lutherbibel ihre Reverenz erwiesen und denen nichts ferner lag, als ihren Lobgesang in einen Abgesang zu verwandeln. Es sei nur knapp und überblicksweise erinnert, daß Literaturwissenschaftler, Philosophen und Theologen von fünf Jahrhunderten einen Chor bilden, der ein gemeinsames Lob der Lutherbibel singt. Über Generationen hat dieses Buch den Grundschülern beim Lernen des Deutschen das Muster guter Sprache gegeben, war Beispieltext in Grammatiken[42], Grundlage für Dichtung und Musik. Sie gab unserer Literatursprache vielfach das Muster ab. Das leistete wohlgemerkt nicht ein Deutsch-Lehrbuch wie das von Wolf Schneider, der als Agnostiker die *Abkehr* vom Kanaanäisch fordert, sondern eine Übersetzung, durch die dem Deutschen eine *Hinkehr* zu den bzw. eine *Einkehr* in die biblischen Sprachen ermöglicht wurde.[43] Kein anderes deutsches Buch hat eine solche „kirchen-, frömmigkeits- und literaturgeschichtliche Wirkung“ entfaltet wie dieses (A. Beutel), eignet ihm doch eine „singuläre theologische Kohärenz“ und „sprachliche Meisterschaft“ (Thomas Kaufmann). Gläubige und ungläubige Dichter von Klopstock über Lessing, Hamann, Herder, Goethe, Schiller, Novalis, Schlegel

41 Schrader: Sprache Canaan.

42 1531 beim ersten deutschen Grammatiker Fabian Frangk; dann Laurentius Albertus und Albert Oelinger 1573, Johannes Clajus 1578 (Kantzenbach: Luthers Sprache, 11; Haubrichs: Luthers Sprache, 67).

43 Bezeichnenderweise hält er es für töricht, Germanistik zu studieren (http://www.spiegel.de/lebenundlernen/uni/sprachpapst-wolf-schneider-germanistik-zu-studieren-halte-ich-fuer-toericht-a-690834.html, 30.09.2017): „Germanistik zu studieren, halte ich für besonders töricht. Thomas Mann lässt sich auch abends zu Hause lesen, ebenso, was andere über ihn geschrieben haben. Es ist völlig verrückt, dafür noch an der Universität Jahre seines Lebens zu verplempern. Germanistik gehört zusammen mit Soziologie, Psychologie und Kommunikationswissenschaften zu den Fächern, von denen ich dringend abrate – denen, die Journalisten werden wollen.“

und Eichendorff bis hin zu Nietzsche, Thomas Mann, Ricarda Huch und Bertolt Brecht bekräftigten diese Einschätzung.[44] Im Anschluß an Schrader sei hier der Luther-Hymnus des Spötters **Heinrich Heine** (1797–1856) angeführt, der 1834 wohlgemerkt zuerst für ein französisches Publikum den Essay „Zur Geschichte der Religion und Philosophie in Deutschland" verfaßte:

> „Luther … war zugleich ein träumender Mystiker und ein praktischer Mann der That. Seine Gedanken hatten nicht bloß Flügel sondern auch Hände; er sprach und handelte. Er war nicht bloß die Zunge, sondern auch das Schwert seiner Zeit. … Derselbe Mann, der wie ein Fischweib schimpfen konnte, er konnte auch weich seyn, wie ein zarte Jungfrau. Er war manchmal wild wie der Sturm, der die Eiche entwurzelt, und dann war er wieder sanft wie der Zephyr, der mit Veilchen kost. Er war voll der schauerlichsten Gottesfurcht, voll Aufopfrung zu Ehren des heiligen Geistes, er konnte sich ganz versenken ins reine Geistthum; und dennoch kannte er sehr gut die Herrlichkeiten dieser Erde …, er hatte etwas Ursprüngliches, Unbegreifliches, Mirakulöses, wie wir es bey allen providenziellen Männern finden …, etwas unbezwingbar Dämonisches …
> Ruhm dem Luther! Ewiger Ruhm dem theuern Manne, … von dessen Wohlthaten wir noch heute leben! … Der Zwerg, der auf den Schultern des Riesen steht, kann freylich weiter schauen als dieser selbst, besonders wenn er eine Brille aufgesetzt; aber zu der erhöhten Anschauung fehlt das hohe Gefühl, das Riesenherz, das wir uns nicht aneignen können …
> *Martin Luther gab dem Geist … einen Leib. Er gab dem Gedanken auch das Wort. Er schuf die deutsche Sprache.*
> *Dieses geschah, indem er die Bibel übersetzte.*
> *In der That, der göttliche Verfasser dieses Buchs, scheint … gewußt zu haben, daß es gar nicht gleichgültig ist, durch wen man übersetzt wird, und er wählte selber seinen Uebersetzer, und verlieh ihm die wundersame Kraft, aus einer todten Sprache, die gleichsam schon begraben war, in eine andere Sprache zu übersetzen, die noch gar nicht lebte. …*

44 Weitere starke Zeugnisse finden sich u. a. bei Kantzenbach: Luthers Sprache; Ihlenfeld: Großer verkannter Mann.

> *Wie aber Luther zu der Sprache gelangt ist, worin er seine Bibel übersetzte, ist mir bis auf diese Stunde unbegreiflich. … Nahm Luther zu seiner Bibelübersetzung die Sprache, die man im heutigen Sachsen sprach, so hätte Adelung Recht gehabt zu behaupten, daß der sächsische, namentlich der meißnische Dialekt unser eigentliches Hochdeutsch d. h. unsere Schriftsprache sey. … Ich bekenne … offenherzig, ich weiß nicht, wie die Sprache, die wir in der lutherschen Bibel finden, entstanden ist.* Aber ich weiß, daß durch diese Bibel, wovon die junge Presse, die schwarze Kunst, tausende von Exemplaren ins Volk schleuderte, die lutherische Sprache in wenigen Jahren über ganz Deutschland verbreitet und zur allgemeinen Schriftsprache erhoben wurde. Diese Schriftsprache herrscht noch immer in Deutschland, und giebt diesem politisch und religiös zerstückelten Lande eine litterärische Einheit. … *Die Sprache in Luthers Bibel … ist eine ewige Quelle der Verjüngung für unsere Sprache.* Alle Ausdrücke und Wendungen, die in der lutherschen Bibel stehn, sind deutsch, der Schriftsteller darf sie immerhin noch gebrauchen; und da dieses Buch in den Händen der ärmsten Leute, so bedürfen diese keiner besonderen gelehrten Anleitung um sich literarisch aussprechen zu können."[45]

Heine bringt die schon angesprochenen Pole treffend zum Ausdruck. Da ist zum einen die sprachlich-literarische Bedeutung der Lutherbibel. Diese ist jedem Dichter, jedem Leser zugänglich, ob gläubig oder nicht.[46] Luther gab dem Geist einen Leib, sagt er, spezifiziert aber nicht, ob es um den heiligen oder menschlichen Geist geht. Zunächst: Er gab dem Gedanken auch das Wort und schuf die deutsche Sprache. Dann ist da zum anderen die Dimension des göttlichen Verfassers, die für Heine als einem Ungläubigen verschlossen war, die er aber dennoch gut benennen konnte: Er weiß nicht, sagt er bescheiden, woher die Sprache Luthers bzw. die ins Deutsche gebrachte Sprache der Bibel ihre

45 Heine, Heinrich: Zur Geschichte der Religion und Philosophie in Deutschland, in: Heine, Heinrich: Historisch-kritische Gesamtausgabe der Werke Bd. VIII/1, Hamburg 1997, 33–40 (zit. nach Schrader, Aura und Umgangsdeutsch, 168 f.; Hervorh. S. F.).

46 Vgl. die Hochschätzung der Lutherbibel bei dem vielfach ausgezeichneten türkisch-deutschen Schriftsteller Feridun Zaimoglu (http://www.faz.net/s/RubCEB3712D41B64C3094E31BDC1446D18E/Doc~E3F3806D401CE45098B5BDBAE8CC810CE~ATpl~Ecommon~Scontent.html, 20.01.2010, derzeit nicht mehr verfügbar).

Kraft genommen hatte. Wie kann es sein, daß eine tote Sprache einer anderen Sprache, die noch nicht lebt, das Leben einhaucht? Das versteht er nicht. Dennoch spricht er von einem göttlichen Verfasser, der sich einen kongenialen Übersetzer ausersehen und ihm eine wundersame Kraft verliehen hat. Heine spricht von einem Wunder! Zu Recht! Es geht um das Wunder, das sich auch dann nicht wiederholt, wenn heutige Vertreter einer funktionalen Übersetzungstheorie das falsche Lutherzitat vom „dem Volk aufs Maul schauen" immer noch einmal wiederholen. Denn gerade mit dem, was Heine hier als Wunder erkennt, haben sie ihre liebe Not.

Konkretionen zur Zukunft der Lutherbibel

Wenn ich die teils flachen Texte der neueren Lobpreislieder höre, sprachlich oft minderwertige Gemeindefaltblätter, den Abstieg in der Redekultur von Obama zu Trump, von Schmidt zu Merkel mir vergegenwärtige, daneben das prosaisch-seichte Plätschern kirchlicher Verlautbarungen, drängt sich mir die Frage auf: Wie finden wir wieder eine Sprache, die der Würde, Heiligkeit und Eigentümlichkeit des göttlichen Redens angemessen ist? Welche Sprache ist *Gott* angemessen? Wir fragen meist danach, was dem *heutigen Menschen* angemessen ist, rechtfertigen das mit einigen mehr oder weniger gehaltvollen Schlagworten (Gottes „Kondeszendenz", „Inkarnation", vielleicht „kenotischer Partizipation" usw.), aber übersehen, daß es Gott gefallen hat, auch durch Texte, die den Zeitgenossen sehr fremd waren und blieben, sein Herz zu erreichen. Denn sein Wort kommt nicht leer zurück. Im Wort handelt Gott selbst, ja im Wort ist Gott selbst[47], also hat es die Kraft Gottes auch dort, wo wir nur Bruchteile rational erklären können. Schauen wir uns unsere tatsächlichen Gemeinden an mit dem Blick von 1.Kor 1: nicht viele hohe, nicht viele weise, sondern viele einfache, aber treue Leute, Handwerker neben Akademikern, und wo sie mit Ernst Christen sein wollen, mit einer Sehnsucht nach Klarheit und Wahrheit, und Wahrheit heißt hier: Echtheit, Übereinstimmung mit dem Original. Diese Echtheit spüren auch kirchenferne Menschen. Es war ein Atheist, der die Lu-

[47] Klepper: „Im Worte kommt Gott selbst hernieder"; Ringleben: „Gott im Wort" (s. Literaturverzeichnis).

therbibel als das beste deutsche Buch bezeichnete (Nietzsche[48]), und es waren Christen, die in Unkenntnis ihres zentralen Schatzes immer neue Übersetzungen statt gute Lesehilfen herausgegeben haben, und so ihren Schatz preisgegeben haben.

Fünf Städte Ägyptens sollen die Sprache Kanaans sprechen (Jes 19,18), ja alle Völker sollen reine Lippen bekommen (Zeph 3,9). Das Deutsche hat an der Lutherbibel einmal sehr viel von der Sprache Kanaans aufnehmen dürfen. Sollen wir das wieder abstreifen? Sollen wir die Säkularisierung unserer Sprache weitertreiben, die im 18. Jahrhundert begonnen hat?[49] Wie sollen die Völker reine Lippen bekommen, wenn selbst Bibeln in *consumer language* geschrieben werden?

Hier also mein **Plädoyer für die Lutherbibel:** Für die Bewahrung dieses Erbes, für den Auftrag und die Verheißung, die uns mit ihr gegeben sind!

a) *Die Lutherbibel ist die konsequente Frucht des reformatorischen Ringens um die Wahrheit und das Zur-Sprache-Kommens des Evangeliums.*[50]
Schon dies hebt sie über einen musealen Charakter weit hinaus.
Ohne sie gerät auch die Fortsetzung dieses Ringens in Gefahr.

b) *Sie verpflichtet zu einem kompetenten Deutsch, das Gott und seiner Offenbarung angemessen ist und sich nicht nur an den engen Verstehensgrenzen der Rezipienten orientiert.*
„Die Schrift redet so, warum nicht wir?": Die Lutherbibel hält diese Frage wach und mit ihr zugleich *geschichtlich* die Erinnerung an Anfänge und Grundlagen der evangelischen Kirche(n) wie *theologisch* die Subjekthaftigkeit (mit anderen Worten: Selbstbestimmungsprivileg und Selbstbestimmungsmacht) des Evangeliums im Zeugnis der Gemeinde nach innen und außen.

c) *Sie verpflichtet zum Auswendiglernen eines Textes, der Alt und Jung verbindet.*

48 „Das Meisterwerk der deutschen Prosa ..., die Bibel war bisher das beste deutsche Buch. Gegen Luthers Bibel gehalten ist fast alles Übrige nur ‚Literatur'" (Nietzsche, Friedrich: Jenseits von Gut und Böse [1886], in: Werke in 3 Bänden, Band II, 715 [Nr. 247]).

49 Vgl. Schöne: Säkularisation.

50 Vgl. Kantzenbach: Luthers Sprache, 13; Mülhaupt: Testament, 8 f.

Es besteht ein verbreiteter Konsens, daß man dynamisch-äquivalente Übersetzungen nicht gut auswendig lernen kann. Daß aber mit deren Durchsetzung auf dem Bibelübersetzungsmarkt das Auswendiglernen entgegen aller Vorgaben aus Schrift (Dtn 6!; Ps 1; 119!) und Tradition (Talmud: „Wer nicht auswendig lernen will, soll sterben"!) noch stärker zurückgedrängt wurde, ist bisher noch viel zu wenig als Problem ins Bewußtsein getreten.[51]

d) *Sie verpflichtet zum korrekten Zitat, auch über den Bereich von Kirche und Theologie hinaus.*

Wenn wir den heiligsten Text unserer Kultur, die Bibel, nicht genau zitieren, wo sollen wir dann genau sein?

e) *Sie nährt die Erwartung, daß das von Heine beschriebene Wunder erneut wirklich wird.*

Warum soll der Lutherbibel heute unmöglich sein, was in einer Zeit möglich war, in der die Menschen für den Broterwerb viel mehr Zeit benötigten als heute?

f) *Sie mahnt uns, sie mit liebevoller Geduld zu lesen, zu lernen und zu singen.*

Wo die Jugend Mühe mit ihr hat, müssen sich Ältere mit Jüngeren gemeinsam hinsetzen, zur Not weniger Verse und langsamer lesen als gewohnt. Langsames Lesen führt (gerade, aber nicht nur) bei jungen Leuten zu größerer Klarheit und nachhaltigerer Aufnahme.

Vergessen wir nicht: Das eigentliche Verstehenshemmnis ist zumeist nicht die Sprache der Bibel, sondern die fremde Sache, die in ihr zur Sprache kommt.[52]

g) Im *Vergleich mit anderen wortgetreuen Übersetzungen* (wie Schlachter und Elberfelder) zeigt sich die poetische und theologische Kraft der Lutherbibel als gewichtiger Vorteil, trotz gewisser Ungenauigkeiten. Bleiben wir doch bei der Bibel, die nicht nur zu den genausten gehört, sondern die auch am besten auswendig gelernt werden kann – und mit der es Gott gefallen hat, die evangelischen Kirchen über Jahrhunderte zu nähren und zu

---

51 Hierzu Schnepper: Goldene Buchstaben; vgl. Pola: „Wer nicht auswendig lernt, ist des Todes schuldig".

52 Beutel: Klassizität, 37.

leiten.[53]

Der Vergleich mit dynamisch-äquivalenten Übersetzungen (Hoffnung für alle, Gute Nachricht) zeigt: Diese kommen und gehen rasch. Die Vertreter dieses Typus haben eine allzu berechtigte Angst vor dem Veralten. Die Lutherbibel kann und wird sie überleben, aber dazu sie braucht neue Leser!

h) *Die Lutherbibel ist eine Säule der protestantischen Einheit.*[54]

Ihre Bedeutung für evangelische Christen entspricht der Bedeutung des Amtes in der römisch-katholischen Kirche. Die Bedeutung der Lutherbibel wurde über Generationen hinweg durch eine monopolartige Stellung gestützt, die sich selbst im Sturm erobert hat. 18 deutsche Übersetzungen vor ihr[55] konnten sich nicht durchsetzen.

Durch die vielen neueren Übersetzungen seit ein paar Jahrzehnten geschieht jetzt aber das Umgekehrte: die Verdrängung der Lutherbibel. Damit wankt ein Pfeiler evangelischer Glaubenseinheit. Meine Frage ist, ob wir der Lutherbibel nicht in *unserer gemeindlichen Praxis* wieder ein Monopol zugestehen sollten, und zwar konkret beim Gottesdienst, beim Auswendiglernen und überhaupt im christlichen Unterricht. Für die private und akademische Bibellese können gleich einem Kommentar immer noch andere Übersetzungen *hinzu*genommen werden.

i) *Schließlich: Die Lutherbibel kommt einem menschlichen Bedürfnis entgegen, das eine technisch-kalte, aufs materiell Faßbare reduzierte Sprache nicht befriedigen kann.*

Hingewiesen sei auf das Phänomen Tolkien und allgemein auf den Hunger nach mythologischem Erleben in der literarischen Szene. Während in den Kirchen modernisierte Versionen dargeboten werden, stehen Menschen am Theater Schlange, um die King James Version aus dem Munde

53 Als Paradigma, die Bibel als Buch einzuordnen, könnte sich empfehlen, weniger an einen Roman zum Durchlesen samt anschließendem Weglegen zu denken, und mehr an ein Schulbuch, das Lehrer und Schüler gemeinsam durcharbeiten, und an dem beide ihr Leben lang nicht auslernen. Mit einem Schulbuch läßt man ein Kind üblicherweise nicht allein, sondern schlägt es mit ihm gemeinsam auf. So ist es auch mit der Heiligen Schrift, unbeschadet der von den Reformatoren kraftvoll bezeugten Klarheit und Einheit: Sie verbindet ihre Leser, läßt Alt und Jung einander beim Entdecken und Verstehen helfen.

54 So z. B. Mülhaupt: Testament, 92.

55 Knappe Übersicht z.B. bei Hoegen-Rohls: Biblia deutsch, 86.

eines Schauspielers zu hören ...[56] Es macht eben einen gewaltigen Unterschied, ob wir Lk 2,19 so lesen: *„Maria aber behielt alle diese Worte und bewegte sie in ihrem Herzen"* (Luther), oder, viel abstrakter: *„Maria aber bewahrte all das Gehörte in ihrem Herzen und dachte viel darüber nach"* (Gute Nachricht 1997).

Was die Arbeit an der **Revision** der Lutherbibel angeht, so ergibt sich aus dem Dargelegten die Forderung nach größtmöglicher Zurückhaltung. Sie sollte „gesamtkirchlich gesteuert und von Respekt vor der theologischen Komponente der Übersetzung Luthers geleitet" sein.[57] Über die **Lutherbibel von 2017** und die Zürcher Bibel von 2007/8 habe ich eigene Beiträge vorgelegt (s. Literaturverzeichnis). An dieser Stelle nur so viel: 1. Der insgesamt (mit gewissen Abstrichen) konservative Charakter der 2017er-Fassung ist zu begrüßen, läßt aber fragen, ob diese Revision überhaupt nötig war. Nicht einmal die unverständlich gewordenen „Schloßen" in Ps 147,17 wurden durch das heutige „Hagel" ersetzt. 2. Die beigegebenen Sach- und Worterklärungen sind diesmal derart bibelfern und -kritisch geworden, daß ich nur von ihnen abraten kann. Derlei Modernisierungen stehen in einem schreienden und wohl nur durch die Eigenart der Postmoderne erklärbaren Gegensatz zu den Mühen um einen möglichst grundtext- und luthernahen Text! Wenn es künftig nicht mehr möglich sein wird, Lutherbibeln ohne solche Einrahmungen zu erhalten, ist die Gemeinde nolens volens auf halblegale Nachdrucke wie die der Genfer Bibelgesellschaft von 2009 angewiesen.
Holen wir die Lutherbibel aus dem Feuer!

Literatur (in Auswahl)

Adloff, Kristlieb: Was heißt: „Dem Volk aufs Maul geschaut"? Die Lutherbibel und ihre Revision nach dem Stand von 1984, in: Neef, Heinz-Dieter (Hg.): Theologie und Gemeinde. Beiträge zu Bibel, Gottesdienst, Predigt und Seelsorge, Stuttgart 2006, 48–61.

Aland, Kurt: Martin Luther in der modernen Literatur. Ein kritischer Dokumentarbericht, Witten: Eckart 1973, xv + 474 S.

---

[56] Für Belege, weitere Beispiele und Argumente hierzu (für die hier leider der Platz fehlt) verweise ich mit Nachdruck auf Stolt: Biblische Erzählweise, 182 ff.

[57] Mit Mülhaupt: Testament, 92.

Aland, Kurt: Martin Luther in der modernen Literatur – und in unserer Gemeinde, in: Luther. Zeitschrift der Luther-Gesellschaft 1 (1978), 25–42.

Anderegg, Johannes: Sprache des Alltags und Sprache des Glaubens. Zur Revision der Lutherbibel, in: Sprachwissenschaft 8 (1983), 413–428.

Anderegg, Johannes: Sprache und Verwandlung. Zur literarischen Ästhetik, Göttingen 1985, 143 S.

Anderegg, Johannes: Über Sprache des Alltags und Sprache im religiösen Bezug, in: ZThK 95/3 (1998), 366–378.

Anderegg, Johannes: Über Verständlichkeit oder: Angepaßte Sprache im religiösen Gebrauch. Am Beispiel der revidierten Lutherbibel, in: Deutsche Vierteljahrsschrift für Literaturwissenschaft und Geistesgeschichte 55 (1981), 515–542.

Anderegg, Johannes: Zur Revision der Lutherbibel („NT 75"). Eine Kritik der sprach- und literaturwissenschaftlichen Leitlinien für die Revisionsarbeit, in: ZThK 76 (1979), 241–260.

Anderegg, Johannes: Aufs Maul geschaut? Überlegungen zum Einfluss Luthers auf die deutsche Literatur, in: Dahlgrün u. a. (Hg.): Anmut und Sprachgewalt (s. d.), 131–144.

Arnold, Jochen: Die (Luther-)Bibel im Gottesdienst. Überlegungen zur Prägekraft des evangelischen Gottesdienstes für Glaube und Leben, in: EvTh 76/4 (2016), 306–319.

Besch, Werner: Luther und die deutsche Sprache. 500 Jahre deutsche Sprachgeschichte im Lichte der neueren Forschung, Berlin 2014, 181 S.

Besch, Werner: Bibelübersetzung im 16. Jahrhundert ohne kodifizierte Schriftsprache? Sprachregionalität in Deutschland als zusätzliches Übersetzungsproblem Luthers, in: Groß, Walter (Hg.): Bibelübersetzung heute. Geschichtliche Entwicklungen und aktuelle Herausforderungen. Stuttgarter Symposion 2000 in memoriam Siegfried Meurer. Arbeiten zur Geschichte und Wirkung der Bibel Bd. 2, Stuttgart 2001, 73–93.

Beutel, Albrecht: Auf dem Weg zum „Septembertestament" (1522). Die Anfänge von Luthers Verdolmetschung des Neuen Testaments, in: aaO. (siehe den vorigen Titel), 95–116.

Beutel, Albrecht: „Es ist mein testament und mein dolmetschung, und sol mein bleiben unnd sein". Bemerkungen zur theologischen und sprachlichen Klassizität der Luther-Bibel, in: Dahlgrün u.a. (Hg.): Anmut und Sprachgewalt (s. d.), 17–37.

Beutel, Albrecht (Hg.): Luther Handbuch, Tübingen 2005, 611 S. (Rez.: A. Wenz, in: Luth. Beiträge 22, 4/2017, 267–269).

Beutel, Albrecht: Luthers Bibelübersetzung und die Folgen, in: EvTh 59/1 (1999), 13–24.

Beutel, Albrecht: „Scriptura ita loquitur, cur non nos?". Sprache des Glaubens bei Luther, in: Beutel, Albrecht (Hg.): Protestantische Konkretionen. Studien zur Kirchengeschichte, Tübingen 1998, 104–123.

Blanke, Heinz: Art. Bibelübersetzung, in: Beutel, Albrecht (Hg.): Luther Handbuch, Tübingen 2005, 258–265.

Bluhm, Heinz: Martin Luther, Creative Translator, St. Louis 1965, xv, 236 S.

Blume, Frederic E.: Martin Luther and Our English Bible Translations, in: http://www.wlsessays.net/files/BlumeLuther.pdf (20.03.2013), 20 S.

Bornkamm, Heinrich: Die Vorlagen zu Luthers Übersetzung des Neuen Testaments, in: Bornkamm, Heinrich (Hg.): Luther. Gestalt und Wirkungen. Gesammelte Aufsätze. Schriften des Vereins für Reformationsgeschichte Bd. 188, Gütersloh 1975, 65–73.

Bornkamm, Heinrich: Luther im Spiegel der deutschen Geistesgeschichte. Mit ausgewählten Texten von Lessing bis zur Gegenwart, Göttingen 2., neu bearbeit. und erweit. Aufl. 1970, 469 S.

Brödel, Christfried: Durch Sprache das Leben formen, in: Dahlgrün u. a. (Hg.): Anmut und Sprachgewalt (s. d.), 97–108.

Buntfuß, Markus, Barniske, Friedemann (Hg.): Luther verstehen. Person – Werk – Wirkung, Leipzig 2016, 370 S.

Burger, Heinz Otto: Luther als Ereignis der Literaturgeschichte, in: Luther Jahrbuch 24 (1957), 86–101.

Cramer, Thomas: Wider die Verständlichkeit um jeden Preis. Eine Invektive, in: Dahlgrün u. a. (Hg.): Anmut und Sprachgewalt (s. d.), 123–130.

Dahlgrün, Corinna; Haustein, Jens (Hg.): Anmut und Sprachgewalt. Zur Zukunft der Lutherbibel. Beiträge der Jenaer Tagung 2012, Stuttgart 2013, 320 S.

Domsgen, Michael, Schröder, Bernd (Hg.): Kommunikation des Evangeliums. Leitbegriff der praktischen Theologie, Arbeiten zur praktischen Theologie Bd. 57, Leipzig 2014, 248 S.

Felber, Stefan: Die Bibelübersetzung „Hoffnung für alle“ im kritischen Textvergleich, in: ThBeitr 35/4 (2004), 181–201.

Felber, Stefan: Habakuks „Meisterspruch“. Hab 2,4 in Exegese, Theologie und Übersetzung, in: Jahrbuch für evangelikale Theologie 29 (2015), 21–34.

Felber, Stefan: „Hoc est in Christo ad literam factum“: Realistische Schriftauslegung bei Martin Luther, in: C. Christ-von Wedel und S. Grosse (Hg.): Auslegung und Hermeneutik der Bibel in der Reformationszeit. Historia Hermeneutica. Series Studia Bd. 14, Berlin 2016, S. 69–110.

Felber, Stefan: Kommunikative Bibelübersetzung. Eugene A. Nida und sein Modell der dynamischen Äquivalenz, Stuttgart: Deutsche Bibelgesellschaft ²2016, 481 S.

Felber, Stefan: „Das Wort sie sollen lassen stahn“. Lutherbibel 2017: Vorsicht, giftige Beigaben!, in: Confessio Augustana (CA) II (2017), 53–62+120–121.

Felber, Stefan: Vorfahren statt Väter, Geschwister statt Brüder. Zur „geschlechtergerechten“ Sprache und Bibelübersetzung, insbesondere zur Neuen Zürcher Bibel, in: Seubert, Harald; Thiessen, Jacob (Hg.): Die Königsherrschaft Jahwes. Festschrift zur Emeritierung von Herbert H. Klement. Studien zu Theologie und Bibel Bd. 13, Basel 2015, 175–198.

Fricke, Klaus Dietrich: „Dem Volk aufs Maul schauen“. Bemerkungen zu Luthers Verdeutschungsgrundsätzen, in: Meurer, Siegfried (Hg.): Eine Bibel, viele Übersetzungen. Not oder Notwendigkeit?, Stuttgart 1978, 98–110.

Fricke, Klaus Dietrich: „Dem Volk aufs Maul sehen". Bemerkungen zu Luthers Verdeutschungsgrundsätzen, in: Meurer, Siegfried (Hg.): Was Christum treibet. Martin Luther und seine Bibelübersetzung. Bibel im Gespräch Bd. 4, Stuttgart 1996, 24–37.

Gelhaus, Hermann: Der Streit um Luthers Bibelverdeutschung im 16. und 17. Jahrhundert. Mit der Identifizierung Friedrich Traubs, Zwei Bände, Tübingen: Niemeyer 1989–1990, 317 und 185 Seiten.

Grethlein, Christian: Kirchentheorie. Kommunikation des Evangeliums im Kontext, De Gruyter Studium, Berlin, Boston 2018, 1322 S.

Haacker, Klaus: Kirchliche Bibelübersetzungen im deutschen Sprachraum. Wo stehen wir am Beginn des 21.Jahrhunderts?, in: Muttersprache 4 (2001), 320–329.

Haubrichs, Wolfgang: Die Sprache Martin Luthers, in: Meurer, Siegfried (Hg.): Was Christum treibet. Martin Luther und seine Bibelübersetzung. Bibel im Gespräch Bd. 4, Stuttgart 1996, 52–69.

Haug, Hellmuth: Ein Vergleich zwischen den großen „Gebrauchsbibeln": Lutherbibel – Einheitsübersetzung – Gute Nachricht, in: Groß, Walter (Hg.): Bibelübersetzung heute. Geschichtliche Entwicklungen und aktuelle Herausforderungen. Stuttgarter Symposion 2000 in memoriam Siegfried Meurer. Arbeiten zur Geschichte und Wirkung der Bibel Bd. 2, Stuttgart 2001, 329–364.

Heine, Heinrich (Hg.): Historisch-kritische Gesamtausgabe der Werke Bd. VIII/1, Hamburg 1997.

Hoegen-Rohls, C.: Biblia deutsch. Ein Rückblick auf Luthers Bibelübersetzung und Bibelsprache aus aktuellem Anlass, in: Kerygma und Dogma 57 (2011), 56–87.

Ihlenfeld, Kurt: Großer verkannter Mann. Deutsche Dichter im Dialog mit Luther, in: Luther. Zeitschrift der Luther-Gesellschaft 38/1 (1967), 14–29.

Jens, Walter: Mord an Luther. Das Neue Testament in revidierter Fassung, in: Die Zeit 52, 17.12.1976, 33–34.

Jens, Walter: Mündlich Predigt und lebendig Wort. Verteidigung von Martin Luthers gesprochener Sprache gegen das Einheitskauderwelsch modischer Bibelbearbeiter, in: Die Zeit 26, 19.6.1981, 52.

Kantzenbach, Friedrich Wilhelm: Luthers Sprache der Bibel, in: Volz, Hans (Hg.): Martin Luthers deutsche Bibel. Entstehung und Geschichte der Lutherbibel, Berlin, Altenburg 1981, 7–18.

Kettling, Siegfried: Typisch evangelisch. Grundbegriffe des Glaubens, Gießen/Basel ^{3}1992, 191 S.

Killy, Walther: Luther-Ruhm und Luther-Kitsch. Die deutsche Literatur und der Reformator, in: DIE ZEIT 45, 04.11.1983.

Köster, Beate: Die Lutherbibel im frühen Pietismus, Texte und Arbeiten zur Bibel Bd. 1, Bielefeld 1984, 283 S.

Krause, Gerhard: Studien zu Luthers Auslegung der Kleinen Propheten. Diss. Zürich 1960, Beiträge zur Historischen Theologie (BHTh) Bd. 33, Tübingen 1962, ix, 417 S.

Lemmer, M.: Zur Bewertung von Luthers Bibelwortschatz im 17./18. Jahrhundert, in: Lemmer, M. (Hg.): Luthers Deutsch. Sprachliche Leistung und Wirkung. Dokumentation germanistischer Forschung Bd. 2, Frankfurt (Main) 1996, 250–269.

Lippold, Ernst: Standbein Lutherbibel. Was lange währt ... Zur Geschichte der Revisionen, in: Una Sancta 58/1 (2003), 21–29.

Lohse, Eduard: Martin Luthers Übersetzung der Bibel. Sprache, Theologie und Schriftverständnis, in: Meurer, Siegfried (Hg.): Was Christum treibet. Martin Luther und seine Bibelübersetzung. Bibel im Gespräch Bd. 4, Stuttgart 1996, 38–51.

Lührmann, Dieter: Schriftprinzip und Lutherbibel, in: Andrée, Uta (Hg.): Leben und Kirche. Festschrift für Wilfried Härle zum 60. Geburtstag. Marburger theologische Studien Bd. 70, Marburg 2001, 43–50.

Lüpke, Johannes von: Sprachgebrauch und Norm. Luthers theologische Grammatik in Grundzügen, in: Dahlgrün u. a. (Hg.): Anmut und Sprachgewalt (s. d.), 69–83.

Luther, Martin; Deutsche Bibelstiftung Stuttgart: Luther-NT. Das Neue Testament 1975, Stuttgart 1976, 575 S.

Luther, Martin: Sendbrief vom Dolmetschen (1530); zitiert nach der Ausgabe von Aland, Kurt (Hg.): Luther Deutsch: Die Werke Martin Luthers in neuer Auswahl für die Gegenwart, Bd. 5, Stuttgart: Klotz 1951, ²1963), 79–92 (vgl. WA 30, 2, 632–646).

Luther, Martin: Summarien über die Psalmen und Ursachen des Dolmetschens (1533), in: Knaake, Joachim Karl Friedrich (Hg.): Weimarer Ausgabe der Schriften Martin Luthers, Weimar 1883–2009, 9–27.

Marlowe, Michael: Was the Bible Written in ‚Street Language'?, in: http://www.bible-researcher.com/language-koine.html (09.10.2017).

Meurer, Siegfried (Hg.): Was Christum treibet. Martin Luther und seine Bibelübersetzung, Bibel im Gespräch Bd. 4, Stuttgart 1996, 147 S. (die meisten Beiträge sind nicht einzeln aufgeführt).

Melzer, Friso: Das Wort in den Wörtern. Die deutsche Sprache im Dienste der Christus-Nachfolge: ein theo-philologisches Wörterbuch, Tübingen 1965, XVI, 372 S.

Melzer, Friso: Unsere Sprache im Lichte der Christus-Offenbarung, in: Kaempfert, Manfred (Hg.): Probleme der religiösen Sprache. Wege der Forschung Bd. 442, Darmstadt 1983, 23–49.

Melzer, Friso: Unsere Sprache zwischen Alltag und Altar. Vorwort von Horst-Klaus Hofmann, Moers 1987, 106 S.

Melzer, Friso: Vom Sinnwandel deutscher Wörter im Lichte der Offenbarung, in: Riedel, Otto (Hg.): Vom göttlichen und vom menschlichen Wort, Berlin 1953, 119–132.

Michelsen, Uwe: Luther öffentlich. Professor, Prediger und Publizist – oder: Zwischen Kanzel, Katheder und Kachelofen, in: Dahlgrün u. a. (Hg.): Anmut und Sprachgewalt (s. d.), 85–95.

Millard, Matthias: Die Lutherbibel(n), in: Bibel und Liturgie 75/4 (2002), 223–231.

Möbius, Peter: Vergleichende Betrachtung zur Bibelverdeutschung Luthers und ‚Der Guten Nachricht. Die Bibel in heutigem Deutsch', Edition Wissenschaft. Reihe Theologie Bd. 18, Marburg 1998, 162 S.

Mülhaupt, Erwin: Testament Luthers. Zum 450. Jubiläum des Septembertestaments, Witten, Berlin 1972, 95 S.

Nübel, Hans Ulrich: Die Bibel soll Freude erregen! Theologische und ästhetische Reflexionen zur Revision der Lutherbibel, in: Vestigia Bibliae 4 (1982), 164–178.

Oettli, Samuel: Die revidierte Lutherbibel, Biblische Zeit- und Streitfragen Bd. 4, 9, Berlin 1908, 53 S.

Öhler, Markus: Entwicklung und heutige Stellung der Lutherbibel in den evangelischen Kirchen, in: Protokolle zur Bibel 12/2 (2003), 91–104.

Pola, Thomas: „Wer nicht auswendig lernt, ist des Todes schuldig" (mAv 1,13). Der bleibende Vorrang des mündlichen vor dem schriftlichen Wort – Indizien aus dem Alten Testament, in: ThBeitr 45/1 (2014), 16–31.

Reiser, Marius: Sprache und literarische Formen des Neuen Testaments. Eine Einführung, UTB für Wissenschaft Bd. 2197, Paderborn u.a. 2001, XIV, 257 S.

Ringleben, Joachim: Gott im Wort. Luthers Theologie von der Sprache her, Hermeneutische Untersuchungen zur Theologie Bd. 57, Tübingen 2010, XI, 638 S.

Sauer-Geppert, Waldtraut-Ingeborg: Verstehbarkeit – zur Revision der Lutherbibel, in: Vestigia Bibliae 4 (1982), 193–208.

Schäfer, Heinz: Biblische Redensarten und Sprichwörter. 3000 Fundstellen aus der Lutherbibel, Stuttgart 1998.

Schildt, Joachim (Hg.): Luthers Sprachschaffen. Gesellschaftliche Grundlagen, geschichtliche Wirkungen, Linguistische Studien. Reihe A Arbeitsberichte Bd. 119/I, Berlin 1984.

Schildt, Joachim: Martin Luther und die deutsche Bibel, Schriften der Wartburg-Stiftung Bd. III, Eisenach 1983.

Schilling, Johannes: Martin Luthers Deutsche Bibel, in: Luther-Bulletin 6 (1997), 23–45.

Schmidt, Lothar: Kirchensprache der Gegenwart, in: ZThK 64 (1966), 88.

Schnepper, Arndt E.: Goldene Buchstaben ins Herz schreiben. Die Rolle des Memorierens in religiösen Bildungsprozessen, Arbeiten zur Religionspädagogik Bd. 52, Göttingen 2012, 317 S.

Schnepper, Arndt E.: *Kleines Lob der Lutherbibel. Warum die Übersetzung des Reformators nach 500 Jahren noch Zukunft hat,* in: Faszination Bibel 1/2014, 58–60.

Schöne, Albrecht: Säkularisation als sprachbildende Kraft. Studien zur Dichtung deutscher Pfarrersöhne, Palaestra: Untersuchungen und Texte aus der deutschen und englischen Philologie Bd. 226, Göttingen ^{2}1968, 301 S.

Schrader, Hans-Jürgen: Zwischen verbaler Aura und Umgangsdeutsch. Zur Sprachgestalt der Lutherbibel und zur Problematik ihrer Revision, in: Dahlgrün u. a. (Hg.): Anmut und Sprachgewalt (s. d.), 145–180.

Schrader, Hans-Jürgen: „red=arten u[nd] worte behalten / die der Heil[ige] Geist gebrauchet". Pietistische Bemühungen um die Bibelverdeutschung nach und neben Luther, in: Dellsperger, Rudolf; Gäbler, Ulrich u.a. (Hg.): Pietismus und Neuzeit. Jahrbuch zur Geschichte des neueren Protestantismus Bd. 40, Göttingen 2014, 10–47.

Schrader, Hans-Jürgen: Die Sprache Canaan. Pietistische Sonderterminologie und Spezialsemantik als Auftrag der Forschung, in: Brecht, Martin (Hg.): Glaubenswelt und Lebenswelten. Geschichte des Pietismus Bd. 4, 2004, 404–427.

Schulze, Dietmar: Reformation 500 – Wie können wir Menschen in Deutschland mit dem Evangelium erreichen?, in: BSB-Journal 1 (2017), 99–110.

Schwarzwäller, Klaus: Die Sprache der Bibel, in: ThBeitr 26 (1995), 190–205.

Slenczka, Notger: Die Lutherbibel zwischen Buchstabe und Geist. Überlegungen zur hermeneutischen Funktion der Bibelübersetzung, in: Dahlgrün u. a. (Hg.): Anmut und Sprachgewalt (s. d.), 53–67.

Spehr, Christopher: „Dem Volk aufs Maul schauen". Luther als Dolmetscher, in: Käßmann, Margot; Rösel, Martin (Hg.): Die Bibel Martin Luthers. Ein Buch und seine Geschichte, Stuttgart 2016, 76–93.

Spehr, Christopher: Luther als Dolmetscher. Notizen zur Wittenberger Bibelübersetzung, in: Dahlgrün u. a. (Hg.): Anmut und Sprachgewalt (s. d.), 39–52.

Steinman, Andrew E.: Bible Translation among Luther's Heirs, in: Logia 10/1 (2001), 13–20.

Stolt, Birgit: „… und fühl's im Herzen …". Luthers Bibelübersetzung aus der Sicht neuerer Sprach- und Übersetzungswissenschaft, in: ZThK 98/2 (2001), 186–208.

Stolt, Birgit: Biblische Erzählweise vor und seit Luther. Sakralsprachlich – volkssprachlich – umgangssprachlich?, in: Vestigia Bibliae 4 (1982), 179–192 (Download möglich unter www.stefan-felber.ch/downloads, 1.12.2017).

Stolt, Birgit: Lieblichkeit und Zier, Ungestüm und Donner. Martin Luther im Spiegel seiner Sprache, in: ZThK 86/3 (1989), 282–305.

Stolt, Birgit: Luthersprache, in: Ueding, Gert (Hg.): Historisches Wörterbuch der Rhetorik, Tübingen 2001, 678–690.

Stolt, Birgit: Martin Luthers Rhetorik des Herzens, UTB, Tübingen 2000, 200 S.

Tschirch, Fritz: 450 Jahre Luthers Septembertestament. Eine Wende in der Übersetzung der Bibel ins Deutsche, in: Die Bibel in der Welt 14 (1973), 25–39.

Tschirch, Fritz: Die Frage einer Nachrevision des Neuen Testaments von 1956. Antwort eines Laien auf die Ablehnung durch den Rat der EKD, in: Die Bibel in der Welt 12 (1969), 44–70.

Tschirch, Fritz: Die Sprache der Bibelübersetzung Luthers heute. Eine Besinnung auf die sprachlichen Voraussetzungen einer neuen Revision der Lutherbibel, in: Die Bibel in der Welt 6 (1963), 32–77.

Tschirch, Fritz: Luthers Septembertestament. Eine Wende in der Übersetzung der Bibel ins Deutsche, in: Meurer, Siegfried (Hg.): Was Christum treibet. Martin Luther und seine Bibelübersetzung. Bibel im Gespräch Bd. 4, Stuttgart 1996, 11–23.

Wehrli, Max: Geschichte der Deutschen Literatur. Band I: Vom frühen Mittelalter bis zum Ende des 16. Jahrhunderts, Stuttgart 1980, 1238 S.

Zimmermann, Johannes: „Konzentration auf die ‚Kommunikation des Evangeliums'". Die „Praktische Theologie" von Christian Grethlein, in: ThBeitr 46/2-3 (2015), 173–181.

3.3 Das heutige Deutsch – ein fragwürdiges Angebot[1]

Von Werner Creutziger

Auf das Buch mit dem Titel „Die Gute Nachricht – Das Neue Testament in heutigem Deutsch“ stieß ich, wenn ich mich recht erinnere, zu Beginn der 1980er Jahre. Es geschah in Chemnitz, damals Karl-Marx-Stadt, in der Buchhandlung Max Müller, einem Hort buchhändlerischer Kultur. Ich hatte den Laden in der Hoffnung betreten, etwas zu entdecken; nun war ich geradezu elektrisiert von der Aussicht, an einem höchst bedeutsamen Gegenstand vorgeführt zu finden, was als heutiges Deutsch verstanden werden sollte.

Mein Beruf war es damals, Literatur zu übersetzen, und ein wenig schrieb ich auch selber. Natürlich lag mir am heutigen Leser. Was für ein Deutsch ich, je nach Gegenstand, zu gebrauchen hätte, das glaubte ich schon zu wissen; aber ich meinte, für einen, der schreibt, könne es nichts schaden, auch zu wissen, was andere vom heutigen Leser und seinem Sprachvermögen halten. Ich kaufte das Buch und machte mich, aufs Schlimmste gefaßt, ans Lesen.

Was ich fand, war schlimm genug. Ich schrieb darüber, ermutigt von den Redakteuren, einen Beitrag für die Zeitschrift Neue Deutsche Literatur. An keinem Punkt meiner Darlegung – darauf mußte ich sehr achten – durften die Leser aus dem Auge verlieren, daß ich weder die Richtigkeit, die Genauigkeit des eigentlichen Übersetzens bezweifeln wollte (ich spreche weder Griechisch noch Hebräisch) noch mich zu theologischen Fragen zu äußern gedachte (auch dafür fehlen mir die Voraussetzungen), daß es mir vielmehr ausschließlich darum ging, welche Vorstellung vom heutigen Deutsch die Schöpfer des Textes hatten. Ich enthielt mich, gegen meine Gewohnheit, hier der polemischen Schärfe, erstens weil ich Beifall von der falschen Seite ausschließen wollte und zweitens weil ich das Anliegen der sieben Fachleute, die den Text verantworteten, für verständlich und achtbar hielt.

---

1 Erstveröffentlichung: ders., Schöne neue Sprache, Berlin 2011, S. 39–56.

Mein Aufsatz wurde von den unmittelbar Betroffenen so sachlich genommen, wie er gemeint war. Einer der sieben – er kam, glaube ich, aus Heidelberg – besuchte mich, und wir diskutierten einen ganzen Nachmittag lang.

Ich spreche deshalb so ausführlich davon, weil der Gegenstand und die Begleitumstände das Turnier- und Imponiergehabe ausschlossen, das wie eine Krankheit vom zeitgenössischen Feuilleton ausgeht. Man konnte das Dilemma sehr ernsthaft abhandeln: Da will jemand etwas, was ihm sehr wichtig ist, zum Leser bringen und geht deshalb auf ihn, auf seine Erwartungsmuster ein, und eben weil er es tut, verformt sich der Gegenstand, den er befördern will. Allgemein scheint es ja so zu sein: Entweder ich bestehe auf dem Ankommen der Botschaft, dann komme ich mit beschädigter Botschaft an, oder ich bestehe auf der Unversehrtheit der Botschaft, dann komme ich mit ihr nicht richtig oder gar nicht an, und eine Botschaft ohne Ankunft ist nicht mehr so recht eine Botschaft.

Ich prüfte es am gegebenen Gegenstand – der neuen Übersetzung des Neuen Testaments – und fand: Da will jemand eine Botschaft aussenden, und er fürchtet, daß die Mehrheit derer, die sie aufnehmen sollen (auf die Mehrheit kommt es an), mit ihren Aufnahmemitteln die Botschaft eigentlich nicht so ganz fassen kann. Er will aber beides: ankommen und die Botschaft nicht verkleinern. Um des Ankommens willen möchte er vor allem die passive Sprachkompetenz seiner Empfänger nicht überfordern. Er will es ertrotzen, er glaubt, er werde, wenn er sich nur genug anstrengt, den Weg, den einen, schmalen Weg finden, die Botschaft in vergleichsweise platter Sprache unterzubringen. Die Illusion, das zu erreichen, nährt sich daraus, daß er das Dilemma in den bloßen Gegensatz von veraltet und modern auflösen zu können meint. Die Sache ist offensichtlich mißlungen. Nichts gegen neue Übersetzungen des Textes! Die erste, schlichte, die Eindrücke zusammenfassende Lehre aus der kritischen Lektüre der "Guten Nachricht" ist die: Man hätte den Lesern doch ein bißchen mehr zumuten können. Von weiteren Lehren wird noch die Rede sein.

In der Literatur, auf die ich natürlich hinauswill, läßt sich das Wort „Botschaft“ gewiß nur bedingt verwenden, in einem anderen Sinn als in der Religion; aber was man schreibt, will doch als etwas verstanden werden, was zu einer Art Teilnahme auffordert; dazu eben wird erst einmal ein Gebilde aus Sprache hingestellt. Der Autor hat zwar keinen Evangelisationsauftrag erhalten: Gehet hin und lehret alle Völker ..., nein, das nicht, aber ganz ohne Leser möchte er nicht bleiben. Es müssen nicht gleich alle Völker sein, und missionieren will er nicht, aber er freut sich, wenn sein Buch verkauft, gelesen und gar übersetzt wird. Das Dilemma, von dem ich gesprochen habe, wird er oft bestreiten, etwa auch mit dem gängigen, weise klingenden Einwand, *den* Leser gebe es ja gar nicht; da seien ganz verschiedene Typen oder überhaupt nur Individuen, jedes ein bißchen anders, und dächte der Autor zu sehr an das eine Individuum, täte er dem anderen unrecht, und überhaupt, er brächte kein Wort mehr hervor, wenn er sich sagte, er habe Erwartungen zu bedienen. Ich lasse es gelten und frage nicht weiter, ob der Autor oder der Übersetzer nicht doch ästhetisch, also auch sprachlich, gleichsam die Muskeln spielen läßt, zur Schau, und wenn ja, vor wem. Und wozu?

Vielleicht fällt es mir mit meiner Übersetzer-Erfahrung leicht, zuzugeben, daß mir das Publikum denn doch eine beachtliche Größe ist, und mit ebendieser Erfahrung empfinde ich besonders stark das Angewiesensein auf die Sprache, die mich mit den Lesern verbindet. Es gibt keine besondere Sprache der Literatur. Wir, Autoren und Übersetzer, sind ja wirklich angewiesen auf die Sprache der Leute; wir haben, scheint es, keine andere.

Ich habe nun drei Möglichkeiten: Ich kann sagen, ich sei angewiesen auf die Sprache der Leute, auf die verbreitete, durchschnittliche passive Sprachkompetenz, die sei nun mal so, auf sie hätte ich einzugehen. Das wäre Variante 1. Aber ich kann das ablehnen. Es steht mir frei, eine andere Sprache als die Sprache der Leute zu gebrauchen, etwa indem ich mich um die passive Sprachkompetenz meiner Leser nicht kümmere – das wäre Variante 2. Oder ich kann die gegebene Sprachkompetenz sehr wohl beachten, aber eben nicht hinnehmen, sondern produktiv zu überwinden trachten; das wäre Variante 3. Zu allen drei Varianten ist einiges zu sagen. Sie haben Gemeinsames: Natürlich nehmen alle Schreiber den Zustand der Sprache – die verbreitete passive wie die aktive Sprachkompetenz – mindestens sinnlich wahr. (Das tun auch die Elitären von Variante 2: Sie müssen ja sehen, wovon sie sich abstoßen.) Für die Varianten 2 und 3 gilt jedenfalls nicht, daß wir keine andere Sprache hätten als die „Sprache der Leute". Wer den Varianten 2 oder 3 folgt, macht irgendwie die Sprache neu.

Die drei Varianten habe ich hilfsweise und sehr vereinfachend formuliert. Ich will keiner Wissenschaft Konkurrenz machen. Die zuständige Wissenschaft macht ja auch mir insofern keine Konkurrenz, als sie sich mit unsereinem weniger beschäftigt als mit sich selbst. Der Gedanke, daß man sich von der gegenwärtigen Sprachwissenschaft mit einer Grundlage für das literarische Schreiben ausstatten lassen solle, wäre absurd. Unseren Arbeitskodex müssen wir schon selbst finden, und es gilt: Der fertige Kodex wäre tödlich, doch fast so tödlich ist es, auf die Utopie zu verzichten, daß er Sinn habe, will sagen: sich nicht mehr zu bemühen, den Ort unserer Arbeit in der verrückten menschlichen Existenz zu finden und nach den rechten Wegen zu suchen; daß es ihrer etliche gibt, nimmt dem einzelnen nicht den Charakter, Weg zu sein. In diesem Sinne glaubte ich lange Zeit, es könne auch so etwas wie eine Sprachlehre für Autoren und Übersetzer geben, und wenn ich von dieser Utopie Abschied nehme, so nicht, weil ich eines besseren belehrt worden wäre. Mich verwundert die Selbstsicherheit, mit der zuweilen angehende Autoren meinen, sie könnten aus der Fülle der eigenen Persönlichkeit, beseelt von originellem Formwillen, auf das überkommene Wissen vom Gefüge und vom Funktionieren der Sprache verzichten, könnten mit zeitgemäß kurzatmigem Improvisieren das ersetzen, was sie doch für die Verständigung gewännen, wenn sie, sei's auch mit einiger Mühe, sich gewachsene Grammatik und bewährte semantische Gliederung erst einmal ganz zu eigen machten und die Sprach-Innovation einer späteren Einsicht überließen. Gewiß werden sie außer den modischen auch gute Gründe für Sprach-Innovation finden.

(Ich weiß natürlich, daß der Literaturmarkt jeden bestraft, der zu spät kommt, daß folglich Eile geboten ist, weshalb denn auch Ballast abgeworfen wird. Vielleicht wäre etwas wie eine deutsche Grammatik für Autoren wirklich Ballast. Sie würde zwar gleichsam ihr Medium strukturieren und damit Möglichkeiten subtilen Ausdrucks erschließen; ich muß aber gelten lassen, daß man die Hoffnung, gerade diese Anstrengung könne mit Resonanz belohnt werden, für trügerisch hält. Stärkere Kräfte wirken darauf hin, daß die Gesellschaft schon in wenigen Jahren in ihrer Verständigung auf einer neuen Stufe sprachlicher – und damit überhaupt geistiger – Anspruchslosigkeit ankommen wird. Ob die offensichtliche Verkümmerung des Deutschunterrichts in der Schule als pragmatische Rücksicht auf den künftigen Zustand oder als eine von dessen Ursachen – eine Begleitursache allenfalls – zu verstehen ist, will ich nicht erörtern. Aber das Gegensteuern, bei aller Aussichtslosigkeit, scheint mir irgendwie menschenwürdig zu sein.)

Die durchschnittliche passive Sprachkompetenz der potentiellen Leserschaft, letztlich also der Sprachgemeinschaft, scheint mir für den kulturellen Zustand der Gesellschaft durchaus eine beachtliche Größe zu sein. Sie verdient, sei es auch nur zum negativen Bezug, die kritische Aufmerksamkeit auch derer, die sich ausdrücklich nicht auf den Sprachzustand einzuspielen gedenken.

Die rein synchrone und eher bloß statistische Betrachtung der Sprache, genauer: der durchschnittlichen passiven Sprachkompetenz, ist jedoch in doppelter Hinsicht höchst ungenügend: Sie nimmt, erstens, nicht genug Rücksicht auf die Unterschiede im Grad und in der Art der Sprachkompetenz bei den potentiellen Lesern, und sie läßt, zweitens, etwas außer acht, was ich die latente passive Sprachkompetenz nennen möchte. Das klingt komplizierter, als es ist. Zu der neuen Bibelübersetzung habe ich bemerkt, man hätte den Lesern mehr zumuten können; dabei habe ich probeweise angenommen, daß sich die sieben Übersetzer der „Guten Nachricht" in Grad und Art der realen passiven Sprachkompetenz nicht getäuscht hätten (aber vielleicht haben sie sich eben doch getäuscht, vielleicht haben sie die Leser für ein bißchen zu primitiv gehalten). Also nicht auf die vielleicht falsche Bewertung der zutage liegenden Sprachkompetenz wollte ich hinweisen, sondern auf das, was mit einem gewissen, sinnvollen Grad an Überforderung hätte geweckt werden können. „Zumutung" möchte ich das nennen, was den nur latenten Teil der passiven Sprachkompetenz belebt, will sagen: was den Leser anregt, von vorhandener Resonanz her sich weitere Resonanz zu erschließen. Ich beanspruche keineswegs, hier etwas entdeckt zu haben. Ich möchte nur gern gleichsam ein Modell, nach dem der Mensch seit Urzeiten lernt, sich bildet, vom jeweils Vorhandenen aus nach dem Neuen greift, zumindest zu greifen imstande ist, – dieses Ur-Modell also möchte ich gern auf das Zusammenspiel von aktiver Sprachkompetenz schreibender und passiver Sprachkompetenz lesender Menschen angewendet sehen. Es läge so nahe und geschieht so verblüffend selten.

Da ich nun hoffentlich ausreichend erklärt habe, wie ich das Wort Zumutung hier verstanden wissen möchte, tue ich den nächsten Schritt und sage: Mit der Analyse einer gegebenen durchschnittlichen passiven Sprachkompetenz, dessen also, was man stark vereinfachend das heutige Deutsch nennen kann, ist nicht viel erreicht, wenn außer acht bleibt, was dem Leser an Ausdrucksgenauigkeit und Ausdrucksfülle zugemutet werden kann über das gewissermaßen Resonanzsichere, über die gegebenen Verstehensmuster hinaus. Anders gesagt: Es sollte bei der Betrachtung des Zustands unserer Sprache versucht werden, auch zu beurteilen, was an bloß latenter Kompetenz vorhanden ist und vor allem, welche Möglichkeiten gänzlich verlorengegangen sind, weil sie beharrlich als nicht gegeben vermutet werden. Wenn, ein Beispiel zu nennen, die Schreibenden lange genug einander und – implizit in ihren Texten – auch den Lesern versichern, daß die Konjunktivformen des deutschen Verbes nicht mehr verwendbar seien, stirbt der Konjunktiv auch im bloß latenten Teil der passiven Sprachkompetenz, wo er vielleicht heute noch ein bescheidenes Dasein fristet, ohne daß der Mann auf der Straße erklären könnte, wo der Bedeutungsunterschied zwischen den Ausdrücken „als scheine die Sonne" und „als schiene die Sonne" liegt. Ein weiteres Beispiel vom Rande der Sprachlehre: Von hundert erwachsenen Deutschen wissen vermutlich nur noch zwei, in welchen Fällen nach den alten Interpunktionsregeln vor dem „und" ein Komma zu stehen hat (die meisten Zeitungsredakteure wissen es jedenfalls nicht). Darum aber ist dieses einfache und effiziente Mittel semantischer Unterscheidung (vor „und" Komma oder kein Komma) noch keineswegs tot; liquidiert wird es wohl durch die obrigkeitliche Verfügung, daß vor „und" kein Komma zu stehen brauche. Ich sehe nichts Demokratisches darin, das Ergebnis eines vielleicht natürlichen Ordnungsverlustes der Sprache, einer Sprach-Entropie also, im Hinblick auf den „Mann von der Straße" zu sanktionieren, und ich sehe nichts Elitäres darin, Ansprüche zu kultivieren und einer „Dynamik nach unten", der Entropie, der Erosion entgegenzuwirken.

Wenn ich sage, das heutige Deutsch sei ein fragwürdiges Angebot, und dabei vor allem an Autoren denke, die in einer anderen Sprache aufgewachsen sind und dann das Deutsche als Sprache ihrer Werke gewählt haben, so meine ich wirklich, der gegenwärtige Zustand unserer Sprache sei gründlichen Nachfragens würdig. Und ich hoffe sogar, daß der Blick „von außen", von Menschen mit mindestens einer anderen Muttersprache, zu besonderen, vielleicht tieferen Einsichten führt als beispielsweise der meine, das heißt der Blick eines Menschen, der zwei, drei andere Sprachen nur mehr oder weniger kennt. Ich bleibe befangen in meiner Muttersprache, der einen; das Übersetzen aus anderen Sprachen rückt mir die meine nur ein wenig weg.

Mit dem „heutigen Deutsch“ meine ich also den Zustand mit seinen Möglichkeiten der Zumutung.

Reizvoll und riskant ist es, die Merkmale des heutigen Deutsch auf eine knappe Formel zu bringen. Ich will's versuchen: Es gibt einen starken Drang, die Sprache – Grammatik, Semantik, Wortbildung, stilistische Tradition – um größerer Bequemlichkeit willen zu standardisieren, so daß die Sprache hilft, Dinge in ein Schema einzuordnen, sie gleichsam abzuarbeiten, zu erledigen. Das gilt für die, sagen wir, Gebrauchssprache – Alltag, Presse, Wissenschaft – wie für die Literatur, nur daß bei der Literatur etwas hinzukommen muß: relevante Abweichungen vom Standard werden – völlig berechtigt – angestrebt. Mir scheint, daß sie immer seltener aus dem Bestand der Mittel genommen werden, die bei der Standardisierung ausgeschlossen worden sind. Zumeist sind es neue, „innovative“, und selbst wenn es alte Mittel sind, werden sie gewissermaßen aufgesetzt, das heißt ohne die alte organische Verknüpfung verwendet. Böse zugespitzt: Es gibt in der Literatursprache eine Neigung zu Jeans mit Accessoires, die auch nostalgisch-altmodisch sein können.

Dazu mein erstes Beispiel: In Relativsätzen, deren Prädikat im Perfekt oder im Plusquamperfekt steht, wird das der Perfekt- oder Plusquamperfektbildung dienende Hilfsverb weggelassen, also: Bei Marlene Streeruwitz heißt es in dem Buch „Verführungen – 3. Folge, Frauenjahre“ von der Heldin, sie „wußte aber gleich nicht mehr, was sie getan. Konnte sich nicht erinnern, wie sie an die Stelle gekommen, an der sie war.“ Marlene Streeruwitz ist Österreicherin; aber mir wurde von einem Sachkenner versichert, als österreichische Eigentümlichkeit sei das nicht zu erklären. Tatsächlich findet sich bei Stefan Heym, der nichts Österreichisches hat, in dem Buch „Radek“ die gleiche Auslassung sehr oft. Bei Heym kann auch nicht gelten, was man Frau Streeruwitz zugute halten sollte: Sie gebraucht aus triftigen Gründen, nämlich um die flackernde Lebensweise der Heldin, ihre Gehetztheit zu bezeichnen, eine flackernde, gehetzte Sprache. Die Sätze werden, kaum begonnen, schon mit einem Punkt beendet, dann aber, nach dem Punkt, fortgesetzt. Etwa so: „Sie war schon jetzt nicht mehr sicher, ob sie sich diesen Tag würde merken können. Ob sie sich erinnern könnte, was das für ein Glück gewesen. Diesen Hügel hinauffahren. Und oben drei weißblühende Bäume. Und eine Bank davor. Wie es gewesen, die Bäume zu sehen. An ihnen vorbeizufahren und Henryk neben sich zu heben. Sie liebte ihn. Ja doch. Wahrscheinlich." Gerade wenn bei mir die Verwunderung über das Flackern der Sprache in Ärger umschlägt, im letzten Augenblick, sehe ich die Redeweise gerechtfertigt: „Sie liebte ihn. Ja doch. Wahrscheinlich." An anderen Stellen wird das Punkte-Setzen dann doch wieder zur Manier, etwa wenn die Heldin ihren Kindern das Spielen mit Steinchen am Wasser so erlaubt: „Aber nur. Wenn ihr mir versprecht, eure Schuhe nicht naß zu machen." An anderer Stelle – die Heldin muß das Bezahlen übernehmen, im Hotel (der Freund überläßt es ihr wieder einmal) –, da heißt es: „Hatte sie genug Geld? Und was tun, wenn es nicht reichte. Und. Dann war alles weg. Aber. War das nicht ein Zeichen von Vertrauen. Irgendwie?" Das Weglassen des Hilfsverbs beim Perfekt in Relativsätzen – das war vor zweihundert Jahren ganz üblich. Damals schrieb man etwa: „Das Buch, das ich vorige Woche bekommen, habe ich schon ganz gelesen." Wenn Frau Streeruwitz dasselbe tut, will sie vermutlich nicht altertümeln. Es ist ein Auffälligkeitsschnörkel schlechthin, allenfalls wieder zu begründen mit der Gehetztheit der Sprache. Bei Stefan Heym dürfte dasselbe Mittel – das Hilfsverb wird weggelassen – ein bißchen auch darauf berechnet sein, daß beim Leser der Eindruck traditionsbewußten Erzählens entstehe; aufgesetzt, ein Accessoire ist es auch bei ihm, weil seine Erzählweise im ganzen der journalistischen näher steht als der im engeren Sinn literarischen. Die extrem kurzen Sätze bei Marlene Streeruwitz müssen, gerade weil sie oft nach dem Punkt so fortgesetzt werden, als wäre da kein Punkt, mehr zu den Accessoires gerechnet werden als zu den aufs Ganze bezogenen stilistischen Mitteln.

Da vom Punkt die Rede ist – bei Marlene Streeruwitz deutet sich nur an, daß er auch statt des Fragezeichens verwendet wird. In einer Tschechow-Adaption von Thomas Brasch ist er ein monotones Mittel, ein aufdringliches persönliches Accessoire, geheftet auf sonst nicht eben eindrucksvolles heutiges Deutsch. Ich glaube, bei ihm kommt in den Dialogen kein Fragezeichen vor. Das Ziel – es möge auffallen – ist vielleicht schon erreicht, wenn der Leser es als innovativ zur Kenntnis nimmt. Ich, als Leser, kann es aber nicht lassen, nach dem Sinn zu fragen, wenngleich mir oft versichert wird, das sei ein unangemessenes, unmodernes Rezeptionsverhalten. Wenn der Ersatz des Fragezeichens durch den Punkt gar nichts bedeutet, ist es ja gut, doch dann könnte auch das Fragezeichen stehen. Aber vielleicht meint Brasch, die Tschechowschen Personen seien so furchtbar müde, daß sie einen Satz zwar gerade noch nach den Regeln der Syntax als Frage beginnen, aber das Fragen unterwegs aufgeben? Das stände freilich nicht nur im Gegensatz zu Tschechow – einem Gegensatz, der Adapteure niemals kümmert –, sondern auch im Gegensatz zu den immerhin beträchtlichen Aufwallungen, die in dem Stück – „Onkel Wanja“ – auf der Bühne vor sich gehen. Doch daß eins zum andern passen soll, gilt ja auch als ästhetisch überholt. Es hat sich, sagt Peter Hacks irgendwo, eine gegen alles Stimmige gerichtete Stimmung ausgebreitet.

Der Tendenz zur Schematisierung, zur Standardisierung im allgemeinen heutigen Deutsch scheint es zu entsprechen, daß die besonderen, sich abhebenden Sprachmittel der Literatur oft vergleichsweise grob sind. Das Aufgeben, das Verschwinden feinerer Differenzierungsmittel in der allgemeinen Sprache wirkt offenbar in die Literatur hinein. Man meint, auf den ersten Blick zu Recht, man müsse laut sein, um gehört zu werden, müsse sprachliche Mittel verwenden, die in ihrer literarischen Qualität laut sind. Seit Jahrzehnten ist da der Bruch sprachlicher Tabus besonders beliebt. Vor allem jüngere Autoren – dem Knaben gleich, der Disteln köpft – erproben ihn, noch ehe sie einen Gegenstand gefunden haben; sie erproben ihn, wenn an nichts anderem, so wenigstens an den vergleichsweise unschuldigen Satzzeichen, und es bleibt unerforschlich, ob da die große Gebärde des Aufbrechens der Verkrustungen, unter denen der Ausdruck wegen der angeblich starren Regeln von Interpunktion und Orthographie angeblich leidet, ob diese Gebärde also nicht die pure Unkenntnis verdecken soll. Dabei ist, gerade was die Satzzeichen angeht, die Unkenntnis wegen ihrer Verbreitung längst nicht mehr ehrenrührig, braucht also keine Tarnung. Die große Beliebigkeit hätte von der Rechtschreibe- und Interpunktionsreform gar nicht mehr sanktioniert werden müssen; sie ist schon lange Wirklichkeit. Regelwidrigkeit verbraucht sich freilich als Ausdrucksmittel sehr schnell, gerade in der Interpunktion; die Verständigungshilfe, die der regelrechte Gebrauch der Satzzeichen bot, wächst aber nach der Verödung nicht neu. Das gilt entsprechend für alle echten oder vermeintlichen Tabubrüche, deren publikumswirksamste Variante wir im Gebrauch direkter und oft vulgärer Benennungen all dessen finden, was mit Verdauung und Sexualität zu tun hat. Gewiß brauchen wir prüden Euphemismen nicht nachzuweinen; aber es ist doch ein seltsames Schauspiel: Seit Jahrzehnten zehren Autoren ästhetisch davon, Verkrustungen dort aufzubrechen, Tabus dort zu zertrümmern, wo von Verkrustungen und Tabus längst keine Spur mehr ist, und der Widersinn gipfelt darin, daß Rezensenten und Leser, schafsgeduldig, anpasserisch den Autoren Kühnheit bescheinigen, wo simpel der Trend herrscht. Die Sprachgebärde der Provokation ist konventionell geworden. Allgemein geht die Konventionalisierung der Provokation leicht und schnell vonstatten; ein Literaturstudent, der fünfzehn kurze Geschichten von Charles Bukovski aufmerksam gelesen hat, müßte mühelos die sechzehnte schreiben können. Der Markt nähme es hin, daß da nichts Neues kommt. Auf dem Markt der Literatur wird andächtig gemurmelt: „Wie wunderbar nackt unser Kaiser ist." Noch fehlt das Kind, das sagt: „Na und? Wenn einer nackt ist, sieht er halt so aus. Aber er könnte auch etwas anziehen."

Zum heutigen Deutsch als Angebot für Autoren überhaupt und für Autoren, die die Sprache wechseln, habe ich zunächst einige Accessoires der Literatursprache genannt. Der eigentliche Fundus des Angebots ist natürlich die Sprache der Leute.

Die Leute, ja, gewiß, sind von sehr unterschiedlicher Art, also gibt es im Publikum auch große Unterschiede hinsichtlich der passiven und erst recht der aktiven sprachlichen Kompetenz. Da sind die Politiker, die Wissenschaftler, die Journalisten, die Unterhaltungskünstler – ihrerseits auf sehr verschiedenen Ebenen –, und da sind die Zeitungsleser und Fernsehverbraucher, die auch manches noch schlicht und altmodisch untereinander zu besprechen haben, die Gruppe also, die Martin Luther zu seiner Zeit beschrieb als „die Mutter im Hause, die Kinder auf der Gasse, den gemeinen Mann auf dem Markt" – bekanntlich meinte er, denen solle der Bibelübersetzer „auf das Maul sehen, wie sie reden". Über das heutige Deutsch der Politiker gehe ich hinweg, weil sich Erhard Eppler darüber bedenkenswert in dem Buch „Kavalleriepferde beim Hornsignal" geäußert hat. Über die Sprache der Wissenschaftler und die der Journalisten werde ich später etwas sagen. Vorerst widme ich ein paar Sätze dem Deutsch der „Guten Nachricht", wobei ich mich dem Vergleich mit der Lutherschen Bibelübersetzung nicht entziehen kann.

Wie im 16. Jahrhundert die Mütter in den Häusern, die Kinder in den Gassen und die Männer auf dem Markt von Wittenberg gesprochen haben, wissen wir nicht. Sicher scheint mir, daß Luther ihnen gut „aufs Maul gesehen" und dann die Bibel eben doch nicht in ihr reales Deutsch übersetzt hat. Seine Botschaft hätte er darin einfach nicht untergebracht. Er mußte das reale Deutsch der Leute gut kennen, um auf das schließen zu können, was ihnen über ihre gegebene Sprachkompetenz hinaus zugemutet, wie das bloß potentielle Sprachvermögen erschlossen werden konnte. Zumuten mußte er ihnen ja nicht nur den Horizont seiner Botschaft, sondern auch schlicht das Verstehen von Wörtern, die aus zwar durchaus sinnlichen, pragmatischen, aber eben anderen Erfahrungsbereichen kamen, sei's auch bloß aus anderen Gegenden Deutschlands. Wieweit da die Größe der Botschaft über den Anlaß hinaus eine gewisse Lust am Erweitern der Sprachkompetenz überhaupt – für den besonderen Zweck und eben als übertragbar auch für weitere Zwecke – hervorgerufen haben kann, ist eine Frage, die von Autoren und Übersetzern verfolgt werden sollte. Die Schöpfer der „Guten Nachricht" haben es, wie gesagt, versäumt, ihren Lesern jene Lust zu verschaffen. Sie haben die Leser schlicht unterfordert, was die Zumutbarkeit angeht, aber wahrscheinlich das heutige Deutsch, den zutage tretenden Bestand der passiven Sprachkompetenz einer großen Mehrheit ganz gut abgebildet. Die Schöpfer der „Guten Nachricht" scheinen ängstlich darauf bedacht gewesen zu sein, alles gleichsam semantisch mundgerecht zu machen; zugunsten der Sicherheit im Vermitteln der dinglichen Bedeutung vernachlässigten sie den weiteren Horizont der Wörter und der Sätze. Wo Luther in der Weihnachtsgeschichte (Lukas. 2) sagt, daß Maria das Kind in eine Krippe legte, heißt es in der Guten Nachricht: „... legte ihn in eine Futterkrippe im Stall". Zugegeben, von den heutigen Deutschen hat vielleicht nur jeder hunderste eine Krippe in Funktion gesehen, aber man kennt sie ja eben aus den Darstellungen von Christi Geburt! – Im Matthäus-Evangelium heißt es bei Luther: „Ihr blinden Führer, die ihr Mücken seihet und Kamele verschluckt." Der Leser muß nachdenken; aber das Verfolgen der Metapher macht seinen Gewinn. In der Guten Nachricht steht hier: „Ihr wollt andere führen und seid selbst blind. Die winzigste Mücke fischt ihr aus dem Becher, aber Kamele schluckt ihr unbesehen hinunter." Auch der Schematisierung, der Bürokratisierung unserer Sprache zollt die „Gute Nachricht" ihren Tribut. In der Weihnachtsgeschichte, in der Fassung der „Guten Nachricht", heißt es über Maria: „Während des Aufenthalts in Bethlehem kam für sie die Zeit der Entbindung." Was tut Petrus in der Nacht, als die Häscher Jesus fangen? Er verleugnet ihn nicht, sondern zufol-

ge der „Guten Nachricht“ sagt er, daß er ihn nicht kennt. Und dann weint er nicht bitterlich, sondern verzweifelt. So kann man gute, schöne Wörter aus dem Sprachgebrauch vertreiben. Und man kann die Grammatik schematisieren. Man muß nicht den Begriff des Zustandspassivs kennen und kann dennoch begreifen, daß in dem Satz „Euch ist heute der Heiland geboren.“ das "ist geboren“ auf ein ungleich bedeutenderes Ereignis weist als die Wiedergabe in der „Guten Nachricht“; da steht: „Heute wurde euer Retter geboren.“ Die Beliebigkeit, die Verschwommenheit im Gebrauch des Verbs – bei den grammatischen Zeiten und beim Modus (Indikativ, Konjunktiv) – hat sich in den Medien durchgesetzt, und auch Autoren und Übersetzer nutzen die Differenzierungsmöglichkeiten, die in der überkommenen Grammatik liegen, immer seltener, so daß einer, der sie dennoch nutzt, kaum noch mit Verständnis rechnen kann.
Am Sprachgebrauch der Wissenschaften erfahren Autoren und Übersetzer, wie die Rituale, die Schaugebärden dessen, der demonstrieren will, daß er alles im Blick hat und auf der Höhe der Zeit ist, die Verständigung erschweren, und wenn sich der Autor, der Übersetzer darüber ärgert, möge er am sprachlichen Imponiergehabe der anderen das eigene erkennen lernen. Gewiß handelt es sich bei den einen wie bei den anderen um Mittel, sich auf dem Markt durchzusetzen; meine Kritik kann also auf den Markt bezogen werden – doch der läßt sich auch wieder nur von den beteiligten Menschen ändern.
Über das heutige Deutsch, wie es sich zum Gebrauch darbietet, zitiere ich nun ein paar Bemerkungen eines Menschen, der in der Literatur und in einer der Naturwissenschaften zu Hause ist. Ich meine den Biochemiker Erwin Chargaff. Er hat sich mit seinem kompromißlos harten sachverständigen Urteil über die Gentechnik und über den modernen Wissenschaftsbetrieb überhaupt die stärkste Abneigung seiner Zunft zugezogen. Erwin Chargaff – österreichischer Jude, geboren in den ersten Jahren des 20. Jahrhunderts – ist einer von den sehr wenigen Wortmächtigen, die unsere Zeit, unsere geistige Welt vor allem, in großem Zusammenhang betrachten. In den achtziger Jahren hat er das „Verblassen des Sprachgefühls“, die „Entkräftung der Sprachgesetze“, die „Erschlaffung der sprachlichen Spannkraft“ konstatiert und damit gar nicht nur das Deutsche treffen wollen. Er hat lange in den Vereinigten Staaten gelebt, und wenn er sagt, daß „ein und dieselbe charakterlose Pidgin-Sprache“ die Welt „zu überziehen“ scheint, wird klar, daß er die Vergröberung der Sprachmuster (das

ist jetzt mein Ausdruck) als Folge einer Zivilisation sieht, die allgemein von den großen Industrieländern ausgeht und eben dort von den Menschen nicht mehr beherrscht wird. Er spricht an anderer Stelle von seinem „vielfach bestätigten Eindruck, daß wer sich heutzutage in seinen Schriften auf irgendein kulturelles Traditionsbewußtsein bezieht, ins Leere redet." Und wenig später erklärt er, was er „ins Leere reden" nennt: „Die Leere ist [...] eine Fülle von angeflogenem Zeug, statistischem Material, Schlagwortgewölle, Fernsehgeschwätz und erstaunlicher Unintelligenz. Diese", schreibt er, „ist nicht angeboren – der Mensch ist immer besser als er wird –, sondern ist eine durch harte und geheimnisvolle Arbeit erzeugte allgemeine Beiläufigkeit, eine flimmernde Unsicherheit bezüglich dessen, wer man ist, was man tut, was mit einem geschieht und wozu."

Offensichtlich war, als er das schrieb, das Wort „Informationsgesellschaft" noch nicht in allgemeinem Gebrauch. Hier ergänze ich. Das Wort selbst ist eine Fehlinformation; als solche sagt es einiges über das heutige Deutsch. Ich gehe also über zur Sprache der Medien und frage: Was mag das sein, die Informationsgesellschaft?

Ich wohne in einer sehr dünn besiedelten Gegend, in einem Dorf von weniger als zweihundert Einwohnern. Da funktioniert, ohne daß es so hieße, die Informationsgesellschaft seit eh und je – jeder ist über ziemlich jeden und jedes im Dorf informiert. Das hat natürlich die Sprache bewirkt: Schlichte, unmittelbare Frage, Ausdruck der Neugier, und schlichte Antwort, gern oder ungern, aber unausweichlich gegeben.

Das aber meint das Schlagwort nicht. Ich fürchte, es besagt kaum mehr, als daß man Wörter und Bilder heute unglaublich schnell und billig befördern kann. Information wäre eben das, was man mit Informationsbeförderungsmitteln befördern kann. Das Tautologische ist nicht nur ein Schönheitsfehler; es weist auf die Verlegenheit, in der sich die Macher befinden: Sie müssen für die Mittel die Zwecke schaffen. Daß sie es hektisch, wahllos tun, kennzeichnet, wenigstens bisher, die Informationsgesellschaft. Das Wort „Informationsgesellschaft" hat auch etwas Beschwörendes: Die Käufer mögen die Wechselbälger, die sie da erwerben, für Informationen in einem Wortsinn halten, der noch irgendwie auf Wissen, Kenntnis, Einsicht weist. Doch das technische Medium liefert vor allem sich selbst.

Dazu braucht das Medium Massen von Sprache – um seiner selbst, des Mediums willen; denn noch ist der Drang zur Wahrnehmung der Welt nicht ganz auf einen Bildermarkt verwiesen, der sich aufs Sekundäranalphabetentum einspielt. Die Sprache aber ist an sich nachfragefreundlich, will sagen, ihre Mittel sind grundsätzlich und herkömmlich offen für Weiteres, Neues, eben auch fürs Nachfragen. Dagegen läßt der Medienbetrieb mit seinem Angebot das Nachfragen nur dann zu, wenn es sich nach den schon gegebenen Antworten richtet. Fortwährend fühle ich mich ins Unrecht gesetzt, wenn ich aus mir heraus frage. Es erscheint als irgendwie unanständig quer und schief zu dem „Informations“angebot. Informationsgesellschaftliche Fragebögen etwa disqualifizieren von vornherein meine Antworten, indem sie statt ihrer ungeduldig nur Ja- oder Nein-Kreuzchen fordern. Im Interesse der Datenverarbeitung soll meine Existenz in einem nicht mir, sondern ihr angemessenen binären System untergebracht werden. Wie menschlich, wie solidarisch ist doch die nachbarliche Neugier auf dem Dorf! Da offenbart sich Kultur.
Was soll herauskommen, wenn uns das Wort „Information“ verheißt, daß wir dank ihr gescheiter würden, und dabei die ganze Sache gänzlich angebotsorientiert ist, sich jedenfalls auf unsere Fragen nicht einstellt? Schon mit ihrer Selbstbenennung verkündet die Informationsgesellschaft das Erreichen einer neuen, höheren Stufe des Manipulierens mit Sprache. Die Sprache wird vom Medienbetrieb noch gebraucht. Sind die Sprechenden, sind vor allem die Schreibenden imstande, diesen Umstand subversiv zu nutzen, als Mittel des Widerstands gegen die Entmenschlichung der Information? Oder hat sie, so wie man sie funktionalisiert hat, ihre Nachfragefreundlichkeit eingebüßt?
Der Drang zur Standardisierung, den ich formelhaft als Merkmal des heutigen Deutsch genannt habe, äußert sich auch darin, daß Sprache oft als ein Baukasten betrachtet wird. Man meint, ihre Elemente ließen sich aus ihrer Geschichte, aus dem Zusammenhang der mit ihnen gemachten Erfahrungen herauslösen und mit simpler Verabredung handlich definieren. Auch da schaffen die Medien die Vorbilder für die Umgangssprache. Ich nenne Beispiele: 1. Das Wort „Titel“ wird heute zuerst einmal – von manchen Leuten vielleicht ausschließlich – als Bezeichnung von etwas verstanden, was gespielt, gesungen, gejodelt, von der CD geholt wird oder womit man per Playback Massen betäubt. Ältere Bedeutungen sind gleichsam abgehackt. 2. Im Sport hat man zu dem Wort „Rück-

spiel" mit dem Sprach Feingefühl eines Schaukelpferdes das Gegenwort „Hinspiel“ gebildet. 3. An der Frauenklinik der Universität Leipzig gibt es eine Abteilung für „humane Reproduktion“. Wie immer man die Bezeichnung deuten mag – sie bleibt erschreckend schematisch, standardisiert. Das Wort stand – keineswegs in sprachkritischer Absicht – in den „Mitteilungen und Berichten für die Angehörigen und Freunde der Universität Leipzig“, und zwar in einem Beitrag über sogenannte Retortenbabys, über In-vitro-Fertilisation. Selbst wenn mit dem Wort „Reproduktion“ auf die Besonderheit, die Künstlichkeit der Zeugung angespielt wird und die altvertraute Weise des Kindermachens nicht inbegriffen sein soll – zugunsten der Namensgeber will ich annehmen, daß eben gewissermaßen auf die Retorte gewiesen wird –, selbst in diesem Falle also finde ich den Institutsnamen gefühllos bürokratisch, denn immerhin kommen im Falle des Gelingens Menschen zustande. Ob nun das Adjektiv „human“ sagen soll, daß es um „Reproduktion“ von Menschen geht, oder ob der humane Charakter des immerhin ziemlich technisierten Vorgangs betont werden soll – dies zu fragen möchte ich nicht wagen. Denn mit solcher Pingeligkeit stieße ich dort, wo mit Sprache vor allem eingeordnet wird, vermutlich auf pures Unverständnis.

In der Technik mögen klare Zuordnungen im Sprachgebrauch manchmal ihren Sinn haben, doch gerade dort leisten alte Begriffe nostalgisch-störrischen Widerstand – „Schraubenzieher“ und „Zollstock“ halten sich selbst gegen semantische Vernunft.

Für den Zustand des heutigen Deutsch habe ich ein paar Merkmale genannt und Beispiele gegeben, und ich habe nach Verallgemeinerung gesucht. Autoren und Übersetzer können, mit Analyse oder ohne sie, dieses Deutsch so hinnehmen, wie es an der Oberfläche ist, und ihre Inhalte dort unterzubringen sich bemühen. Das habe ich die Variante 1 genannt. Es ist jetzt noch zu sprechen von den Varianten 2 und 3.

Mit Variante 2 habe ich einen Sprachgestus gemeint, mit dem der Autor, der Übersetzer demonstrieren will, daß er sich unabhängig fühle vom Sprachvermögen der Leser, zumindest vom Sprachvermögen eines größeren gedachten Lesepublikums, also daß er davon nicht betroffen sei – bei dem, was gar keine Botschaft sein will, stellt sich natürlich nicht die Frage des Ankommens. Seltsamerweise wirkt sich dieser Gestus auf dem Literaturmarkt eher positiv aus,

womit fast schon belegt ist, daß er gar nicht selten aufs Imponieren berechnet ist, zumindest aber unter Fachleuten zeigen soll, daß man auf dem laufenden ist.
Ins Leere hinein zu sprechen scheint mir unmöglich, es sei denn, man tut es aus Schmerz oder Wut, wenn man auf Resonanz nicht mehr hofft. Es scheint, ich renne da offene Türen ein; aber muß man nicht doch manchmal den Eindruck haben, Literatur werde als eine Art Podiumsdiskussion von Zunftgenossen betrachtet (Zunftgenossen meinetwegen im weitesten Sinn) vor einem Publikum, dem sich die Diskutierenden nicht recht zuwenden, das nur zahlen und die Akteure bewundern, ihre Pointen beklatschen und sich selbst für ein bißchen dumm halten möge? Gewiß ist Literatur de facto ein recht einseitiges Geschäft. Ein Angebot zur Verständigung, zum Diskurs – mit, zugegeben, meist bloß virtueller Antwort – ist sie immerhin. Ich bestreite natürlich nicht, daß sich ästhetische Vorstellungen und Maßstäbe entwickeln und daß das Ringen um das Neue qualvoll sein und den Schein von Exklusivität (im ganz wörtlichen Sinn) hervorbringen kann. Das heißt noch lange nicht, daß man mit der Gebärde der Exklusivität schon beweist, wie ernsthaft man um das notwendige Neue ringt. Ich erwarte von der Literatur weder Bedienung noch Anbiederung, noch bestreite ich die Berechtigung einer Literatur, die sich an wenige wendet – wenn sie sich wenigstens wendet!
Hat die Literatur noch lange eine Gelegenheit zum Leben, wenn sie sich dem Eingreifen in die „Sprache der Leute" entzieht, indem sie die jeweilige Sprachkompetenz der Mehrheit, in unserem Fall das jeweils heutige Deutsch, als absolut gegeben hinnimmt und entweder auf diesen Stand fast bedingungslos, nur eben noch mit Schmuck- und Imponiergebärden eingeht – Variante 1 – oder exklusiv, das heißt die Leute ausschließend, ihren Weg – Variante 2 – sucht? Die Variante 2 trägt auf ihre Weise, mindestens durch ihre Exklusivität, durch ihr Sich-Einschließen und durch das Ausschließen „der Leute", zu dem Mißverständnis bei, die gesellschaftliche Kommunikation werde demokratisiert, wenn man dem Ordnungsverlust, dem Differenzierungsverlust, der Desensibilisierung der Sprache ihren Lauf läßt. Das Mühen von Jahrhunderten hat nicht unwesentlich darin bestanden, das Wirken der Muttersprache, ihre Brauchbarkeit im besten Sinne, dadurch zu erhalten, daß in regem gleichsam vertikalem Austausch, schichtenweise vom Anspruchvollsten bis zum Anspruchlosen, der rechte Ausdruck auch für das Gewöhnliche, das Alltägliche gefunden und gepflegt wurde. Es hieße eine

große Tradition verkennen, eine geschichtliche Leistung, die noch lebendig ist, verkommen lassen, wollte man sich im Umgang mit unserer Sprache in eine immer neue Anpassung nach unten fügen – und dies ausgerechnet im Zeichen einer Sprach-Demokratie –, und es hieße ebenso diese Leistung mißachten, wollte man eine Variante unserer Sprache, die gleichwohl unsere Sprache zu sein vorgäbe, in einem Tempelbereich oder meinetwegen einem *hortus conclusus* pflegen, und dies im Zeichen der Notwendigkeit des höchsten geistigen Anspruchs – dort, wo Menschen das eisige Feld des noch nicht Gedachten, des noch Ungestalten betreten sollen. Daß es in diesem Sinne immer Elite geben muß, bezweifle ich nicht. Gerade ihrer Sorge aber empfiehlt sich die Sprache, die Muttersprache als ein Ganzes, jede Muttersprache, da sie doch das gute, alte, unersetzliche Mittel einer sozialen Integration ist, vielleicht schon das letzte in einer Menschenwelt, die in Milliarden Einsamkeiten zu zerfallen droht, deren jede, gereizt, sich Unterhaltung kauft, alles Bedrohliche in des Nachbarn Garten zu schieben sucht und für das, was alle bedroht, das Gefühl verliert.

Letztlich ist es eine Sprache, die die Sprachgemeinschaft hat, und wenn die Sprache verrottet, sollen die Schreiber Verantwortung bei sich suchen. Es liegt nahe, meinen Befürchtungen entgegenzuhalten, daß immer über den Zustand der Sprache geklagt worden sei und daß sie die unterstellten oder wirklichen Gefahren immer ziemlich heil überstanden habe. Ich halte Analogieschlüsse solcher Art für leichtfertig. Noch nie in der Geschichte haben die Massen veröffentlichter Sätze und Bilder die Menschen so beharrlich in jeden Winkel verfolgt wie heute. Noch nie, seit es Schulunterricht gibt, hat es soviel Pseudo-Fortschrittlichkeit gegeben, derzufolge man die muttersprachliche Kompetenz als von Haus aus gegeben betrachten dürfe, weshalb man den Schülern das Lernen von Regeln ersparen könne; noch nie waren Sprachgelehrte, Sprachwissenschaftler so eifrig dabei, jeden Ordnungsverlust in der Sprache als Ergebnis der Sprachentwicklung zu beschreiben. Schließlich aber: Noch nie hat der Markt der gedruckten Wörter so entschieden das Leichte, Leckere, Flockige, schön Gelackte, Laute, Fesselnde, Schnelle verlangt – und immer neue Reize.

Es erschreckt mich, daß dies offenbar auf mein Feld, das Übersetzen von Literatur, übergreift. Der Markt verlangt (oder Verleger glauben, daß er es verlange) das Gängige, Flotte, Deftige, vielleicht auch Sensationelle nicht nur im Gegenstand, sondern auch in der Sprache. Den Übersetzer selbst reizt vielleicht die Aussicht auf Beachtung einer innovativen Leistung; wie leicht wird da der Leser getäuscht, der stolze Übersetzer verstellt ihm den Autor. Literatur übersetzen heißt aber doch, daß der Übersetzer die Zielsprache – gewöhnlich seine Muttersprache – für etwas braucht, worauf sie oft nicht so ganz eingerichtet ist, vielmehr behutsam eingerichtet werden soll. Was für eine Gelegenheit, produktiv den Widerspruch aufzuheben, der gerade hier oft zwischen der Enge der verbreiteten passiven Sprachkompetenz und der Tragweite der Botschaft besteht! Vielleicht ist dies auch ein Problem und eine Chance des Sprachwechsels von Autoren.

Damit bin ich bei Variante 3 angelangt. Sie hat mit der Variante 2 gemein, daß der Autor, der Übersetzer sich mit dem „heutigen Deutsch" im flachen Sinne nicht zufriedengibt. In der Variante 3 wendet sich der Autor, der Übersetzer jedoch dem Leser zu, er überfordert ihn maßvoll – ich habe dies die Zumutung genannt –, er bildet Ansprüche, indem er Ansprüche des Lesers voraussetzt. Das läßt sich vergleichen mit Goethes und Schleiermachers Vorstellung vom rechten Übersetzen: Der Leser soll vom Übersetzer zum Autor, in das Land des Autors geführt werden. Ohne Zumutung ist das nicht möglich.

Die Dichter machen die Sprache neu, sagt man. Was heißt: neu? Unsere Verbrauchsgesellschaft stellt Dinge unter dem Gesichtspunkt her, daß sie bald weggeworfen werden. Das Instandhalten ist nicht ihre Sache. Deshalb hat sie auch den Begriff des „moralischen Verschleißes" erfunden – ein Ding kann gut und bewährt sein, allenfalls eine kleine Reparatur brauchen, aber man soll es wegwerfen. Man kann nicht gerade sagen, es sei real verschlissen; aber weil seine Parameter nicht dem derzeitigen technischen Höchststand entsprechen, diffamiert man es wenigstens als im übertragenen Sinne verschlissen und verwendet dazu – pervers – das Wort „moralisch".

Das „alte Haus der Sprache", wie es Karl Kraus nannte, ist natürlich in einem solchen Sinne moralisch verschlissen, es genügt nicht den Normen des heutigen technischen Höchststandes an Schnelligkeit des Einordnens in einen gegebenen Raster, und das „alte Haus der Sprache" genügt nicht den Normen des Verhältnisses von gedanklichem Aufwand zur Dienstleistung der Sprache in einer oberflächlichen, stark verdinglichten Kommunikation – das heutige Deutsch besorgt das schneller und mit weniger gedanklichem Aufwand. Fortwährende Anpassung nach unten ist die logische Folge – wir sehen sie jetzt auch äußerlich in der Reform von Rechtschreibung und Zeichensetzung, die selbst dort, wo sie

mit leidlich guten Gründen aufwartet, die einen Inkonsequenzen durch andere ersetzt, im ganzen aber vereinfachte quasi-technische Algorithmen bietet und damit der Kommunikation manche Möglichkeiten der Genauigkeit und die Anregung zum Weiterfragen nimmt.
Das Sprach-Problem der Literatur besteht darin, daß sie um ihrer Substanz willen in dieses Getriebe den nötigen Sand schütten und zugleich die Exklusivität vermeiden sollte. Wer meint, er müsse sich auf die sich immer mehr beschränkende passive Sprachkompetenz der Mehrheit einlassen, soll sich nicht wundern, wenn seine Botschaft von ihren Mitteln mehr und mehr bestimmt wird. Andererseits, ich wiederhole es, ist die literarische Botschaft ohne Ankunft keine Botschaft. Die ständige Erneuerung der Sprache erwarte ich am wenigstens von leichtfertigen, leicht zu fertigenden Innovationen, die selbst dort, wo sie widerborstig sein wollen, aus dem Markt-Geist der Eile und der bloßen Lautstärke wachsen – auch ein Anti-Markt kann leicht zum Markt werden.

Die eigentlichen Ressourcen sehe ich heute in der Tradition unserer Sprache, in ihrer Geschichte. Den Kritikern einer hastigen, oberflächlichen Sprachmodernisierung macht man einen Vorwurf, der durch die Wiederholung nicht gescheiter wird: Sie wollten, heißt es, die Sprache Goethes zum Vorbild für alle Zeiten erklären. Wirklich über ihre Zeit hinaus vorbildlich ist Goethes Sprache (oder Lessings oder Schopenhauers Sprache) natürlich nicht in ihrem Bestand, ihren Mustern, wohl aber in ihrer Qualität des Erneuerns; da nämlich wird das reiche überkommene Instrumentarium nur fortgeführt, mit Innovationen, die als solche gar nicht angestrebt und erst recht nicht als Ausweis der Professionalität herausgestellt werden. Die Mittel der Genauigkeit, die Unterscheidungskraft, der Bezugsreichtum werden nicht um der Eile und der Bequemlichkeit willen reduziert, wobei es sich von selbst versteht, daß Genauigkeit, Differenzierungskraft und Assoziationsreichtum in der Literatur von ganz anderer Art sein können als in den Kommunikationsnotwendigkeiten außerhalb ihrer.

3.4 Moratorium für dynamisch-äquivalentes Übersetzen?![1]
Von Stefan Felber

Autobiographischer Rückblick[2]

Bis zu meiner Berufung als Dozent an das Theologische Seminar St. Chrischona im Jahr 2000 sah ich in der Benutzung der dynamisch-äquivalenten Übersetzungen[3] für private und gottesdienstliche Schriftlesung kein Problem. Etwa 2002 begann ich, genauer auf die Veränderungen in den neueren Bibelübersetzungen zu achten. Die ursprüngliche Motivation war dabei keineswegs, Kritik zu üben, sondern bei der anstehenden Revision der seit 1983 sich am Bibelmarkt etablierenden „Hoffnung für alle" (Hfa) zu helfen. In der ersten Auflage der Revision von 2002 taucht mein Name noch als mitverantwortlich für den das Alte Testament einführenden Rahmenteil auf (neben Prof. H. H. Klement). Von einem Freund gefragt, inwiefern es an der Übersetzung Verbesserungsbedarf gebe, begann ich – immer mehr erschreckt – mit Textvergleichen, schwerpunktmäßig an Hfa, darüber hinaus an der Guten Nachricht Bibel und der Good News Bible, später noch an weiteren sog. Übersetzungen. Die Ergebnisse dieser Arbeit flossen 2003 und 2004 in zwei Basler Symposien mit Vertretern des damaligen Basler Brunnen-Verlags (heute: fontis), in eine ganze Reihe von Vorträgen vor Gemeinden und Theologen, in eine kollegial verfaßte Thesenreihe[4] sowie in einen für mich nach wie vor wichtigen Aufsatz in den Theologischen Beiträgen[5]. Dieser schloß mit dem folgenden Fazit:

---

1 Eine englische Fassung dieses Beitrags erschien unter dem Titel „A Moratorium on Dynamic-Equivalent Bible Translating" in der Zeitschrift Unio cum Christo (4, 4/2018, 215–226).

2 Ich bitte um Verständnis für die ausnahmsweise Häufung von Selbstzitaten.

3 D. h. solche Übersetzungen, die nicht einfach Texte übersetzen wollen, sondern den Anspruch erheben, die ursprünglich erzielte Wirkung (Dynamik) durch ihre Übersetzung zu wiederholen. Im deutschen Sprachraum geht es v. a. um „Gute Nachricht" und „Hoffnung für alle".

4 Felber, Stefan; Rothen, Bernhard; Wick, Peter: 18 Thesen zu den modernen Bibelübersetzungen, die den Anspruch größerer Verständlichkeit erheben, 2004. Genaue bibliographische Angaben siehe Literaturverzeichnis am Ende.

5 Felber, Stefan: Die Bibelübersetzung „Hoffnung für alle" im kritischen Textvergleich, 2004.

Bzgl. Hfa 1983: „Einige der von Wenz und Rothen genannten Irrtümer der ‚G[uten] N[achricht Bibel]' werden in der ‚Hfa' vermieden. Dennoch: Nach dem Maßstab möglichst breiter Verständlichkeit für den modernen Menschen reduziert oder verändert die ‚Hfa' Inhalte in häufig unsachgemäßer Weise, überführt Konkretes ins Abstrakte oder Allgemeine, psychologisiert, entontologisiert, ja ersetzt bisweilen das Tun Gottes durch ein Tun des Menschen und Transzendentes durch Immanentes. Biblische Grundbegriffe wie ‚Gerechtigkeit', ‚Evangelium', ‚in Christus' oder ‚Wort' werden unkenntlich.
Damit aber wird die ‚Hfa' 1983 für gottesdienstliche Lesungen grundsätzlich ungeeignet. Für den privaten Bibelgebrauch sind urtextgetreue Übersetzungen parallel und korrigierend unerläßlich."[6]
Bzgl. Hfa 1983 und 2002 hieß es abschließend: „Die beiden Versionen der ‚Hfa' waren von ihrer jeweiligen Vorgängerin, der ‚GN', geprägt. In Teilen vollzieht die ‚Hfa' eine sanfte Entwicklung von einer dynamischen hin zu einer stärker formalen Äquivalenz mit, sie kann aber ebenso frei bleiben oder noch freier werden (z. B. vom ‚Wort' zur ‚Botschaft'). Bei den hier verglichenen Übersetzungen ist deutlich: Mit der Kürze verliert man die Würze, in die Übersetzung wurde viel an tendenziöser Erklärung und Auslegung integriert, und verloren gibt man mit der Ersetzung des sakralen Charakters durch einen flüssigeren journalistischen Stil die bei Luther eigentümlich sprachprägende Kraft. Was man positiv über die modernen Übersetzungen sagen kann, daß etwa Menschen erstmals zur Bibel gefunden haben, wird durch die schwerwiegenden Umdeutungen und die krankmachende Gesetzlichkeit dieser ‚Übersetzungen' mehr als aufgewogen. Denn wer kann den Schaden ermessen, den sie in Glaube und Leben bei Bibellesern und Gemeinden anrichten?"7
„An ihren Früchten werdet ihr sie erkennen". Die Früchte einer Übersetzungstheorie sind die nach ihr erstellten Übersetzungen. Aber wen galt es hinter ihnen und ihren Problemen zu erkennen? Schon die erwähnte Reihe der 18 Thesen benannte die Probleme der sog. dynamisch- (oder auch funktional-) äquivalenten Übersetzungstheorie von Eugene A. Nida (1914–2011) als den theoretischen Hintergrund der kritisierten Übersetzungen. In den weiteren

6 A. a. O. 198 (ohne Fußnoten).
7 A. a. O. 199 (= Schluß; ebenfalls ohne Fußnoten).

Jahren erwuchs mir die Aufgabe, Nidas Theorie(n) genauer zu verstehen und zu evaluieren, als das bisher (zumal im deutschen Sprachraum) geschehen war. Mehrere Kongresse und zahlreiche Gespräche säumten diesen Weg.[8] Am vorläufigen Ende stand 2013 die Publikation des Buches „Kommunikative Bibelübersetzung: Eugene A. Nida und das Modell der dynamischen Äquivalenz", das 2014 mit dem Johann-Tobias-Beck-Preis ausgezeichnet und 2016 mit einigen Fehlerkorrekturen[9] neu aufgelegt wurde. In diesem Buch versuchte ich, Nidas jahrzehntelang entfaltete Theorie und ihren Hintergrund (bes. bei Noam Chomsky[10]) so genau und quellenbasiert wie möglich darzustellen und gerade dort kritisch zu befragen, wo Nida selbst seine *stärksten* Seiten gesehen hat. Wiederum hatte das Buch einige Vorträge sowie eine Reihe von, soweit mir bisher bekannt, acht Rezensionen[11] zur Folge. Alle urteilten positiv.

Auffällig hingegen blieb das Schweigen der kritisierten Verlage und der von der Nidaschule geprägten Übersetzer. In Gesprächen wurde mir gegenüber zwar aus verschiedenen Richtungen Anerkennung für die wissenschaftliche Leistung gezollt. Doch eine Antwort, die ein Tun rechtfertigt, das so weitreichende Folgen hat wie das einer Neuübersetzung der Heiligen Schrift nach dem Muster E. Nidas, blieb aus. Ich verteilte mein Buch im Bekanntenkreis – und dachte etwas resigniert: Die Übersetzerkarawane zieht weiter, die Verlagsmaschinen laufen unaufhaltsam.

Der Kampf zwischen Literaturwissenschaft und Linguistik – ein Exempel

Erst 2016 wurde ich auf den englischen Literaturkritiker Ian Robinson (geb. 1937) aufmerksam gemacht. Er war mir vorher trotz breiter Recherche in der Literatur zur Übersetzung nicht in Fußnoten oder Literaturverzeichnissen auf-

8 Summer Institute of Linguistics, Bible Translation Conference Horsleys Green 2008 (key note: Ernst August Gutt); Forum Bibelübersetzung 2009 in Wiedenest, SBL-Konferenzen 2011 London, 2012 Chicago und 2013 Baltimore, Forum Bibelübersetzung 2015 in Herrenberg. Nur beim erst- und letztgenannten Kongreß war ich ohne eigenes Referat/Feedback beteiligt.

9 Es ging v. a. um fehlerhafte Seitenzahlen von Querverweisen.

10 Hierzu bereits: Felber, Stefan: Chomsky's Influence on Eugene Nida's Theory, 2012.

11 Liste siehe www.stefan-felber.ch/publikationen 03.01.2017.

gefallen. Ich spreche hier vor allem von seinen Büchern „Who Killed the Bible? Last words on translating the Holy Scriptures“ (2006) und „The New Grammarians’ Funeral. A Critique of Noam Chomsky’s Linguistics“ (1975)[12].
Ich setze ein mit „*Who Killed the Bible?*“. Diese Titelfrage wird nirgends direkt beantwortet. Implizit jedoch weist der Finger auf Nida bzw. auf sein Modell der Dynamischen Äquivalenz. Meine *Übereinstimmung* mit Robinson ist überraschend und weitreichend. Ich nenne exemplarisch und in Stichworten:

1. Nidas Zurückbleiben hinter dem eigenen kommunikativen Anspruch (die Wirkungsäquivalenz) bzw. die Unmöglichkeit, diesen Anspruch einzulösen, resp. der Widerspruch zwischen der intendierten Verständlichkeit und den Reaktionen der Rezipienten selbst der biblischen Zeit[13];
2. zahlreiche (!) Textbeispiele mit offensichtlich fehlerhaften Übersetzungen aufgrund schlechter oder fehlender Exegese, darunter das von mir ausführlich diskutierte Lieblingsbeispiel Nidas, Mk 1,4 und sein Kontext[14];
3. die Kritik an der naiven Eintragung moderner Weltsichten in die Schrift, *zum Beispiel*
   - reflektiert die Ersetzung von „wisdom“ durch „skill“ (Ex 36,2 KJV/GNB) das moderne, technologisch geprägte Weltbild[15],
   - richtet die Ersetzung von „blessed“ durch „happy“ bei den Seligpreisungen (die ja auch den Verfolgten gelten!)[16] die Hoffnung auf die Besserung des diesseitigen Lebens[17],
   - erwecken die vermeintlich gender-neutralen Veränderungen den Eindruck ähnlicher Geschlechterverhältnisse und -adressierungen wie in unserer Zeit[18];

12 Letzteres Buch kann heruntergeladen werden unter www.stefan-felber.ch/downloads (07.01.2017).

13 Who Killed the Bible?, 72 f.

14 A. a. O. 43 ff.; vgl. Felber: Kommunikative Bibelübersetzung, 44–59.

15 I. R.: Who Killed the Bible?, 96 f. „On principle they invite a reading in the context of the average modern world. But to take the ‚message‘ (by way of the kernel-sentence paraphrase) into the modern world without its context is to deliver a different meaning“ (S. 103).

16 A. a. O. 98 ff.

17 Vgl. Felber: Kritischer Textvergleich, 194.

18 Vgl. Felber, Stefan: Vorfahren statt Väter, Geschwister statt Brüder. Zur „geschlechtergerechten“ Sprache und Bibelübersetzung, insbesondere zur Neuen Zürcher Bibel, in: Seubert,

4. die Kritik an der Vernachlässigung des Urtextes zugunsten der Good News Bible als einem neuen Modell, teils sogar als neuem Ausgangstext für Übersetzungen in Sprachen bes. der Dritten Welt[19];
5. die Kritik an der impliziten Geringschätzung des angenommenen Durchschnittslesers;
6. die Kritik an der Lokalisierung von Textbedeutung in den sog. *kernels* bzw. die Kritik an der Generativen Transformationsgrammatik von Noam Chomsky: „I regret I must hold the opinion that Nida's ‚theory' of kernel sentences does not explain the analysis and transfer of meaning, that there is no method by which it can be judged applicable, and that in practice it has been, as I shall go on to show, devastating in its effects on translation"[20];
7. die Kritik an der naiven Trennung von Form und Inhalt bzw. an einem enorm reduktiven Sprachverständnis als einem Code, an dem Rechnen mit Sprachinhalten jenseits des Bildhaften und Metaphorischen, an dem Vorbeigehen an der schöpferisch-realisierenden Kraft der Sprache[21];
8. die Kritik an der Erhebung einer (wissenschaftlich nicht faßbaren) Umgangssprache (vgl. Nidas *consumer language*) zur Norm für Bibelübersetzer[22];
9. die Kritik an der Etablierung schlechten Sprachstils oder an einem zumindest hier deplazierten „journalism" durch Implementierung in Bibelübersetzung bzw. die Kritik an der Geringschätzung von Poesie und Rhetorik[23];

Harald; Thiessen, Jacob (Hg.): Die Königsherrschaft Jahwes, Studien zu Theologie und Bibel Bd. 13, Basel 2015, 175–198 (Download: www.stefan-felber.ch/downloads, 03.01.2017); bei I. R., Who Killed the Bible?, 107–113.

19 Auch Robinson bezieht sich hierfür mehrfach auf die Studie eines australischen-anglikanischen Bischofs: Nichols, Anthony Howard: Translating the Bible. A Critical Analysis of E. A. Nida's Theory of Dynamic Equivalence and Its Impact Upon Recent Bible Translation, Sheffield 1996, 336 S. (Download: http://etheses.whiterose.ac.uk/5994/, 10.01.2017).

20 I. R.: Who Killed the Bible?, 53.

21 A. a. O. 126; vgl. I. R.: Prayers for the New Babel, Brynmill 1980, 20; ders.: The Survival of English. Essays in Criticism of Language, Cambridge 1973, 46. 56. 58 ff. „The N.E.B. is a diminution of our *whole* language" (a. a. O. 60, Hervorh. orig.).

22 Who Killed the Bible?, 105 ff. 128; vgl. Felber: Kommunikative Bibelübersetzung, 274. 335ff.

23 I. R.: The Survival of English, 34: „… the word for N.E.B.'s style is journalism. … And that does seem to me disastrous, not because there is anything wrong with journalism in its place, but because its place could not be in the Bible and in public reading in the church." Vgl. a. a. O. 36 – allerdings etwas übertreibend – zu Offb 21,5f., und S. 37: „It is the casualness of style that de-

10. die Feststellung einer Niveausenkung und Re-Säkularisierung der Sprache mit Folgen auch für Nichtchristen bzw. Nichtbibelleser.[24]

Hätte ich frühzeitiger Kenntnis von Robinson erhalten, wäre die Kritik meines Buches stellenweise präziser und schärfer ausgefallen.

1. Bestritten werden müßte stärker – hier liegt die besondere Leistung von Robinson – das zielsprachliche Recht, die *zielsprachliche Adäquatheit* der modernen Übersetzungen. „If the style fails the sense fails."[25] Robinson ergänzt die kulturellen Folgen, die ich unter „Der Preis der Anpassung an die Gegenwartssprache" in den Blick nahm[26], mit vielen Beispielen aus der Literatur.
2. Vor allem auf der Grundlage von Textvergleichen hatte ich das Recht der dynamischen Übersetzungstheorie bestritten. Bestritten werden müßte aber mit gleicher Schärfe *der wissenschaftliche Status dieser Theorie.* Die Wissenschaftlichkeit von Nidas Übersetzungstheorie fußte auf der Wissenschaftlichkeit von Chomskys generativer Grammatik. Mit dieser fällt auch jene.
3. Fraglich ist, ob *überhaupt* eine wissenschaftliche Theorie vom Übersetzen möglich ist. An dieser Stelle erweitert sich Robinsons Kritik sogar bis ins Lager derer, die Nida eigentlich kritisch gegenüberstehen, d. h. neueren wortgetreuen Übersetzungen. In der English Standard Version, d. h. im „essentially literal camp", werde z. B. der Fehler begangen, Parataxe durch Hypotaxe wiederzugeben (so in Lk 5,1)[27]. Dadurch werde der narrative Fluß eliminiert, und sachlich untergeordnete Satzteile würden zum Hauptsatz erhoben. „It is a reliable technique for dullness. Try and find a

---

stroys them as miracles: one can get no sense of the miraculous. … the new versions make nonsense of the miracles by placing the centre of truth outside religion. If the only possible world is our world of newspapers and commonsense, then the miracles are not merely impossible; they are mischievous impostures." – Zur Kritik am journalistischen Bibelübersetzungsstil s. Felber: Kommunikative Bibelübersetzung, 309 ff.

24 I. R.: Who Killed the Bible?, 114–118. 128 f.; vgl. Felber: Kommunikative Bibelübersetzung, 267. 303. 315. 349.

25 I. R.: The Survival of English, 41.

26 Vgl. Felber: Kommunikative Bibelübersetzung, 354–368.

27 I. R.: Who Killed the Bible?, 119 ff.

line of Shakespeare that would satisfy Ryken's criterion of rhythmic excellence!"[28]

4. Was in meinem Vorwort als Paradoxon aufgeführt wird – nämlich die Gleichzeitigkeit fast grenzenloser Verfügbarkeit aller möglichen Bibelübersetzungen einerseits und die immer noch anwachsende Unbekanntheit der Heiligen Schrift andererseits[29] –, ist bei Robinson kein Gegensatz, sondern einander bedingend: „The effect – assisted by other causes – has in fact been an extinguishing of the Bible in common consciousness."[30] „Religious language (always in danger of going vapid) is one of the guarantees of the whole, but suffers with the whole unless it redeems it."[31] Er hat recht. Mehr dazu ab Seite 232.

Robinson hatte sich die sprachlich-literarischen, linguistischen und sprachphilosophischen Grundlagen für seine Kritik jahrzehntelang als Literaturwissenschaftler erarbeitet. Bereits in *„The New Grammarians' Funeral"* (1975) bietet er eine ausführliche Kritik der linguistischen Theorien Chomskys und seiner Schule. Auf diese „Beerdigung der neuen Grammatiker" sei hier nur knapp hingewiesen. Der Titel bezeichnet offenbar einen Genitivus objectivus: Durchaus selbstbewußt will Robinson aus verschiedenen Richtungen zeigen, daß Chomskys Theorien ihrem eigenen Anspruch zuwider keinen wissenschaftlichen Status beanspruchen können.[32] Der unterschiedliche wissenschaftliche Weg der beiden Gelehrten führte zu gegensätzlichen Sichtweisen: Denn was das Blickfeld Chomskys ausfüllt, sind Grammatiken, syntaktische Strukturen und Analysen von meist einfachen Sätzen, die der angenommene englische Durchschnittssprecher als richtig resp. falsch empfindet. Robinson aber verfügt über eine umfassende Kenntnis der englischen *Literatur*, mit der sich Chomsky, so einer der Vorwürfe, nicht befassen wollte.

Man kann den Schmerz Robinsons nachfühlen, der in seiner Klammerbemerkung mitschwingt:

---

28 A. a. O. 124.

29 Felber: Kommunikative Bibelübersetzung, 11.

30 I. R.: Who Killed the Bible?, 127.

31 A. a. O. 129. Vgl. Hallensleben/Vergauwen: Gottes Wort im Menschenwort.

32 Funeral, 1 ff. 32 f. und passim.

> „Judgement in literature is the only guarantee I can think of of judgement in general about language. (Chomsky has never to my knowledge betrayed the slightest interest in imaginative literature.) As said somewhere else, ‚If English had no great literature it would not be the language we know, even with the same grammar and vocabulary' … It is neither an accident nor a mistake that for nineteentwentieths of its history the study of language has been firmly subordinated to the reading of classical texts. The oddity is the modern divorce, the study of language disconnected from a centre in the consideration of classical literature."[33]

Und in seiner Kritik der New English Bible, die den Anstoß für sein Buch „The Survival of English" bildete: „… we have lost all sense of what is well and badly written, all standards of literacy. And that is not a merely stylistic matter; I shall show that it directly affects every reader of the Bible."[34]
Die Forderung der Chomsky-Schule an die Literaturwissenschaftler, sich mehr mit Linguistik zu befassen[35], erging immer einseitig. Mit Robinson aber trat jemand auf, der sich von der Linguistik gewisse Hilfe erhoffte, tief enttäuscht wurde, sich daraufhin suchend in die Materie eingearbeitet hatte[36], aber von den Fachvertretern, die Zustimmung nur von ihresgleichen erwarteten[37], harsch abgewiesen wurde[38].
Der Literaturwissenschaftler pflegt einen anderen Umgang mit Sprache als der Linguist.[39] Letzterer betrachtet ihre immanenten Strukturen und Gesetzmäßigkeiten: Sprache als Text, als Gewebe. Ersterer betrachtet Sprache hinsichtlich ihrer realisierenden (poetischen, d. h. „machenden") Kraft[40], gleichsam metaphysisch: Der Leser wird via Sprache vor die berichteten Dinge gestellt, statt bei

33 A. a. O. 180.
34 Survival of English, 26.
35 Funeral, 168.
36 Obwohl selbst nicht Linguist, hatte er von Chomsky alles gelesen bis Mitte 1974 (Funeral, iv).
37 Funeral, 13.
38 Vgl. die haßerfüllte Rezension von Georgia M. Green, in: Language 53, 2/1977, 406–411.
39 Funeral, 184: „… it will seem strange to Chomsky and the surviving structuralists, that I have learned far more about language both from the philosophy of Collingwood and of Wittgenstein and Rhees, and from the literary criticism of Leavis, than from the whole corpus of established linguistics" (fast gleiche Namenreihe in I. R., Prayers for the New Babel, Brynmill 1980, 20).
40 Who Killed the Bible?, 126 (vgl. oben zu Fußnote 21).

der Betrachtung von Wörtern und Buchstaben zu bleiben.[41] Darum vermißt Robinson bei Chomsky und seinen Sprach-Szientisten das Staunen über die Wunder und Geheimnisse der Sprache.

> „… awe at language should be present in linguistics and inform it. Whatever is the discipline in the subject ought to be what leads the student up to a sense of wonder."[42]

Robinson fordert die Linguisten auf, Sprache auch nach ihren Bedeutungen, Dialekten, Tonlagen, also nach ihren alltäglichen Gebräuchen und Entwicklungen zu untersuchen, die sich Chomskys Gesetzen für vollständige Sätze allzu oft entzögen oder inakzeptabel wären[43]. „‚The real hazards of language', as I. A. Richards says is [sic] a suggestive brief discussion, ‚are conspicuously not represented'."[44]
Chomskys uneingelöste Ansprüche bestünden auch darin, Sprache nichtsprachlich erklären zu können[45], und darin, seine Sprachregeln hätten konstituierende oder generierende Kraft[46].– Eine ausführliche Wiedergabe von Robinsons Kritik ist im gegebenen Rahmen nicht möglich. Für unsere Diskussion von Nidas Übersetzungstheorie interessant ist aber noch Robinsons Evaluation der Chomskyschen Theorie der *kernels*, d. h. der einfachen, aktiven und deklarati-

---

41 Funeral, 15 ff.

42 A. a. O. vi, vgl. 185. Vgl. I. R., Prayers for the New Babel, 18: Nach einem Zitat aus dem Alternative Service Book 1980 bzw. darin der New English Bible: „Creation is not expressible in English in these so casual temporal clauses. If the passage cannot evoke or make creation it cannot even report it. The result is a credibility gap. This story simply cannot be believed." Robinson nennt die New English Bible konsequent „The Atheists' Bible" (ebenso in „The Survival of English", 40).

43 Beispiele s. Funeral, 19 f. 37 ff., vgl. zur Ironie: „TG grammar has no way of showing (although it is implied by common parlance) that saying something ironically is less basic to language than saying something straight" (a. a. O. 49). Zur Metapher: „… TG grammar can say nothing about metaphor, an obviously central case of aspect because in metaphor we speak of something in terms expository prose uses for something else: we take one thing as another" (a. a. O. 51).

44 A. a. O. 44 (Hervorh. orig.; statt „is" muß es vermutlich „in" heißen).

45 A. a. O. 11. 52. 80 ff. u. ö.

46 A. a. O. 21. Man ist an die Diskussion über die Mechanismen der Evolution erinnert: Wenn man Selektion und Mutation als Faktoren anerkennt, die die *Schnabellänge* der Finken bestimmt haben, was hat man damit über die *Existenz* dieser Finkenart ausgesagt?

ven Sätze und ihrer Umformungen. Warum eigentlich müssen gemäß Chomsky (und so auch gemäß Nida) *kernels* im Aktiv stehen? Es mag unseren Sprachgewohnheiten gefallen, daß aktive Sätze „leichter“ zu bilden und zu formen sind als passive. Aber es gibt, so Robinson, dafür keinen grammatischen Grund außer unserer kulturbedingten Präferenz für Simplizität. Warum sollte man nicht, „for instance, take negative interrogative passives as kernels and derive declaratory actives as well as other forms from them“? „Chomsky tries to support his position by arguing that it is easier to derive the passive from the active than vice versa; in fact it seems to me exactly as easy to transform passive into active as active into passive, and I believe this strengthens the system as pure grammar. We can merely state Chomsky's rule the other way round to derive active from passive ...“[47]
Damit sei auch die mißverständliche Rede vom „Generieren“ dahingehend zu präzisieren, daß es *mehr um Beschreibung als um reale Hervorbringung* geht.[48] Transformationsgrammatik sei hilfreich für die syntaktische Analyse, ihr fehlten aber die Regeln für die Anwendung von Regeln. „... there is no rule beyond the sense made, i. e. one's pre-existent sense of language, for whether to apply a transformation at all.“[49] Das Fehlen von Regeln für die Anwendung von Regeln – war dies einer der Faktoren, der dazu führte, daß die auf der Grundlage von Nidas (wiederum auf Chomskys basierender) Übersetzungstheorie erstellten Übersetzungen so unterschiedlich ausfielen? Hinzu kommt, daß Chomsky keine satzübergreifenden Zusammenhänge beschreibt. Welch ein Schaden der Disziplinendifferenzierung, wenn sich Sprachwissenschaftler mit Sätzen, Literaturwissenschaftler aber mit Absätzen, Kapiteln und Büchern[50] befassen und mit dem, „what utterances do in language. This includes some of what people often mean by the ‚effects‘ of poetry – the workings of its images, rhythms, figures – but not our responses to them“[51]!
Mit Robinsons Chomsky-Kritik, die im gleichen Jahr wie die vielfach ähnliche Meditation George Steiners „After Babel“ erschien, berührt sich eng meine Kritik

47 A. a. O. 31 (beide Zitate).
48 A. a. O. 33 f.
49 A. a. O. 33.
50 Vgl. a. a. O. 45.
51 A. a. O. 47.

an Nida. In Ergänzung der oben gegebenen Liste sei nochmals die Kritik am Einpressen fremder Sprachen in das Muster des Englischen[52] bzw. die allzu rasche Abwertung ursprachlicher Idiome hervorgehoben, die bei Robinson kraftvoll vorgetragen wird. „... it is interesting to see in others how Chomsky's concentration on universals and/logical operations itself *distracts his attention from language*"![53] Steiners und Robinsons Sicht von Sprache als einer kreativen und realistischen Macht, ohne die das Existierende weder erfaßt noch verändert werden könnte, wird von Chomsky nicht verstanden (und offen ist, wieweit Nida dazu in der Lage war): „This is an extreme not usually occupied by Chomsky of the position that would make language essentially a reflection of a separately-existing reality. If I look out of the window on the grey Welsh morning and say ‚There's an oasis!' Chomsky, to be consistent, would have to say that what I say is false (i. e. incorrect assertion) rather than lies, poetry, a joke, philosophy or madness"[54]!

Daß sich Nidas Übersetzungstheorie wie ein Wiedergabefilter auf die Fülle der biblischen Metaphern, Idiome und auch Konzepte gelegt hatte, wurde andernorts genug belegt. Die **geistesgeschichtliche Herkunft der Probleme** scheint klar zutage zu treten:

Cartesianische Linguistik (in Chomskys Sicht[55]) / gewisse Romantiker des 19. Jahrhunderts

- ⇨ Chomskys Bemühen um eine wissenschaftliche Linguistik
  - ⇨ Nidas Aufnahme der derselben im Bemühen um die Etablierung einer wissenschaftlichen Übersetzungstheorie
    - ⇨ die bekannten Reduktionismen zahlreicher neuerer Bibel)Übersetzungen.
      - ⇨ die Taubheit der Übersetzer und Verlage, die mit Nidas Theorie auch die Mechanistik, ja den Sprach-Atheismus Chomskys geschluckt haben.

52 A. a. O. 80, vgl. Felber: Kommunikative Bibelübersetzung, 99. 256. 270. 290. 381.

53 Funeral, 141 (Hervorh. S. F.).

54 A. a. O. 150.

55 Vgl. Chomsky: Cartesian Linguistics; hierzu Felber: Kommunikative Bibelübersetzung, 197 f. 205–207. 223 f. 349 f., und Hempelmann: Wortgetreu oder leserfreundlich?, bes. 47–56.

Was nun? Ende des dynamisch-äquivalenten Übersetzens! Pause für Neuübersetzungen!

Daß das oben genannte Paradoxon – d. h. die Gleichzeitigkeit des Anwachsens neuerer Bibelübersetzungen und der Unkenntnis der Bibel – nur scheinbar besteht, sondern eher als logischer Zusammenhang anzusehen ist, ist nicht mehr von der Hand zu weisen. Robinson hat nachgewiesen, daß die Bibel durch die Übersetzungen in der Nachfolge Nidas (d. h. beim Übergang von einer biblisch geprägten religiösen Sprache in eine materialistische, bloßen Faktizitäten zugewandte Sprache) geradezu fremd *gemacht* werde: „The Bible *becomes* a very foreign book, needing copious notes and introduction about such matters as the Spiritual Value of the Psalms."[56]

Offenbar gilt selbst nach einer einschneidenden Kritik wie in „The New Grammarians' Funeral" (1975): Totgesagte leben länger. Aus den Studien von Robinson, mir und anderen[57] ergibt sich der *Ruf, in den europäischen Sprachen das dynamisch-äquivalente Übersetzen grundsätzlich zu beenden* und sich auf das Erbe Luthers und der King James Version zu besinnen.[58] *Ich plädiere für ein Moratorium für Neuübersetzungen in die europäischen Sprachen.*

Bekanntlich gibt es keine Instanz, die das für alle Kirchen, Bibelübersetzer, Verlage und Bibelgesellschaften verfügen könnte. Eine neue Verständigung aber ist in den letzten Jahren nach meinem Eindruck immer nötiger geworden: 1. Will man den eingeschlagenen Weg der Pluralisierung und Individualisierung der Heiligen Schrift, immer paßgenauer zugeschnitten auf bestimmte Zielgruppen, weitergehen? Der zielgruppenkonforme Zuschnitt von Bibelübersetzungen ist mit so viel Problemen beladen, daß es höchste Zeit ist, wieder eine andere Perspektive zu gewinnen. Wie lange will man noch warten? Der Schaden ist bereits jetzt riesig. Gewonnen haben die Verlage vor allem Titel mit höheren Auflagen als sonstige Bücher. Doch mit dem Wort Gottes ein Geschäft zu machen (2.Kor 2,17) bedeutet einen Verlust für die ganze Kirche. Ist dieser nicht offenkundig? 2. Auch außerhalb der bibellesenden Öffentlichkeit, nämlich

56 Survival of English, 46 (Hervorh. S. F.).

57 Vgl. die Literaturangaben und -referate in S. F., Kommunikative Bibelübersetzung.

58 Vgl. z.B. Norton: The King James Bible; zu Luther vgl. Felber: Kommunikative Bibelübersetzung, 369–380.

im Bereich des säkularen Literatur- und Übersetzungsbetriebs, wird eine Neubesinnung angemahnt. Werner Creutziger, preisgekrönter Übersetzer aus dem Französischen, Serbokroatischen und Russischen (u. a. Dostojewski), hat in einer eindringlichen Essayreihe auf die Gefahren des immer weiteren Anpassens nach unten hingewiesen.

„Wenn wir gute Übersetzer sind, kennen wir einigermaßen den Sprachmittelvorrat unserer Leser, ihren passiven Wortschatz, ihr passives grammatisches Wissen – also ihre Rezeptionsmöglichkeiten. Die Irreführung liegt gewöhnlich in dem, was man unter der heutigen Sprache versteht. Wer auffallend oft und laut vom heutigen Deutsch redet, der meint gewöhnlich etwas, was nicht weit entfernt ist von der Sprechart der Reklame. Und von ihr ist der Unterschied zur Schreibart der Massenmedien nicht groß. Die Einschaltquoten-Philosophie und das Niveau des Sprechens schaukeln sich gegenseitig hinunter. Das Hauptmerkmal der sogenannten heutigen Sprache ist die Reduzierung auf wenige einfache Hauptmuster. Wer laut und primitiv schreit, wird zwar zuverlässig und von vielen gehört, aber er macht die Empfänger seiner Nachricht primitiv und schwerhörig, bald muß er noch lauter, noch primitiver schreien. Solche Modernität führt bei den Lesern zur Verkleinerung des Vorrats an rezeptionellen Mitteln; die so verstandene Modernität desensibilisiert, macht unmündig. Solches Pop-Übersetzen hat seinen großen Tummelplatz auf dem Theater und verbindet sich da mit mancherlei szenischen Verfahren, die demselben Geist verpflichtet sind: Aufmerksamkeit auf sich zu ziehen ohne Rücksicht auf die späteren allgemeinen Folgen. Es ist im Grunde immer derselbe einfältige Gag in unendlichen Variationen: der Gag des Anachronismus. Das Pop-Übersetzen gewinnt seine blendende Wirkung aus dem Widerspruch zwischen sprachlichen Signalen, die grell auf die Gegenwart weisen, und einer Handlung, die trotz allem als vergangene begriffen wird. Es ergibt sich einer der schwersten Fehler, den mein Wertesystem kennt: Die Sache – das Stück Literatur – stimmt nicht mehr in sich, sie ist ästhetisch zerstört."[59]

Das klingt wie eine Kritik an Nida bzw. dessen Zielvorstellung der „consumer language" und wie ein Echo von Robinson. Kein Wunder: Wir haben es mit Problemen zu tun, die weit über das von den Kirchen noch bestimmte Feld der

59 Creutziger: Schöne neue Sprache, 109 f.

Öffentlichkeit hinaus präsent sind. Ohne Nida je zu erwähnen, bezeichnet es der Literatur-Übersetzer als absurd, wollte man als Literaturübersetzer so schreiben, als wäre der Autor Deutscher gewesen, ja als würde die Übersetzung „die gleiche Funktion wie das Original" ausüben können.[60] Was für Nida das höchste Lob darstellte (den Klang eines neuen Originals zu erreichen), ist für Creutziger „ein vernichtendes Kompliment, denn eine Übersetzung kann natürlich sehr gut geschrieben sein, aber wenn sie, schon ganz abgesehen vom Stofflichen, nicht auch im Mikrobereich der Kommunikation hinausweist aus der Sprache, in der sie steht, hat sie etwas Wesentliches verfehlt."[61]

> „Ich meine …, daß auch die gegenwärtig entstehende deutschsprachige Literatur Möglichkeiten des Schreibens verschenkt und Möglichkeiten der Rezeption verkümmern läßt, wenn sie allzu eifrig auf das vermeintliche Sprachvermögen oder Sprachunvermögen der Leser eingeht."[62]

Stark an Robinson erinnert Creutzigers Urteil, ein Stück Literatur werde „ästhetisch zerstört". Was heißt das? Wird Literatur durch eine falsch gesetzte Ästhetik auch sachlich zerstört oder wird nur die Ästhetik zerstört bei gleichbleibendem sachlichen Wert und Gehalt einer Übersetzung? Der Übergang ist fließend, doch mit Robinson fürchte ich, daß die erste Alternative stimmt. Eine Parallele ergibt sich auch bei den gezogenen Konsequenzen. Am Beispiel moderner Techniken (an ihrer Spitze Kernenergie und Genomforschung) plädiert Creutziger für Langsamkeit, ja Zurückhaltung gegenüber einer „Wissenschaft", deren Struktur und Fluchtpunkt sich immer mehr auf „Machertum" zubewegt.[63]

> „Ich glaube, daß die Gefahren des Machens viel größer sind als die Gefahren und die Nachteile, die sich mit dem Verzicht verbinden. Ich glaube

60 A. a. O. 86.

61 Ebd.

62 A. a. O. 115 f. Creutziger plädiert dann für Neuübersetzungen von Werken der Weltliteratur, wenn diese schlecht, d.h. fehlerhaft übersetzt sind. Wo alte Übersetzungen nicht schlecht, aber veraltet sind, liegt es „meistens [an] nichts anderem, als daß sie damals mit allzu starkem Drang nach Modernität, nach damaliger, gemacht worden sind" (116).

63 A. a. O. 119 ff.

(wäre das Wissenschaftsoptimismus?), daß mit erheblichem Aufwand von Forschergeist – der wäre freilich nötig – die Nachteile des Verzichts gering bleiben können."[64]

Ein ebensolcher Verzicht nun scheint mir vorläufig auch für Neuübersetzungen der Bibel in die europäischen Sprachen angezeigt, zumindest für diejenigen aus der Nida-Schule. Der Versuch, die Wirkung einer Bibelübersetzung zu determinieren[65], ist Machenschaft und Funktionalismus im Bereich der Übersetzung, ja ein Unmündigstellen des Lesers[66]. Nur wer rezeptionelle Mittel zu erweitern wagt, wird auch eine Erweiterung erreichen. Wenn man eine Inanspruchnahme und ggfs. eine Weitung der rezeptionellen Mittel der Leserschaft nicht einmal bei der Übersetzung des wichtigsten Textes der abendländischen Kultur in Angriff nimmt, wo sollte es sonst mit guten Gründen geschehen? Die Anstrengungen der Verlage sollten sich m. E. vielmehr verlagern auf die Erstellung guter Studienbibeln oder sonstiger Lesehilfen zum immer gleichen Text, statt immer neue Texte auf den Markt zu werfen, die dort einander behindern. „Quantitäten machen einander den Raum streitig. Qualitäten ergänzen einander."[67]

Wie Creutziger für den Literaturbetrieb darstellt, ist ein offenes Gespräch über die komplexen Fragen nicht einfach. Die ökonomischen Interessen sind sehr, vielleicht zu groß, und die kritisierten Ideologien weisen Zweifel am ganzen Forschungsbetrieb regelmäßig zurück.[68] Im Fall der Übersetzung: Die Interessen der Verlage an immer neuen Bibelübersetzungen, meist kaschiert mit einfachen missionarischen Begründungen, überlagern die Reflexion der Probleme, die bisher durch die in immer rascherer Folge erschienenen[69] neuen Übersetzungen eingetreten sind. Aber: „Vielleicht ist das ‚Große Gespräch' doch erreichbar."[70]

64 A. a. O. 162.
65 Vgl. Felber: Kommunikative Bibelübersetzung, 309. 380. 387.
66 Vgl. Creutziger a. a. O. 108 f. 143.
67 Bonhoeffer: Widerstand und Ergebung, 26.
68 Creutziger a. a. O. 123.
69 Marktübersicht siehe Felber: Kommunikative Bibelübersetzung, 22–40.
70 Creutziger a. a. O. 128.

Literatur

Bonhoeffer, Dietrich: Widerstand und Ergebung. Briefe und Aufzeichnungen aus der Haft, München 91959, 304 S.

Chomsky, Avram Noam: Syntactic Structures, 's-Gravenhage 1957, 116 S.

Chomsky, Avram Noam: Cartesian Linguistics. A Chapter in the History of Rationalist Thought, Cambridge 32009, 104 S.

Creutziger, Werner: Schöne neue Sprache (Essays, Ost-West-Express Bd. 10), Berlin 2011, 163 S.

Felber, Stefan: Die Bibelübersetzung „Hoffnung für alle" im kritischen Textvergleich, in: ThBeitr 35/4 (2004), 181–201 (Download: www.stefan-felber.ch/downloads, 03.01.2017).

Felber, Stefan u. a.: 18 Thesen zu den modernen Bibelübersetzungen, die den Anspruch größerer Verständlichkeit erheben, in: Lutherische Beiträge 9/1 (2004), 32–35 (Download: www.stefan-felber.ch/downloads, 03.01.2017).

Felber, Stefan: Chomsky's Influence on Eugene Nida's Theory of Dynamic Equivalence in Translating, in: Werner, Eberhard (Hg.): Bibelübersetzung als Wissenschaft. Aktuelle Fragestellungen und Perspektiven. Beiträge zum Forum Bibelübersetzung aus den Jahren 2005–2011, Stuttgart 2012, 253–262 (Download: www.stefan-felber.ch/downloads, 03.01.2017).

Felber, Stefan: Kommunikative Bibelübersetzung. Eugene A. Nida und sein Modell der dynamischen Äquivalenz, Stuttgart 22016, 481 S.

Felber, Stefan: Vorfahren statt Väter, Geschwister statt Brüder. Zur „geschlechtergerechten" Sprache und Bibelübersetzung, insbesondere zur Neuen Zürcher Bibel, in: Seubert, Harald; Thiessen, Jacob (Hg.): Die Königsherrschaft Jahwes. Festschrift zur Emeritierung von Herbert H. Klement (Studien zu Theologie und Bibel Bd. 13), Basel 2015, 175–198 (Download: www.stefan-felber.ch/downloads, 03.01.2017).

Hallensleben, Barbara; Vergauwen, Guido: Gottes Wort im Menschenwort. Eine kleine Soteriologie der Sprache, in: Felber, Stefan (Hg.): Erkennen und Lieben in der Gegenwart Gottes. Festschrift für Werner Neuer zum 65. Geburtstag (Studien zu Theologie und Bibel Bd. 18), Wien, Zürich 2016, 193–205.

Hempelmann, Heinzpeter: Wortgetreu oder leserfreundlich? Grundfragen der Bibelübersetzung, Wuppertal 2005, 94 S.

Nichols, Anthony Howard: Translating the Bible. A Critical Analysis of E. A. Nida's Theory of Dynamic Equivalence and Its Impact Upon Recent Bible Translation, Sheffield 1996, 336 S. (Download: http://etheses.whiterose.ac.uk/5994/, 10.01.2017)

Nida, Eugene Albert: Toward a Science of Translating. With Special Reference to Principles and Procedures Involved in Bible Translating, Leiden 1964.

Nida, Eugene Albert; Waard, Jan de: From One Language to Another. Functional Equivalence in Bible Translating, Nashville 1986.

Norton, David: The King James Bible. A Short History from Tyndale to Today, Cambridge 2011, 218 S.

Poythress, Vern Sheridan: Truth and Fullness of Meaning. Fullness versus Reductionist Semantics in Biblical Interpretation, in: Westminster Theological Journal 67 (2005), 211–227.Robinson, Ian: Religious English. Deus non potest apprehendi nisi per verbum, in: Cambridge Quarterly 2/4 (1967), 303–338.

Robinson, Ian: The Survival of English. Essays in Criticism of Language, Cambridge 1973, vii, 246 S.

Robinson, Ian: The New Grammarians' Funeral. A Critique of Noam Chomsky's Linguistics, Cambridge, New York 1975, xiv, 189 S. (Download: www.stefan-felber.ch/downloads, 03.01.2017).

Robinson, Ian: Prayers for the New Babel. A Criticism of the Church of England Alternative Service Book 1980, Retford, Nottinghampshire 1987, 108 S.

Robinson, Ian: Who Killed the Bible? Last Words on Translating the Holy Scriptures, Coming to Judgement Bd. 2A, Herefordshire, England 2006, 139 S.

Steiner, George: After Babel. Aspects of Language and Translation, London [u. a.] 1975, VIII, 507 S.; deutsch: Nach Babel. Aspekte der Sprache und der Übersetzung. Aus dem Englischen von Monika Plessner unter der Mitwirkung von Henriette Beese (Suhrkamp-Taschenbuch Wissenschaft Bd. 1684), Frankfurt am Main 1981, 451 S.

Steiner, George: Errata. Bilanz eines Lebens, München 2002, 222 S.

3.5 Zur Ethik der Sprache[1]

Von Harald Seubert

In den Beiträgen dieses Bandes wird deutlich: Sprache entzieht sich einem funktionalistisch, kommunikationstheoretisch oder konstruktivistisch beschränkten Zugriff. Denn sie gründet – biblisch gesprochen – in dem Wort, das Gott selbst zum Menschen spricht und durch das er die Welt ins Leben ruft; und weil sie, wie die tiefen Einsichten der Sprachphilosophie und der Dichtung zeigen, selbst gleichsam das Haus ist, durch das der Mensch am Sein Anteil hat. Die Sprache selbst ist es, die spricht, formuliert Heidegger mit Novalis.[2] Wir sprechen ihr nur nach.

Sprache gründet im Wort der Schöpfung: Der 2017 verstorbene bedeutende Praktische Theologe Manfred Seitz sprach von der Theologie als einer „Wortreinigungswissenschaft". Dies ist eine schöne, treffende Beschreibung der Aufgabe der seit alters ersten Fakultät in Fragen der Sprache. Sie teilt diese Obligation freilich mit der nach Gründen und dem Seienden im Ganzen fragenden Philosophie, mit der sie eine in sich unterschiedene Einheitswissenschaft bilden sollte.[3] Die Reinigung der Worte und Wörter aus dem Wort Gottes und seiner Tradierung ist der höchste und zugleich einfache Maßstab eines – vor Gott und den Menschen – sich verantwortenden Redens.

Aus dem auf Gott bezogenen Charakter der Sprache ergeben sich wie von selbst gravierende ethische Folgen. Der Begriff einer „Ethik der Sprache"[4] legt nahe, daß ein theologisch begründetes und philosophisch reflektiertes Sprachverständnis einen angemessenen Umgang mit Sprache auferlegt und daß ein verfehlter Umgang mit ihr auch ein moralischer Fehler ist. Vorausgesetzt ist dabei,

---

1 Das vorliegende Plädoyer bleibt nicht neutral und deskriptiv. Es verbirgt Zorn und Eifer nicht ganz.

2 Heidegger, Martin: Der Weg zur Sprache, in: ders.: Unterwegs zur Sprache. Pfullingen ^{7}1982, S. 241 ff.

3 Die Erneuerung der Universität aus dieser unterschiedenen Einheitswissenschaft legt auch die ‚Radical Orthodoxy' von John Milbank u. a. nahe. Vgl. Grosse, Sven und Seubert, Harald (Hg.), Radical Orthodoxy. Eine Herausforderung für Christentum und Theologie nach der Säkularisierung. Leipzig 2017.

4 Dieser Vorschlag verdankt sich dem Herausgeber des Bandes.

daß Ethik auf einem Ethos beruht, einer tradierten Sittlichkeit, die sich in der Sprache in besonderer Weise manifestiert.[5]
Deutlich geworden ist weiterhin, daß ein treffender sprachlicher Ausdruck ungeheure Weite und Vieldimensionalität besitzt, aber auch diffuse Unklarheiten messerscharf durchschneiden kann. Sprache erfaßt nicht nur das Denken, sie dokumentiert nicht nur Wissen, sie öffnet sich auch für unsere sinnliche und geistige Erkenntnis. Und sie ist fähig, intensive Empfindungen zu artikulieren, von der großen Liebe bis zur Ehrfurcht vor den Geheimnissen des Glaubens. Dafür gibt es in gelebter, gewordener Sprache immer mehrere Möglichkeiten. Sprachliche Artikulation erschließt erst die Welt in ihrer Tiefe und Weite, auch in ihrem transzendenten Grund, ihrer Herkunft aus Gott.
Doch es gibt auch ganz und gar unmögliche Optionen! Sie klar zu benennen ist nicht zuletzt eine Aufgabe der Ethik der Sprache. Deren Grundriß wird in einigen Feldern skizziert, auf denen die Ethik der Sprache besonders gefordert ist. Dabei sollen die folgenden Zeilen wegen ihres grundsätzlichen Zuschnitts ohne allzuviel Fußnoten auskommen. Ich verweise auf die Beiträge von Felber und mir im vorliegenden Band.

Sprache und Pädagogik

Wenn ein künstlicher bzw. verfälschender Sprachumgang zur Gewohnheit wird, so ist auch der Weltumgang verzerrt. Der schulischen Bildung kommt daher von früh an eine zentrale Verantwortung dafür zu, den jungen Menschen sprachfähig zu machen. Peter Sloterdijk betonte zu Recht den Zusammenhang zwischen menschlichem Zur-Welt-Kommen und Zur-Sprache kommen.[6] In der Sprache muß das Kind zu Hause sein, um in der Welt zu Hause sein zu können. Und diese Oikeiosis, wie die Stoiker es nannten, diese ursprüngliche Vertrautheit ist, wie gegenüber einer einseitig emanzipatorischen Pädagogik zu betonen ist, Voraussetzung, um mündig zu werden und Kritikfähigkeit zu erlangen.

---

5 Dazu Spaemann, Robert: Glück und Wohlwollen. Versuch über Ethik. Stuttgart 1989, S. 73 ff.

6 Sloterdijk, Peter: Zur Welt kommen – Zur Sprache kommen. Frankfurter Poetikvorlesungen 1988. Frankfurt/Main 1988, S. 9 ff.

In Schule wie Familie sollte ein kluger und bewußter Umgang mit der Sprache eingeübt werden, der ihre Genauigkeit und ihren Facettenreichtum erschließen hilft. Mißverständnisse sind dabei notwendige und hilfreiche Anlässe! Das Bemühen darum kann nicht früh genug einsetzen. Nach und nach werden die Sätze länger: Vom Ein- und Zwei-Wort-Satz bis zum Bandwurmsatz und wieder zurück zur ganz einfachen Aussage – ein lebenslanger Vorgang!

Man soll darauf achten, daß in ganzen Sätzen gesprochen wird, daß nach und nach die Grammatik, ihren vollen Umfang ausschöpfend, genutzt wird. Kinder lernen dies erst nach und nach, beginnend mit dem Hören, zuerst mit einem liebevollen Angesprochenwerden. Das Du ermöglicht das Ich und so ein neues Du, ein Er und Sie, Wir und Ihr. Sich differenziert ausdrücken zu können heißt auch, die Welt differenziert erfassen und Konflikte leichter gewaltfrei bewältigen zu können (die Bedeutung dieses Feldes für Schulpolitik und Lehrpläne wird leider kaum erkannt). Konjunktiv, indirekte Rede und zweites Futur gehören dazu. Es ist übrigens gut, wenn zur Schriftsprache auch das Heimischsein in einem Dialekt in einer Familie noch geläufig ist. Das Kind sollte sich in beiden Welten wie der Fisch im Wasser mit Selbstverständlichkeit und Freude bewegen können.

Viel zu oft mahnen Erzieher, Lehrer, Eltern, daß man etwas *nicht* sagen darf. Doch *daß und wie* man sprechen soll, wird viel seltener eingeübt. Fehler und Mängel soll man wahrlich nicht übergehen. Doch viel wichtiger ist es, Ausdrucksmöglichkeiten zunächst positiv anzugeben.[7]

Nach wie vor stellt die Dichtung von den Märchen und Sagen bis zu Lyrik und Drama einen unerschöpflichen Schatz von Ausdrucks- und Sprachformen dar. Viel zu wenige Lehrer aller Jahrgangsstufen bedienen sich dieses großartigen Kanons, der in der deutschen Kultur weitgehend auf der Luther-Bibel gründet, nicht oder nur zögerlich; viel zu wenig werden gute Sprach(vor)bilder auswendig gelernt. Kinder- und Jugendliteratur wird heute nach der Brauchbarkeit in aktuellen Konflikten ausgewählt bzw. danach, ob sie in moralisch erwünschtes

7 Dies ist auch eine Erfahrung aus der polnischen Professorenzeit des Verfassers. Die philologische Germanistik legte dort immer Wert auf höchste Genauigkeit und Fehlerlosigkeit im Ausdruck. Dies brachte aber eine Furcht der Studenten vor dem Sprechen mit sich. Ich habe bewußt diese Schwellen gesenkt und Fehler in Kauf genommen und dann im Fluß des Dialogs korrigiert.

Verhalten einüben. Sprachlich und in ihren Gefühlsfacetten sind solche Hervorbringungen oftmals eher langweilig und öde. Lehrer sollen den Mut zu Wort und Ausdruck unterstützen! Kinder sollten in früheren Jahren Erzählungen mündlich und schriftlich verfassen lernen, in denen sprachliche Variation belohnt wird, auch wenn sie noch nicht zur Perfektion reifen konnte (wann wäre das je der Fall?).

Dies bedeutet auch einen Mut zum Vergangenen, zum Thesaurus der Überlieferung. Sprache ist, wovon in diesem Buch vereinzelt die Rede war, ein ganzes Traditionsgebirge. Das „Wörterbuch" der Brüder Grimm ist dafür wie eine umfassende Landkarte. Für das Verfolgen von Wortherkünften, für Nuancen von Sprache und Namen sollte im Unterricht Raum sein. Wenn ein Lehrer dazu in der Lage ist, kommen Sprachexperimente zustande, die Lust und Begeisterung erzeugen. Kinder sind in der Regel Sprachspieler, sie haben fast immer ein beinahe dichterisches Ingenium.

Unverzeihlich ist es, wenn Lehrer mit Sprachschablonen arbeiten, die das gerade politisch oder pädagogisch Erwünschte aufzwingen, die weitergehende Gedanken abschneiden. An der sprachlichen Bildung zeigt sich, ob es wirklich darum geht, einen handlungsfähigen mündigen Menschen zu erziehen oder ein Rädchen im Getriebe einer konformen Gesellschaft – unter welchen Leitideologien auch immer!

Es gibt vielerlei Wörterbücher der Unmenschen. Die NS-totalitären Sprachschranken haben einst Dolf Sternberger und der baden-württembergische Kultusminister Storz aufgeschlüsselt.[8] Auch Victor Klemperers „Lingua Tertii Imperii"[9] ist eine diesbezügliche Fundgrube. Es könnten ferner Wörterbücher der Managementsprache oder des Political-Correctness-Slang angelegt werden. Solches Sprechen entdeckt nichts mehr; es gibt nicht Wahrheit zu verstehen. Es ist ein ödes, sich vor der Verantwortung flüchtendes Funktionärskauderwelsch, das liebend gerne mit Abkürzungen arbeitet und das freie Wort scheut. Tabellen und Powerpoint sind omnipräsent.

---

8 Dolf Sternberger mit Gerhard Storz und W. E. Süskind: Aus dem Wörterbuch des Unmenschen. Hamburg 1957.

9 Klemperer, Victor: LTI. Notizbuch eines Philologen. Berlin 1947 (dann Halle 1956) und viele weitere Ausgaben. Durch Klemperers Tagebücher wurde auch diese luzide Analyse neu aktuell.

Fachübergreifender Unterricht, etwa zwischen Geschichte, Deutsch und Sozialkunde (in Fremdsprachen ebenso anzueignen) kann und soll auch zur Sprachkritik befähigen. Dadurch wird Spürsinn entwickelt und im besten Sinne Mündigkeit. Sage niemand: Dies seien zu hohe Ansprüche! Die Not ist doch, daß vielfach elementarstes Textverstehen, Lesen und Schreiben bis zum Abschluß der Sekundarstufe nicht gelernt werden, daß Texte nicht oder nicht adäquat verstanden werden können. Zu bestreiten ist dieses Übel nicht. Daß dem so ist, ist ein skandalöses Versagen nicht nur von Schulen, sondern auch von Kulturpolitik in den letzten zwei Jahrzehnten! Es resultiert aus einer fehlenden Achtung vor dem sprachlichen Erbe und aus der zeitgeistkonformen Feigheit, dagegen zu steuern. Dafür ist es dringend an der Zeit!

Wenn Schulen zunehmend Integrations- und Inklusionspflichten zu erfüllen haben, wenn Schulklassen in starkem Maß von Nichtmuttersprachlern besucht werden, liegt es nahe, die Ansprüche zu reduzieren. Gewiß sind Kompromisse nötig. Doch man darf gerade in pädagogisch herausfordernden Situationen nicht klein denken, und es macht einen großen Unterschied aus, ob Sprache als kulturelles Gut vermittelt wird, das mit Respekt zu behandeln ist, oder als ein – leider – notwendiger Ballast, den man lieber abwerfen würde. Kulturelle Selbstachtung, die sich im Umgang mit Sprache exemplarisch zeigt, muß also auch den Sprachumgang in den Schulen prägen.

Nicht nur Sprechen und Schreiben (letzteres bitte nicht nach wildpädagogischen Experimenten, sondern mit Liberalität in der Einübung in die spätere Schriftsprache) sollte an Schulen wieder gelehrt und gelernt werden, sondern auch Hören! Nicht zum permanenten Geschwätz und Gerede sollten wir unsere Kinder erziehen, sondern dazu, aufmerksam auf den anderen zu hören und das aufzunehmen, was er tatsächlich sagt und als wer er sich durch sein Reden zu erkennen gibt. Es gibt heute eher Sozialprämien auf einen undifferenzierten, keinen Sand ins Getriebe streuenden allgemeinen Slang, wenn er auf der vermeintlich richtigen Seite steht, als für differenziertes Würdigen des anderen. Talkshows sind Muster dieser Sprachverwilderung. Die von den Autoren des vorliegenden Bandes vertretene Ethik der Sprache verlangt dringend nach einer Korrektur! Auf den anderen und seine Sprache zu hören, eine Sprache, in der sich Individualität und Freiheit zeigt, aber auch Prägung und angeeignete Tradition, kann man von der scholastischen Disputationskunst seit dem

12. Jahrhundert exemplarisch lernen, ging es doch in der klassischen „Quaestio disputata" darum, die These des Kontrahenten wiederzugeben, sie so genau wie möglich zu erfassen, vielleicht den anderen besser zu verstehen, als er sich selbst verstand. Danach erst sollte man seinen Einwand formulieren, der zumindest auf der intellektuellen und moralischen Ebene dem Gesagten gewachsen sein muß. Das ist vorbildlich und kann auf bescheidenerem Niveau auch im Unterricht eingeübt werden. Offensichtlich ist es ein starkes und notwendiges Gegenmittel gegen die Unfähigkeit zu hören, dem anderen über den Mund zu fahren, wie man es in öffentlichen Anhörungen erleben kann. Meister solcher Taktiken sind ideologische Denunzianten. Sogenannte AntiFas, aber auch extremistische Lobbyisten von Rechtsaußen leben davon, eine vermeintliche Nähe zu inkriminierbarem Verhalten herzustellen, wobei das, was der andere tatsächlich gesagt hat, keine Rolle spielt. Wer so redet, schlägt in Magengruben!

Lehrer sollten niemals zu Sprechmaschinen gängiger Meinungsklischees werden, auch wenn dies allzuoft der Fall ist; oder zu Trainern in Gender-Korrektheit. Justizminister und andere Behörden sollten sich, wenn ihnen an der offenen Gesellschaft noch etwas liegt, aufs Peinlichste zurückhalten, was einen Sprach-Oktroy angeht. Alle, die mit Sprache professionellen Umgang haben, sollten sich selbst immer wieder die Ruhe nehmen, auf die Sprache zu hören und ihre eigene Sprache zu überprüfen, im Gespräch und an großen Texten. Nicht eine Äußerungsmaschinerie sollen sie in Gang setzen, die schädlich und entmündigend wirkt, auch wenn sie im Namen von menschheitlich guten, aufklärerischen Zielen eingesetzt wird.
Wenn man das Wittgensteinsche Diktum nochmals vor Augen führt, daß die „Grenzen der Sprache die Grenzen meiner Welt" sind[10], wird deutlich, wie ernst diese Aufgabe ist. Wer nur über eine begrenzte, allzu begrenzte Sprache verfügt, verfügt auch über begrenzte Weltansichten. Wer seine Weltansicht über Sprachdrill aufzwingen will, verfährt tyrannisch, weil er andere Weltzugänge verbaut.

10 Wittgenstein, Ludwig: Tractatus logico-philosophicus. Frankfurt/Main 1960, 4.116.

Für eine gelebte Sprachethik in Schulen dürfte es eine weitere Schwierigkeit bedeuten, daß Vorbilder für heutige Jugendliche eher aus dem Bereich von Pop- und Sportkultur kommen, die sich optisch präsentieren, aber nicht durch Sprache. Jugendlichen werden Figuren als höchst erfolgreich präsentiert, die oft selbst nicht einmal einen restringierten Code der eigenen Sprache sprechen können und deren geschriebene Texte man nicht lesen möchte. Wenn man Millionen verdienen kann ohne lästigen Bildungsballast, warum soll man sich dann selbst mit diesem Zeug plagen? Sprachmächtige Vorbilder sind überdies kaum aufzufinden. Bis in Parlamentsdebatten und Talkshows dominieren Mittelmaß und Plattheit, aber auch Manipulation, ohne daß eine Sprachkritik öffentlichkeitswirksam und kulturprägend würde, die dagegen sensibilisiert.

Im besten Fall kann durch gute Erziehung in Schule und Familie ein Sprachempfinden und eine sprachliche Urteilskraft kultiviert werden, die Sprachmißbrauch mit schlafwandlerischer Sicherheit erkennt: „In 2019", „außen vor lassen" oder „Denke" sind schauderliche, für Empfindsame entlarvende Sprachvermischungen ebenso wie die Neigung zum „Denglischen" oder Versuche politischer Metaphernbildung wie „Schmiermittel der Demokratie" (Angela Merkel). Allen Sprachwandel zugestanden, werden sich einem sprachsensiblen Menschen bei solchen Verhunzungen die Nackenhaare aufstellen. Ein wenig Anleitung ist unumgänglich.

Für einen ethischen Umgang mit Sprache können also Lehrer Inspiratoren sein. Auch wenn sich ihre Schüler in diametral andere Richtungen entwickeln, ein bestimmtes Reden, Schreiben und Schweigen bleibt vorbildlich für das eigene Leben und Denken. Hier besteht die Aufgabe, intrinsisch zu motivieren, also auch und gerade an der Frage der Sprache zu zeigen, daß es um seiner selbst willen Wertvolles gibt, das wir wünschen und nach dem wir uns ausrichten sollten, selbst wenn es der Mainstream-Kultur nicht gängig ist.

Lehrer, die durch Sprache Denken anleiten können (und deren Formulierungen uns oft nach Jahrzehnten noch im Gedächtnis sind!), braucht es zu allen Zeiten. Computer und Roboter werden nie die sprachbildende Energie in einen Klassenraum darstellen können wie authentische Lehrpersonen mit Gesicht und Geschichte. Sie sollen wieder den Mut und das Format aufbringen, darauf hinzuweisen, daß humanes Sprechen sich nicht an die Rituale politischer Korrektheit binden läßt; ganz im Gegenteil: den anderen nicht zu instrumentalisieren bedeutet, wie Martin Buber und Karl Jaspers mit dauerhafter Überzeugungskraft zeigen konnten, eine aus dem Dialog hervorgehende, nicht sterile Sprache zu finden. Dies ist freilich viel anspruchsvoller als die Nudgings und Gängelbänder, durch die konditioniert, aber nicht gebildet wird. Wo die Schule versagt, muß die Sprachkultur in der Familie eingeübt werden.

Unvermeidlich werden junge Menschen heute mit „Szene"-Sprech konfrontiert, Rapper- und Gang-Style. Eine umsichtige Pädagogik wird nicht versuchen, Mauern zu errichten und künstliche Abschottungen zu treffen. Sie wird Instrumentarien bereitstellen, jene vermeintlich provokativen Äußerungen beurteilen zu können als begrenzte, mitunter aber bösartige und dämonische Formen des Sprachumgangs. Auch hier wird man nur Erfolge haben, wenn man nicht bloß warnt, sondern positive, bejahenswerte Gegenakzente zu setzen in der Lage ist.

Nicht minder schädlich für die Erziehung zu wirklicher Mündigkeit ist eine Konformität und postmoderne Beliebigkeit, in der das Gespräch endet, ehe es begonnen hat. „Du siehst es so, ich sehe es anders" – „Gut, daß wir darüber geredet haben" ist dann das wiederkehrend matte Ergebnis. Eine kluge Einübung in Sprache wird auch eine Disputations- und Streitkultur etablieren, die frei von Haß ist und die lehrt, auch Gedanken gegen sich selbst zu denken. In der gymnasialen Oberstufe wären solche Disputationsübungen nach britischem Vorbild dringend anzuraten! In dortigen universitären Seminaren sind sie Pflicht, sie sollten es auch bei uns werden!

Manche der hier angedeuteten Pflichten bezeichnen Selbstverständlichkeiten. Gleichwohl wird dieses Selbstverständliche eben nicht selbstverständlicherweise praktiziert! Eine Umsteuerung erfordert verschiedene Ebenen: Lehrer können ihren Bildungsauftrag nur erfüllen, wenn Rahmenrichtlinien und Politik ihnen dazu Freiraum lassen. Auch das Lehrerstudium – und nicht zuletzt die Vorbilder in der Referendariatszeit – haben dabei ein großes Gewicht. Wie dies am besten gelingen wird, ist auch eine Frage der Umstände. Soweit wie möglich an ihrer Verbesserung, und der weitgehenden Revision von Fehlentwicklungen zu arbeiten ist ein dringendes Desiderat!

Dies verlangt für die Bildungspolitik im Ganzen eine grundlegende Reorientierung: In der Globalsteuerung ist man seit langem einseitig an den MINT-Fächern bzw. natur- und technikwissenschaftlichen Fertigkeiten interessiert. Zu

den grundlegenden Imperativen gehört aber, daß Sprache gefördert wird: Gewiß auch das Lernen und der Umgang mit anderen Sprachen, aber darüber darf das Bildungsziel eines elaborierten Umgangs mit der eigenen Sprache nicht gänzlich ins Hintertreffen kommen.
Ganz wesentlich erscheint Felber und mir dies: Mündigkeit kommt nicht aus einer abstrakten Emanzipation von allem Gegebenen, sondern aus dessen bewußter und sorgfältiger Aneignung. Sprachfähig werden wir durch Vor-Sprecher, mündig werden wir nur durch Vor-Münder, das heißt auch: Autoritäten. Die Kulturen Europas erhielten ihre Sprache zuerst und zuletzt aus der Bibel und der auf ihr fußenden Literatur. Wer nur in den Sprachmoden seiner Zeit zu Hause ist, wird niemals im tiefen Sinn mündig werden können.

Psychologie

Es gibt heute eine Fülle von Therapien und Spielarten von Psychologie. Dies hat offensichtlich auch mit einer Situation zu tun, in der Krisen und lebensweltliche Unebenheiten ins Pathologische umschlagen, mit einer Hektik und omnipräsenten medialen Erreichbarkeit, die Burnouts oder Burnout-Bewußtsein produziert. Hinzu kommt die Problematik, daß menschliche Verhaltensweisen auch dort pathologisiert werden, wo dies nicht durch einen klinischen Befund gerechtfertigt ist. Die Tiefenhermeneutik der Freudianischen Psychoanalyse hat das menschliche Sprachverhalten konsequent in eine Matrix des verdrängten Eros und der Libido eingepaßt. Freud spricht deshalb auch vom „Seelenapparat". Bis in die Popkultur hinein wurde die Verdrängung des kindlichen Eros und der Ödipuskomplex zu gängigen Standards. Damit geht aber die weitreichende Auffassung einher, daß der Mensch eigentlich gar nicht Herr im eigenen Haus sei. Auch in C.G. Jungs archetypischer Erweiterung der Tiefenpsychologie begegnen uns immer wieder dieselben Grundmuster. In dem Spiel zwischen Urformen menschlichen Verhaltens, den Visionen von „Animus" und „Anima" und im Rückgang auf die große Mutter bleibt auch kaum ein menschlicher Spielraum.
Die Sprache der Psychologie sollte sich, so viel ist normativ unbedingt festzuhalten, nicht in einem innerpsychologischen Slang festfahren. Sie sollte, wenn sie ethisch bleiben will, nicht künstlich konstruierte Theoriegebilde zugrunde

legen, in denen sich der Mensch einfangen wird. Ihr sollte es immer zuerst um die Selbsterfahrung des leidenden, zugleich aber sich als Ziel aufgegebenen Menschen gehen.

Eine nicht in das Unbewußte oder die Manipulierbarkeit abgleitende Form der Psychologie verdankt sich der Logos-Therapie von Viktor Frankl. Der Shoah-Überlebende faßt die Gesamtheit menschlichen Lebens in den Blick. Das Seelenleben des Menschen soll auf die Sinnstruktur hin ausgelegt werden. Dies setzt offensichtlich einen Vorgriff auf bewußtes Leben voraus, es rechnet mit dem Patienten als Person.[11]

Eindrücklich bleibt die humane Sprache der Franklschen Psychologie. An der Sinn- und Selbstbestimmung hatte er unter den Umständen der Entmenschlichung festgehalten. Deshalb gab er sie auch um keinen Preis in der eigenen therapeutischen Arbeit auf und billigte sie auch den reduziertesten seiner Patienten zu.

Den Dialog zwischen dem Therapeuten und dem Patienten als eine allgemeinmenschliche Korrelation legt er dabei als Ethik der Sprache zugrunde, an der sich die Ethik der Therapie mit entscheidet. Frankl ist nicht der einzige Psychologe seiner Generation, der in vorbildlicher Weise einer Ethik der Sprache folgte. Doch er bleibt für diese Anstrengung paradigmatisch – neben Victor von Gebsattel und Viktor von Weizsäcker. Letzterer, der die Frage des Kranken: das „Warum ich?" und „Warum mir?" als Ausganspunkt der Therapie verstand, ging es darum, daß der Leidende Herr seiner Sprache bleibt, daß sein Schmerz nicht entäußert, nicht heimatlos wird durch das ideologische Geklapper einer künstlichen Pathologisierung. Eine andere Form der Enthumanisierung ist die Reduktion menschlichen Fühlens und Denkens auf Nebenprodukte neuronaler Vorgänge![12]

Die genannten Psychologen leisten demgegenüber einen großen und wichtigen Beitrag zur Ethik der Sprache, an dessen leitende Vorgaben sich spätere Ansätze unbedingt halten sollten.

---

11 Frankl, Viktor E.: Der Mensch vor der Frage nach dem Sinn. Eine Auswahl aus dem Gesamtwerk. Piper, München/Zürich 2006.

12 Zu Viktor von Weizsäcker bereite ich mit dem Präsidenten der Viktor von Weizsäcker-Gesellschaft Rainer M.-E. Jacobi eine Monographie vor.

Die Sprache der (Geistes-)Wissenschaften

Ich begrenze mich auf Beobachtungen eines m. E. gravierenden Mangels. Für Geisteswissenschaften ist, anders als für Natur- und Technikwissenschaften, Sprache das zentrale Erkenntnis- und Darstellungsinstrument. Sie können ihrem Untersuchungsziel nicht durch Messungen näherkommen. Daß die Elaborierung der Sprache, die Prüfung ihrer Angemessenheit, eine uneitle, auf Klarheit beruhende Sachlichkeit ein zentrales Ziel wäre, sollte sich wie von selbst verstehen. Zu beobachten ist demgegenüber eine immer stärkere Verschlagwortung, die Differenzierungen verhindert, eine Orientierung am angelsächsischen Wissenschaftsbetrieb in den formalen Fächern oder an französischen Postmoderne-Jargons. Die gängigen Konzepte und Begriffe werden meist immanent in immer kleineren Nuancen verfeinert. Grundsätzlich in Frage gestellt werden sie seltener. Grundfragen aufzuwerfen ist, bei allem aufgeklärten Jargon vieler Kollegen, eher karriereschädigend. Oft ist Meinung eher gefragt als Können. Das Training in vielen Seminaren konzentriert sich eher auf eine routinierte Kontrolliertheit, die Unanstößiges produzieren soll, als auf Innovationen und Inventionen.

Der Zerfall des wissenschaftlichen Publikationswesens, nicht zuletzt durch eine Bindung von Förderinstrumenten an Open Access, hat dazu geführt, daß nur noch Argumente und Resultate nachgefragt werden, daß die Art ihrer Darstellung aber kaum eine Rolle spielt. Dies wirkt sich auf den Sprachcharakter aus. Diktionen, die unverkennbar wären und die damit Denkanstöße zu geben vermögen, findet man in der jüngeren Generation kaum.

Auffällig ist häufig die Neigung zu einem – kaum verhohlenen – Zynismus, einer Art ironischer Selbstdistanz, in der Einsichten und Erkenntnisse „wie mit einem Grinsen im Gesicht“ wiedergegeben werden, als meine man es doch nicht ganz ernst.[13] Die deutschsprachige Gelehrtenprosa früherer Zeiten war keineswegs immer vorbildhaft. Manches war schwergängig, es fehlte Eleganz und Leichtigkeit, Common Sense, wie ihn die Briten haben, Eleganz wie die Franzosen. Den Deutschen war oft auch die Konvention eines überzogenen Pathos eigen. Doch es gibt große stilistische Vorbilder auch in ihrer Eigenart und Eigenheit, vom 18. bis ins 21. Jahrhundert. Die Akademie für Sprache und

13 So die feine Beobachtung bei Carrère, Emmanuel: Das Reich Gottes. Berlin 2016, S. 17.

Dichtung in Darmstadt stiftete einen Preis für wissenschaftliche Prosa im Namen von Sigmund Freud. Unberechtigt ist dies nicht. Freuds Prosa, was man sonst von seinen Theorien halten mag, verbindet Begriffsklarheit mit hoher Anschaulichkeit der Fallpräsentationen und einer gewissen Eleganz. Aus ferneren Zeiten wären die Brüder Grimm zu nennen; für Philosophen, Theologen und Juristen stellen sich besondere Probleme, da sie in komplexe Begriffsnetze hinein formulieren müssen. Doch auch hier gibt es Vorbilder, von Luthers Sprachmächtigkeit über Kants subtile Latinität bis zu Nietzsche oder Karl Popper. Es wird nie gelingen, wenn man die „Sprachmaske" eines anderen einfach übernimmt und nachäfft. Doch die Übertragung auf das, was man selbst zu sagen hat, kann inspirieren.

Dies gilt auch für die mündliche Debatte: Manches, was für das übersichtlichere Niveau der Schule gesagt wurde, wird sich hier wiederholen müssen. Wissenschaftliches Sprechen ist auf Wahrhaftigkeit zu verpflichten, auf Entschiedenheit, darauf, Rechenschaft ablegen zu können, und auf eine Disputationsfähigkeit, die ihre eigene Position fair und entschieden vertritt. Dieses Logon didonai (das Geben des Wortes) setzt voraus, daß man sich um die Sprache bemüht hat: nicht als ein Transport- oder Verschleierungsmittel irgendeiner Meinungsmacht, sondern als das Organon (Werkzeug und Medium) des Denkens und Forschens selbst.

Politik

Nur anzudeuten ist, daß sich die Ethik der Sprache insbesondere auf dem politischen Feld betätigen muß. Totalitäre Systeme haben längst die Schreckensvisionen des Neusprech von Orwells „1984" und anderen überboten. Doch auch in demokratischen Regierungen wächst die Klage, ob berechtigt oder nicht, daß die politische Sprache längst in einen eigenen Jargon verfallen sei. Er gibt sich mal diplomatisch verklausuliert, mal phrasenhaft, mal technokratisch. Zuzugeben ist, daß eine ethisch verantwortete politische Sprache besonders hohe Ansprüche stellt: Sie beruht auch im multimedialen Zeitalter auf Wiederholung und Suggestion. Das ständig Wiederholte verbraucht die Worte und eliminiert die Gedanken. Erregung von Affekten, teilweise Ressentiment, ist ein Übel politischen Redens, das man kontrollieren muß, aber wohl nicht ganz vermeiden kann.

Eine möglichst authentische Redeweise, die hinter der Parteizugehörigkeit noch den Menschen mit seiner Herkunft und seiner Geschichte erkennen läßt, ist *ein* Garant für politische Wahrhaftigkeit. Daß sie – leider – politische Erfolge im Medienzeitalter sogar gefährden kann, zeigt, unabhängig von politischen Präferenzen, der Fall des einstigen SPD-Spitzenkandidaten Martin Schulz. Schulz versuchte sich zumindest in einer eigenen Sprache, die ein gelebtes und bei ihm durchaus überzeugendes Pathos für Europa transportierte. Politische Beobachter verkündeten lange, man könne durch Rhetorik eigentlich nichts mehr bewegen. Die Strippenzieher im Hintergrund und die mediale Inszenierung auf alten und neuen Medien, möglichst zielgenau eingesetzt, würden über Umfragewerte entscheiden.

Das scheint mir voreilig zu sein, allzusehr einem bestimmten Zeitgeist geschuldet. Barack Obama hatte sein Image und seine Telegenität durch eine brillante Rhetorik untermalt. Ob sie immer der Wahrheit diente, ist eine andere Frage. Ähnliches zeigt sich bei Emmanuel Macron. Nicht jedem und jeder, die im demokratischen Rechtsstaat ein hohes politisches Amt einnimmt, ist diese rhetorische Brillanz gegeben. Das sei sofort eingestanden. Doch die Bemühung um eine wahrhaftige Rhetorik, die überzeugt, gewinnt, improvisiert, die Rede als Handlung begreift, mit der Freiheit steht oder fällt, ist keine unbillige Erwartung.

Hannah Arendt setzte mit guten Gründen die freie Rede als Initialzündung der Bürgerlichkeit an, als Anfang eines Handelns, bei dem der ganze Mensch wirksam wird.[14] Klar ist auch, daß politische Rede nicht die Reinheit und Freiheit haben kann wie das wissenschaftliche oder künstlerische Wort. Lügen sollte sie dennoch nicht! Ausnahmslos, weder in Einzelheiten noch in dem ideologischen Entwurf im Ganzen, der oftmals der geneigten Öffentlichkeit gar nicht geboten wird. Die katholische Ethik unterscheidet zwischen der offenen Lüge und der „Reservatio mentalis“, der Option also, nicht allen und zu jeder Zeit alles sagen zu müssen. Sie ist moralisch weniger verwerflich. Politik unterliegt unter Umständen auch der taktischen oder strategischen Geheimhaltung. Doch das Grundethos, wofür eine Politik einsteht, sollte dringend sichtbar sein. Dies war

---

14 Arendt, Hannah: Vita activa. Oder Vom tätigen Leben. München ^{6}1989, S. 164 ff: „Die Enthüllung der Person im Handeln und Sprechen“.

es bei den großen Kanzlern der Republik bis 1998 immer. Beispiele eines solchen Klartexts findet man auch heute, etwa bei Markus Söder. Wo aber nur klandestin gesprochen wird, wo der Mensch hinter der Rede nicht sichtbar ist, dort droht Demokratie zur Farce zu verkommen, und es ist nicht verwunderlich, wenn daraus Ressentiment und extremistische Tendenzen hervorgehen. Naiv wäre es zu leugnen, daß Politik auch eine an Machterwerb und -erhalt orientierte Seite hat. Wenn sie dieser Aufgabe nicht gerecht wird, hat sie auch keine Chance, wesentliche Ziele durchzusetzen.

Jeder Beruf hat seine déformations professionnelles, gerade auch der des Politikers. Deshalb ist es so wichtig, daß vor allem in repräsentativen Ämtern stabile Persönlichkeiten zum Zuge kommen, die Festigkeit gegenüber den alltäglichen Abschleifungen in Gremien erkennen lassen. Wohltuend war die freie Rede mancher Bundespräsidenten, zuletzt von Joachim Gauck, auch gegenüber den Ritualen des Politikbetriebs. Man merkt dieses Verdienst erst, wenn ein Amtsnachfolger wieder in den durchschnittlichen Jargon zurückfällt. Auch unter anderen Amtsträgern wie den beiden letzten Bundestagspräsidenten gibt es Bemerkenswertes.

Die Ethik der Rede zeigt sich auch darin, daß man dem Wort wieder etwas zutraut, daß man seine Optionen nutzt. Dies wird die Handlungsfreiheiten und die Überzeugungskraft, aber auch die öffentliche Legitimation der politischen Sphäre stärken! Politiker täten also gut daran, diese Linie zu verfolgen.

Kunst und Literatur

George Steiner brachte – vielfältigen „Verhunzungen" (Thomas Mann) und Vernutzungen der Sprache in Literatur, Theater und Musik widerstehend – etwas Elementares wieder in Erinnerung: Daß jede künstlerische Schöpfung auf die Erst- und Urschöpfung Gottes zurückgeht. Die „Grammatik der Schöpfung" ist es, die unserem Sprechen im Letzten und Ersten Inhalt und Sinn gibt.[15] Steiner wendet sich damit kritisch gegen eine müde und lasch gewordene Moderne, die im eigenen Saft ihrer Reproduktionen schmort, aber den Anfang nicht mehr erfassen kann.

15 Steiner, George: Grammatik der Schöpfung. München, Wien 2001.

Daß Negativitäten, Schmerz und Gewalt, auch Ekel und Nihilismus in der Kunst der Moderne einen Ort haben, dürfte unumgänglich sein. Denn die moderne Welt ist von all diesen Stimmungen und Spannungen wesentlich mit beeinflußt. Vielfach wird jedoch das Suhlen im Negativen eine müde Provokation. Sie regt niemanden mehr auf, soll aber für Erregungen und Quoten sorgen.

In schier endlosen Theaterorgien werden diese Rituale in einer Endlosschleife weitergeführt. Fast alle Tabus sind gebrochen, kann man frei nach Karl Valentin sagen. Doch das Böse, Schmerzliche und Schlimme bekommt seine Leuchtkraft nur im Gegenüber zum Guten, der Schmerz kann erfaßt werden nur und erstlich, wenn er einem heilen Zustand kontrastiert wird. Diese elementaren Einsichten sind vergessen.

Eine Kunst, die nicht auch die hohe, das Sein feiernde Sprache kennt, läuft rasch Gefahr, als überholt bzw. konservativ geziehen zu werden. So geschah es Dichtern wie Peter Handke, Botho Strauß oder Patrick Roth, die nicht davor zurückscheuten, die Sujets des Glaubens und der Religion wieder in den Fokus ihrer Werke zu setzen.

Glaube, Religion

Damit kommen wir an den Ausgangspunkt zurück: an den Ursprung der Sprache im Wort Gottes und die Aufgabe der Theologie, „Sprachreinigungswissenschaft“ zu sein. Nicht zuletzt nämlich sollte die Ethik der Sprache in dem Bereich zentral bleiben, aus dem wie aus keinem anderen ihre Würde und Einzigartigkeit hervorging: der Rede und Bezeugung Gottes. Glaube und Theologie verfallen, wie Dietrich von Hildebrand bereits vor fünfzig Jahren konstatiert hat[16], noch immer der Banalisierung, der mangelnden Ehrfurcht vor dem Heiligen und damit auch dem Unglauben. Die Sprache des Glaubens und der Theologie ist einem Grundethos besonders verpflichtet, das auf Gott als Begründer der Sprache zurückgeht, auf das „Im Anfang“, das den Bogen bis zum Ende, dem Eschaton von Gericht und Gnade, zieht.

16 Hildebrand, Dietrich von: Das trojanische Pferd in der Stadt Gottes. Regensburg 1968; daran schließe ich an mit dem Buch H. Seubert, Irrtümer in der Gemeinde Gottes. Wie der Zeitgeist den evangelischen Glauben verfremdet. München, Gräfelfing 2017.

Theologische und bekennende Sprache muß beides sein: Klare und entschiedene Lehre in der Bindung an Schrift und Bekenntnis und eben Anbetung, Devotio (Ehrfurcht) vor der Mächtigkeit des Gottes, dessen Wege nicht unsere Wege sind und der in Christus Mensch geworden ist.

Ethik der Sprache ist im Letzten und Ersten die Verpflichtung vor seinem Wort, das die Welt und die Worte ins Leben rief, vor dem Wort, das nach christlichem Glauben selbst Mensch geworden ist in Christus. Sie transzendiert menschliches Verstehen. Dem, der nicht glaubt, sinnt sie aber an, daß Sprache mehr ist als eine Verfügungsmasse menschlicher Planungen.

Vor ihr muß sich letztlich alle menschliche Autonomie noch einmal verantworten. Dies führt die Sprachnöte der Gegenwart auf Gottfried Benns Worte am letzten Neujahrstag seines Lebens zurück, daß am Anfang das Wort war und nicht das Geschwätz und „am Ende wird nicht die Propaganda sein, sondern wieder das Wort".[17]

[17] Benn, Gottfried: Gesammelte Werke. Stuttgart 1977, Band III, S. 176.

OST-WEST-EXPRESS. KULTUR UND ÜBERSETZUNG

Band 1 Dilek Dizdar: Translation. Um- und Irrwege. 394 Seiten.
ISBN 978-3-86596-113-6

Band 2 Sigrid Freunek: Literarische Mündlichkeit und Übersetzung. Am Beispiel deutscher und russischer Erzähltexte. 344 Seiten.
ISBN 978-3-86596-104-4

Band 3 Şebnem Bahadır: Verknüpfungen und Verschiebungen. Dolmetscherin, Dolmetschforscherin, Dolmetschausbilderin. 328 Seiten. ISBN 978-3-86596-131-0

Band 4 Jekatherina Lebedewa: Russische Träume. Die Slawophilen – ein Kulturphänomen. 340 Seiten. ISBN 978-3-86596-068-9

Band 5 Ina Müller: Die Übersetzung von Abstracts aus translationswissenschaftlicher Sicht (Russisch – Deutsch – Englisch). 392 Seiten. ISBN 978-3-86596-151-8

Band 6 Gabriela Lehmann-Carli, Silke Brohm, Hilmar Preuß: Göttinger und Moskauer Gelehrte und Publizisten im Spannungsfeld von russischer Historie, Reformimpulsen der Aufklärung und Petersburger Kulturpolitik. Mit einer Quellentextausgabe von Teilen der Korrespondenz zwischen den Moskauer Universitätsprofessoren Johann Gottlieb Buhle sowie Christian August Schlözer und dem Kurator der Moskauer Universität Michail Nikitič Murav'ev aus den Jahren 1803 bis 1807. 252 Seiten. ISBN 978-3-86596-166-2

Band 7 Stefan Schneider: An den Grenzen der Sprache. Eine Studie zur „Musikalität" am Beispiel der Lyrik des russischen Dichters Afanasij Fet. 698 Seiten. ISBN 978-3-86596-197-6

OST-WEST-EXPRESS. KULTUR UND ÜBERSETZUNG

Band 8 Christine Engel/Birgit Menzel (Hg.): Kultur und/als Übersetzung. Russisch-deutsche Beziehungen im 20. und 21. Jahrhundert. 348 Seiten. ISBN 978-3-86596-300-0

Band 9 Gabriela Lehmann-Carli/Yvonne Drosihn/Ulrike Klitsche-Sowitzki: Russland zwischen Ost und West? Gratwanderungen nationaler Identität. 268 Seiten. ISBN 978-3-86596-338-3

Band 10 Werner Creutziger: Schöne neue Sprache. Essays. 168 Seiten. ISBN 978-3-86596-346-8

Band 11 Agnieszka Brockmann/Jekatherina Lebedewa/Maria Smyshliaeva/Rafał Żytyniec (Hg.): Kulturelle Grenzgänge. Festschrift für Christa Ebert zum 65. Geburtstag. 442 Seiten. ISBN 978-3-86596-323-9

Band 12 Birgit Menzel/Irina Alekseeva (Hg.) unter Mitarbeit von Irina Pohlan: Russische Übersetzungswissenschaft an der Schwelle zum 21. Jahrhundert. 248 Seiten. ISBN 978-3-86596-457-1

Band 13 Mihan Rouzbehani: Das Œuvre der amerikanischen Künstlerin Gwen Frostic. Der Nachlass, die Linolkunst und die Prosa unter dem Aspekt der Übersetzung. 430 Seiten. ISBN 978-3-86596-510-3

Band 14 Gabriela Lehmann-Carli (Hg.) unter Mitarbeit von Hilmar Preuß: Empathie und Tabu(bruch) in Kultur, Literatur und Medizin. 364 Seiten. ISBN 978-3-86596-514-1

Band 15 Olga Hertfelder-Polschin: Verbanntes Denken – verbannte Sprache. Übersetzung und Rezeption des philosophischen Werkes von Nikolaj Berdjaev in Deutschland. 238 Seiten. ISBN 978-3-86596-529-5

OST-WEST-EXPRESS. KULTUR UND ÜBERSETZUNG

Band 16 Ines Carola Baumgartl (Hg.): *Skythische Scherben* von Elizaveta Jur'evna Kuz'mina-Karavaeva – Ein Gedichtband des Silbernen Zeitalters. Originaltext und Übersetzung, mit einleitendem Essay und literaturgeschichtlicher Einordnung. 140 Seiten. ISBN 978-3-86596-474-8

Band 17 Maria Smyshliaeva: Von Čičikov bis Chodorkovskij: Unternehmer im Literatur- und Mediendiskurs Russlands. 300 Seiten. ISBN 978-3-86596-542-4

Band 18 Hilmar Preuß: Vorläufer der Intelligencija?! Bildungskonzepte und adliges Verhalten in der russischen Literatur und Kultur der Aufklärung. 432 Seiten. ISBN 987-3-86596-547-9

Band 19 Karl-Dieter Johannsmeyer/Gabriela Lehmann-Carli/Hilmar Preuß (Hg.): Empathie im Umgang mit dem Tabu(bruch). Kommunikative und narrative Strategien. 348 Seiten. ISBN 978-3-7329-0066-4

Band 20 Nora Scholz: „… essence has been revealed to me". Umkreisungen des Nondualen im Prosawerk von Vladimir Nabokov. 380 Seiten. ISBN 978-3-7329-0044-2

Band 21 Birgit Menzel/Christine Engel (Hg.): Rückkehr in die Fremde? Ethnische Remigration russlanddeutscher Spätaussiedler. 298 Seiten. ISBN 978-3-86596-466-3

Band 22 Julija Boguna: Lettland als übersetzte Nation. Garlieb Merkels *Die Letten* und ihre Rezeption im 19. Jahrhundert in Livland. 410 Seiten. ISBN 978-3-7329-0103-6

OST-WEST-EXPRESS. KULTUR UND ÜBERSETZUNG

Band 23 Dilek Dizdar/Andreas Gipper/Michael Schreiber (Hg.): Nationenbildung und Übersetzung. 172 Seiten. ISBN 978-3-86596-421-2

Band 24 Klaus Städtke: Der Aristokrat als Autor? Die *Philosophischen Briefe* Petr Jakovlevič Čaadaevs und die russische Öffentlichkeit seiner Zeit. Ein Beitrag zur russischen Kulturgeschichte des 19. Jahrhunderts. 216 Seiten. ISBN 978-3-7329-0184-5

Band 25 Natascha Timoschkowa: Ein Mandeltraum. Übersetzungskritische Untersuchungen zur Rolle Ossip Mandelstamms im dichterischen Gesamtwerk Paul Celans. 498 Seiten. ISBN 978-3-7329-0186-9

Band 26 Jekatherina Lebedewa (Hg.), unter Mitarbeit von Anja Holderbaum: Tabu und Übersetzung. 254 Seiten. ISBN 978-3-7329-0034-3

Band 27 Gabriela Lehmann-Carli/Betty Johannsmeyer/Karl-Dieter Johannsmeyer/Maike Schult (Hg.): Zerreißproben: Trauma – Tabu – EmpathieHürden. 450 Seiten. ISBN 978-3-7329-0294-1

Band 28 Constanze Wünscher: Das *Corpus Tibullianum* in Russland. Zur produktiven Rezeption der römischen Liebeselegie in der russischen Lyrik zu Beginn des 19. Jahrhunderts. 384 Seiten. ISBN 978-3-7329-0347-4

Band 29 Eva Kowollik/Gabriela Lehmann-Carli/Tatjana Petzer (Hg.): (Südost-)Europa. Narrative der Bewegtheit. Festschrift zum 65. Geburtstag von Angela Richter. 516 Seiten. ISBN 978-3-7329-0345-0

Band 30 Anke Niederbudde/Nora Scholz (Hg.): Revolution und Avantgarde. 516 Seiten. ISBN 978-3-7329-0288-0

OST-WEST-EXPRESS. KULTUR UND ÜBERSETZUNG

Band 31 Christine Engel/Birgit Menzel (Hg.): Russland und/als Eurasien: Kulturelle Konfigurationen. 344 Seiten. ISBN 978-3-7329-0353-5

Band 32 Zahra Samareh: Translation and Censorship. An Agent-oriented Approach. 192 Seiten. ISBN 978-3-7329-0343-6

Band 33 Aleksey Tashinskiy: Literarische Übersetzung als Universum der Differenz. Mit einer analytischen Studie zu deutschen Übersetzungen des Romans *Oblomov* von I. A. Gončarov. 326 Seiten. ISBN 978-3-7329-0497-6

Band 34 Stefan Felber (Hg.): Zwischen Babel und Jerusalem – Aspekte von Sprache und Übersetzung. 260 Seiten. ISBN 978-3-7329-0501-0

Frank & Timme

Verlag für wissenschaftliche Literatur